Der deutsche Sozialstaat im 20. Jahrhundert

Schriften der
Stiftung Reichspräsident-
Friedrich-Ebert-
Gedenkstätte

Band 15

Klaus Schönhoven/Walter Mühlhausen (Hrsg.)

Der deutsche Sozialstaat im 20. Jahrhundert

Weimarer Republik, DDR
und Bundesrepublik Deutschland
im Vergleich

Bibliografische Information der Deutschen Nationalbibliothek

Die Deutsche Nationalbibliothek verzeichnet diese Publikation in der Deutschen Nationalbibliografie; detaillierte bibliografische Daten sind im Internet über *http://dnb.d-nb.de* abrufbar

ISBN 978-3-8012-4213-8

Copyright © 2012 by Verlag J.H.W. Dietz Nachf. GmbH
Dreizehnmorgenweg 24, 53175 Bonn
Umschlag: Jens Vogelsang, Aachen
Satz: Jens Marquardt, Bonn
Druck und Verarbeitung: fgb – freiburger graphische betriebe
GmbH & Co. KG, Freiburg
Alle Rechte vorbehalten

Inhalt

Vorwort der Herausgeber 7

Klaus Schönhoven
Die Weimarer Republik als soziale Demokratie: Durchbruch eines
Ordnungsprinzips 19

Gunther Mai
Verpflichtung auf den sozialen Volksstaat. Verfassungspolitische
Weichenstellungen und ihre Verwirklichung in den Anfangsjahren der Weimarer Republik 39

Karl Christian Führer
Arbeitsbeziehungen – Achtstundentag – Arbeitslosenversicherung.
Ausbau und Rückbau von Fundamenten der sozialen Demokratie
in den 1920er Jahren 63

Dirk Schumann
Bewährung in der Krise oder völlige Zerstörung? Die Erosion des
Sozialstaates in der Endphase der Weimarer Republik und der
Übergang in die Diktatur 83

Wolfram Pyta
Kommentar zur Sektion I 107

Michael Ruck
Expansion um jeden Preis? Sozialreformen unter den Vorzeichen
von Wirtschaftswunder und Wirtschaftswachstum in der Bundesrepublik 115

Peter Hübner
Fürsorge und Bevormundung: Sozialpolitische Herrschaftssicherung des SED-Regimes in der Regierungszeit Ulbrichts 131

Manfred G. Schmidt
Sozialstaat mit Sanierungsbedarf – Die Sozialpolitik der Bundesrepublik Deutschland nach dem Ende der Boomphase 157

Beatrix Bouvier
Der erschöpfte Versorgungsstaat: Das Scheitern der »sozialistischen Sozialpolitik« während der Ära Honecker in der DDR 175

Christoph Boyer
Kommentar zur Sektion II 195

Anhang
Verzeichnis der Abkürzungen 203
Personenregister 205
Autorenverzeichnis 207

Vorwort der Herausgeber

Diskussionen über die Zukunft des Sozialstaates haben zurzeit in Deutschland Hochkonjunktur. Während in den ersten drei Jahrzehnten nach dem Zweiten Weltkrieg, die als das Goldene Zeitalter der wohlfahrtsstaatlichen Expansion in die Geschichte eingegangen sind, der Ausbau der sozialen Leistungssysteme bei allen Parteien in der Bundesrepublik immer auf einem Spitzenplatz ihrer politischen Agenda stand, rückten seit dem Ende dieser Boomphase in den 1970er Jahren Forderungen nach einer Beschneidung und Begrenzung des Sozialstaates mehr und mehr in das Zentrum der parlamentarischen und publizistischen Debatten. Man diskutiert seitdem in Deutschland über die zu hohen Sozialkosten und kommt zu dem Befund, sie würden die Wirtschaftskraft der Bundesrepublik schwächen und die internationale Wettbewerbsfähigkeit des Landes gefährden. Man charakterisiert den Sozialstaat als ein ineffizientes und vielarmiges bürokratisches Monstrum, das die Menschen bevormunde, ihren individuellen Leistungswillen untergrabe und bei ihnen eine passive Abhängigkeitsmentalität erzeuge. Man kritisiert die permanente Expansion der Sozialleistungen und verweist auf das mit ihrer Eigendynamik einhergehende Wachstum der Staatsverschuldung. Das Argument, der Sozialstaat sei ein »Problemlöser«, weil er die Demokratie stabilisiere und vor Erschütterungen schütze, hat mittlerweile an Überzeugungskraft deutlich verloren. Gleichzeitig fand das Gegenargument, er sei ein »Problemerzeuger«, weil er die Finanzkraft des Staates auszehre, die Marktwirtschaft aushöhle und die Entmündigung der Bürger vorantreibe, immer mehr Zustimmung.[1]

---

1 Vgl. dazu Hans Günter Hockerts: Vom Problemlöser zum Problemerzeuger? Der Sozialstaat im 20. Jahrhundert, in: Archiv für Sozialgeschichte 47 (2007), S. 3–29; Peter Flora: Krisenbewältigung oder Krisenerzeugung? Der Wohlfahrtsstaat in historischer Perspektive, in: Wolfgang J. Mommsen/Wolfgang Mock (Hrsg.): Die Entstehung des Wohlfahrtsstaates in Großbritannien und Deutschland 1850–1950, Stuttgart 1982, S. 353–398; Martin H. Geyer: Die Gegenwart der Vergangenheit. Die

Aus dieser Sicht ist der Sozialstaat der Gefangene einer »Teufelslogik«. In ihm habe man die »Umverteilung zum Wirkprinzip sozialer Gerechtigkeit« gemacht, obwohl man »die Kosten für die Risikoabsicherung«, die das Wachstum erstickten und Wirtschaftskrisen verursachten, in Zukunft nicht mehr finanzieren könne.[2] Gefordert werden deshalb der Abschied vom fürsorgenden Etatismus, eine eindeutigere Orientierung der Politik an der Eigenverantwortung des Einzelnen und eine gezielte Verlagerung der erforderlichen Vorsorge auf die private Selbsthilfe der Bürger. Überkommene Legitimationsmuster, die auf den engen Zusammenhang zwischen der sozialen und politischen Bindekraft in modernen Gesellschaften verwiesen haben, werden in Frage gestellt. Immer lauter plädieren Politiker, Publizisten und Wissenschaftler für einen radikalen Strukturwandel und Paradigmenwechsel. Aus dem einstigen Erfolgsmodell Sozialstaat ist also demnach – glaubt man diesen Kassandrarufen aus unterschiedlichen Richtungen – ein Problemfall geworden, ein »erschöpfter Sozialstaat«, der sich überlebt hat und seit der Jahrhundertwende in eine »Phase radikalen Strukturwandels« eingetreten ist.[3]

Bevor man jedoch den Sozialstaat als ein Auslaufmodell aus der Ära der Früh- und Hochindustrialisierung charakterisiert, seine Transformation und seinen Rückbau für unausweichlich erklärt und viele seiner Aufgaben den Kräften des Marktes überlassen will, sollte man nochmals über dessen historische Fundamente, geschichtliche Entwicklung und gesellschaftliche Bedeutung nachdenken. Denn ohne diese bilanzierende Bestandsaufnahme aus systematischer und historischer Perspektive, die den Blick auf die Herausbildung der Konstruktionsprinzipien sozialer Staatstätigkeit lenkt, ihren ideengeschichtlichen Kontext beleuchtet und ihre konkrete Funktionsweise analysiert, bleiben die aktuellen Auseinandersetzungen über die Kostenbelastung und Krisenanfälligkeit,

---

Sozialstaatsdebatten der 1970er-Jahre und die umstrittenen Entwürfe der Moderne, in: Archiv für Sozialgeschichte 47 (2007), S. 47–93; ferner Hans Günter Hockerts: Der deutsche Sozialstaat. Entfaltung und Gefährdung seit 1945, Göttingen 2011.
2 So Rainer Hank, der Leiter des Wirtschaftsressorts der »Frankfurter Allgemeinen Zeitung«, in seinem Beitrag zu einem Themenheft der Philosophiezeitschrift »Merkur« zu den Grenzen der Wirksamkeit des Staates: In den Teufelsmühlen. Eine Bilanz des Sozialstaats, in: »Merkur« Jg. 64, Heft 736/737 (2010), S. 1018–1028, Zitate S. 1023.
3 Vgl. dazu die Analysen von Christine Trampusch: Der erschöpfte Sozialstaat. Transformation eines Politikfeldes, Frankfurt a. M. 2009.

die Fehlentwicklungen und die Strukturschwächen der sozialen Ordnungssysteme ziemlich vordergründig und kurzatmig.

Diese Ausweitung des Blickfeldes auf die Geschichte des Sozialstaates ist aus unterschiedlichen Gründen sinnvoll: Sie trägt dazu bei, Vorurteile zu korrigieren, die gegenwärtig in der in Politik und Medien geäußerten Kritik an den Auswüchsen sozialer Vor- und Fürsorge oft dominant sind; sie öffnet die Perspektiven für eine längerfristige Analyse des gesellschaftlichen Wandels und macht dadurch aktuelle sozialwissenschaftliche Bewertungen tiefenschärfer; und sie hilft, bei einer Bilanzierung der Stärken und Schwächen des heutigen Sozialstaates zu ausgewogeneren Befunden zu kommen, als sie vom »Vulgärliberalismus«[4] in den letzten Jahren verbreitet wurden. Eine historische Blickerweiterung kann auch bei der derzeit diskutierten »Neuerfindung des Sozialen«[5] von Nutzen sein, weil sie die Ordnungsideen und zivilisatorischen Leistungen des »alten« Sozialstaates in Erinnerung ruft und damit auch für die Suche nach anderen Wegen Orientierungsmarken setzt.

Dieses Plädoyer für einen Rückblick auf die Vergangenheit ist im Falle Deutschlands schon deshalb besonders sinnvoll, weil es sich hier um ein Pionierland der Sozialstaatlichkeit handelt, in dem eine lange Tradition, eine große Beharrungskraft und eine bemerkenswerte Pfadtreue auf dem einmal eingeschlagenen Entwicklungsweg zu beobachten sind. Der gegenwärtige Sozialstaat ist bekanntlich ein spezifisches Produkt der industriestaatlichen Moderne. In seiner formativen Phase wollte er bestimmte Problemlagen bewältigen, die sich im Zusammenhang mit dem frühindustriellen Pauperismus und der gleichzeitig aufkommenden »Arbeiterfrage«, also mit der Entwurzelung und Proletarisierung breiter Bevölkerungsschichten, entwickelt hatten. In der Auf- und Ausbauphase des deutschen Sozialstaates, die vom späten 19. Jahrhundert bis in das letzte Drittel des 20. Jahrhunderts andauerte, ging es zunächst vor allem um die Minderung der menschenunwürdigen Verarmungsrisiken bei Krankheit, Invalidität und Alter und um die Absicherung des Existenzminimums, sodann um die Grundsicherung bei Erwerbslosig-

---

4   Unter dieser Überschrift analysierte Jens-Christian Rabe in der »Süddeutschen Zeitung« (Nr. 223 vom 27. September 2010) die Beiträge im Themenheft der Zeitschrift »Merkur« (wie Anm. 2) und ein Symposium von Politiktheoretikern in Lech in Österreich, auf dem ein Wirtschaftsforscher die Sozialpolitik der europäischen Wohlfahrtsstaaten mit den Begriffen »Diebstahl und Hehlerei« charakterisiert hatte.
5   So der Titel eines Buches von Stephan Lessenich: Die Neuerfindung des Sozialen. Der Sozialstaat im flexiblen Kapitalismus, Bielefeld 2008.

keit und anderen Notlagen, um den Abbau sozialer Ungleichheit beispielsweise durch familienbezogene Fürsorge- und Vorsorgeleistungen sowie durch Investitionen in das Bildungssystem für die Kinder aus benachteiligten Bevölkerungsschichten. Und schließlich ging es auch um die Verwirklichung von Verteilungsgerechtigkeit und Chancengleichheit zwischen den Geschlechtern sowie um die konsensorientierte Regelung der industriellen Beziehungen zwischen den Sozialpartnern von Kapital und Arbeit, also um die Definition von industriellen Bürgerrechten in Mitbestimmungsmodellen.

Hinter dieser Entwicklung der Sozialpolitik zur Gesellschaftspolitik stand die Überzeugung, dass die Verwirklichung des Rechtsstaates auf der Basis der klassischen Menschenrechte ohne die Einbeziehung von sozialstaatlichen Normen nicht möglich sei. Dies unterstreicht beispielsweise auch folgende Zielbestimmung des Sozialstaates: Seine Funktion ist es demnach, »jedermann ein menschenwürdiges Dasein zu gewährleisten, Wohlstandsunterschiede zu verringern und Abhängigkeitsverhältnisse zu beseitigen und zu kontrollieren«.[6] Rechtsstaatsprinzip und Sozialstaatsprinzip hat man in der Zeit nach dem Zweiten Weltkrieg nicht nur in der Bundesrepublik normativ eng miteinander verzahnt, als – auch unter dem Druck der Systemkonkurrenz mit dem Kommunismus im Kalten Krieg – die ideelle Orientierung am Grundsatz der Gerechtigkeit und der Solidarität zu einer unverzichtbaren Legitimationsbasis der westlichen Demokratien wurde.

Geht man von diesem normativen Konsens aus, der in der Europäischen Sozialcharta völkerrechtlich verankert ist und von der Europäischen Union im Vertrag von Lissabon nochmals unterstrichen wurde, dann wird man publizistischen und wissenschaftlichen Prognosen, die das Ende des Sozialstaates verkünden, weniger Glauben schenken können. Ganz offenkundig haben sozialstaatliche Garantien und Leistungen auch auf dem nationalen Wählermarkt nach wie vor einen hohen Kurswert trotz aller Tendenzen zur Individualisierung und Pluralisierung von Lebensformen. So ist in Deutschland, wie alle Umfragedaten der letzten Jahre dokumentieren, die Akzeptanz der Sozialstaatlichkeit

---

6 So Hans F. Zacher: »Sozialstaatsprinzip«, in: Handwörterbuch der Wirtschaftswissenschaft, Bd. 7, Stuttgart 1977, S. 152–160, Zitat S. 154. Vgl. auch ders.: Das soziale Staatsziel, in: Handbuch des Staatsrechts der Bundesrepublik Deutschland, Bd. 1, 1987, S. 1045–1111. Zum Konzept des Sozialstaates siehe ferner Franz-Xaver Kaufmann: Herausforderungen des Sozialstaates, Frankfurt a. M. 1997, S. 21 ff.

in der Bevölkerung nach wie vor hoch, während die Zustimmung zum marktorientierten Leistungsprinzip und zur individualistischen Nutzenorientierung deutlich geringer ausfällt. Hinzu kommt, dass spätestens seit dem Einbruch der globalen Finanz- und Wirtschaftskrise die dominante gesellschaftliche Grundstimmung stärker von Abstiegsängsten und Ausgrenzungserfahrungen geprägt ist als von Aufstiegshoffnungen und von Risikobereitschaft.

In den aktuellen Diskussionen über die unterschiedlichen Dimensionen von sozialer Gerechtigkeit spiegeln sich gleichermaßen traditionelle Konfliktkonstellationen und neue gesellschaftliche Spannungslinien wider. Die durch Arbeitslosigkeit, Krankheit, Invalidität, Altersarmut und Sozialhilfebedürftigkeit definierte »alte soziale Frage« existiert auch weiterhin, wie die statistischen Befunde über die Fortexistenz von klassengesellschaftlichen Strukturen und über die prekären Übergangszonen zwischen Unter- und Mittelschicht eindeutig belegen. Hinzu kommen aber auch neue Spannungs- und Spaltungslinien, die nicht mehr auf die überkommenen Vorsorge- und Fürsorgeprobleme zentriert sind, sondern sich jenseits der Klassenfrage ausformen. Hier geht es beispielsweise um das Konfliktpotenzial, das sich hinter dem Schlagwort »Generationengerechtigkeit« verbirgt, also um die vielfältigen Folgen des demographischen Wandels. Hier geht es ferner um die so genannte »Teilhabegerechtigkeit« von Frauen in einer männlich geprägten Arbeitswelt. Hier geht es um die Chancengleichheit beim Erwerb von Berufsqualifikationen und professionellen Kompetenzen während der Ausbildungsphase und im Arbeitsalltag. Und hier geht es schließlich um ethnische und soziokulturelle Differenzen, die zwischen Einheimischen und Zuwanderern bestehen und von vielen Migranten als Benachteiligung auf dem Arbeitsmarkt und Ausgrenzung aus der Gesellschaft erfahren werden.

Der moderne Sozialstaat steht vor Herausforderungen, die auch schon in der Vergangenheit bestanden: Er muss als sozialer Interventionsstaat die klassischen Risiken in einer kapitalistisch organisierten Arbeitsgesellschaft erträglicher machen und er muss zugleich als sozialer Investitionsstaat Vorkehrungen für die Zukunft treffen, um generationelle, geschlechtsspezifische, ethnische, kulturelle und soziale Benachteiligungen auszugleichen. Das Schlüsselwort »soziale Gerechtigkeit«, das heute in der politischen und programmatischen Rhetorik (fast) aller Parteien einen prominenten Platz einnimmt, ist bereits im 19. Jahrhundert von der christlichen Sozialethik geprägt worden. Es zielt nicht auf die identische Verteilung von materiellen Gütern und Lebenschancen an jeden

Einzelnen, sondern auf die moralische und politische Rechtfertigung von individuellen Ansprüchen an die Gemeinschaft, aber auch auf die Begrenzung dieser Ansprüche durch die Gemeinschaft. Was im 19. Jahrhundert als »Hilfe zur Selbsthilfe« bezeichnet wurde, heißt heute »Aktivierung der Eigenverantwortung« im Rahmen einer sozialen Demokratie, die dem Solidaritätsprinzip als dem Prinzip der Gegenseitigkeit verpflichtet bleibt.

Man sollte die gegenwärtigen Probleme des Sozialstaates, die durch die viel enger gewordenen Verflechtungen in der Weltwirtschaft, durch demographische Entwicklungen und innergesellschaftliche Differenzierungen, durch die Pluralisierung von Lebensformen, aber auch durch Massenarbeitslosigkeit, Frühverrentung und finanzielle Belastungsfaktoren geprägt werden, als Chance zur Erneuerung der sozialen Demokratie nutzen und nicht den Abschied vom sozialen Konsens propagieren. Nach wie vor existiert in Deutschland und in Europa eine starke sozialstaatliche Tradition und dominiert ein positives sozialstaatliches Selbstverständnis, das in den vielen Diskussionen über Aufwand und Ertrag, Belastungen und Grenzen der Sozialstaatlichkeit oft nicht hinreichend gewichtet wird. Wer über die hohen Kosten des Sozialstaates redet, sollte auch von seinem großen Nutzen nicht schweigen.

Diesen Zusammenhang hat die in diesem Sammelband dokumentierte Tagung zur Erfolgs- und Krisengeschichte des deutschen Sozialstaates im 20. Jahrhundert historisch beleuchtet. In ihrem Zentrum stand die vergleichende Analyse der sozialstaatlichen Entwicklung in der Weimarer Republik, der DDR und der Bundesrepublik Deutschland. Ein in den einzelnen Beiträgen immer wieder anklingendes Leitmotiv war die Frage nach der sozialstaatlichen Kontinuität oder Diskontinuität in Deutschland über politische Bruchlinien hinweg sowie die Frage nach der Legitimierung und Delegitimierung von sozialstaatlichen Maßnahmen in den verschiedenen Epochen der deutschen Geschichte im 20. und im beginnenden 21. Jahrhundert.

Die aus unterschiedlichen Perspektiven während der Tagung analysierte Thematik reicht im einleitenden Vortrag und in den ihm folgenden Beiträgen im ersten Hauptteil des Bandes von der obrigkeitsstaatlichen Weichenstellung durch die Sozialgesetzgebung Bismarcks über die demokratische Fundamentierung des Weimarer Sozialstaates nach dem Zusammenbruch des Kaiserreichs bis zur Zerschlagung der ersten deutschen Republik durch die nationalsozialistische Diktatur. Im Mittelpunkt der einzelnen Beiträge stehen sowohl die Expansion wie auch die

Erosion der Sozialstaatlichkeit in den Jahren zwischen 1918 und 1933. Ihre Autoren diskutieren, welche innovativen sozialen Ordnungsideen die Weimarer Reichsverfassung von 1919 formulierte, wie weit diese verwirklicht werden konnten, ob zwischen dem Ziel einer politischen Stabilisierung der ersten deutschen Demokratie und dem Ausbau von sozialstaatlichen Leistungen ebenso ein Zusammenhang bestand wie zwischen dem von Republikgegnern geforderten und vorangetriebenen Abbau dieser Leistungen während der Weltwirtschaftskrise ab 1929 und der mit ihr einhergehenden politischen Destabilisierung der Weimarer Republik. Mit Blick auf den Nationalsozialismus und seinen Vorstellungen von einer rassischen Volksgemeinschaft wurde auch darauf verwiesen, dass mit dem oft gebrauchten Begriff der sozialstaatlichen »Pfadtreue« keineswegs eine ungebrochene Kontinuität des Sozialstaates über politische Systembrüche hinweg postuliert werden sollte. Wie groß und wie folgenreich die Abweichungen von diesem Pfad während der NS-Zeit tatsächlich waren, stand in den letzten Jahren mehrfach im Zentrum von Forschungskontroversen.[7]

Im zweiten Hauptteil des Bandes ist der Fokus auf die vergleichende Behandlung der sozialstaatlichen Entwicklung in der Bundesrepublik und in der DDR gerichtet. Die Beiträge rücken die gemeinsamen und unterschiedlichen Strukturmerkmale für diesen gesellschaftspolitischen Schlüsselbereich der Politik in den beiden deutschen Staaten in den Blick und beleuchten Aspekte der Systemkonkurrenz zwischen westdeutscher Demokratie und ostdeutscher Diktatur. Sie fragen danach, welche Gemeinsamkeiten und Unterschiede zwischen der DDR als zentral und planwirtschaftlich gesteuertem Versorgungsstaat und der Bundesrepublik als einem pluralistisch organisierten und demokratisch legitimierten Sozialstaat bestanden, an welchen Normen sich die autoritär konzipierte sozialistische Sozialpolitik der SED orientierte und worin sich diese im sowjetischen Blocksystem verankerte östliche Variante von der westlichen und westdeutschen Sozialpolitik unterschied, in der die Koalitionsfreiheit und die Autonomie der Tarifparteien Verfassungs-

---

7 Zur publizistischen und wissenschaftlichen Diskussion, die sich an den umstrittenen Forschungsbefunden von Götz Aly in seinem Buch »Hitlers Volksstaat« entzündete, vgl. zusammenfassend Klaus Schönhoven: War die NS-Diktatur eine »Gefälligkeitsdiktatur«? Rückblick auf eine Historikerdebatte, in: Ursula Bitzegeio/Anja Kruke/Meik Woyke (Hrsg.): Solidargemeinschaft und Erinnerungskultur im 20. Jahrhundert. Beiträge zu Gewerkschaften, Nationalsozialismus und Geschichtskultur, Bonn 2009, S. 459–479.

prinzipien sind. Ferner wird für die DDR der Zielkonflikt zwischen einer expansiven Sozialpolitik und der damit verbundenen finanziellen Überlastung des Staates thematisiert, während für die Bundesrepublik verdeutlicht wird, dass man hier in der Ära des Kalten Krieges den Vergleichswettbewerb zwischen Kapitalismus und Kommunismus auf dem strategischen Schlüsselfeld der Sozialpolitik unbedingt gewinnen wollte.

Die Brücke zur Gegenwart baut der letzte Teil der Tagung, in dem aus politikwissenschaftlicher und soziologischer Perspektive auch statistisch dokumentiert wurde, welche finanziellen Folgen die sozialpolitischen Expansionsschübe der Nachkriegsjahrzehnte hatten, wie stark sich der Sanierungsbedarf seit der Vereinigung der beiden deutschen Staaten vergrößerte und mit welchen konkreten Herausforderungen heute die Bundesrepublik als soziale Demokratie konfrontiert ist. Die Frage, ob bei einer Neuvermessung des sozialstaatlichen Geländes auch neue Spielregeln angewandt werden sollten und wer die erforderlichen Umbaumaßnahmen mittragen und mitgestalten muss, lässt sich nur nach einer sorgfältigen Analyse der vielfältigen und komplexen gesellschaftlichen Bedürfnisstrukturen und Bündniskonstellationen angemessen beantworten. Gefordert sind jedoch Strategien, die eine Zertrümmerung des Sozialstaates ausschließen, weil diese mit unwägbaren politischen Folgen verbunden wäre. Wer dieses Risiko meiden will, sollte neben einer Reform von bereits bestehenden staatlichen und verbandspolitischen Steuerungsmechanismen auch an Problemlösungen denken, die jenseits der organisierten Interessen zu suchen sind. Hierzu gehört beispielsweise eine erneuerte und zeitgemäße Aktivierung von Formen vorstaatlicher Solidarität in der modernen Zivilgesellschaft, die seit der Bismarckzeit mehr und mehr in Vergessenheit geraten sind.

In dem die Tagung abschließenden Vortrag, der sich mit der Frage nach der Neuordnung des Sozialen angesichts von nationalen und globalen Herausforderungen in der Gegenwart auseinandersetzte, zog Stephan Lessenich[8] dieses Fazit:

»Der moderne Sozialstaat organisiert gesellschaftliche Solidarität – und setzt ihr gleichzeitig Grenzen. Er konstituiert sich durch eine doppelte,

---

8 Der Autor konnte aus persönlichen Gründen eine schriftliche Fassung seines Vortrags nicht für diesen Sammelband fertigstellen und hat deshalb seine Ausführungen in einem knappen Statement zusammengefasst, das im Folgenden abgedruckt wird.

politisch-ökonomische Grenzziehung seines Geltungsbereichs, indem er seine Sicherungsleistungen zum einen nach staatsbürgerschaftlichen, zum anderen nach erwerbsgesellschaftlichen Kriterien abgestuft gewährt: Seine Kernklientel sind die nationalen Erwerbsbürger/innen (z. B. der ›deutsche Facharbeiter‹), während am anderen Ende des Inklusionsspektrums nicht-erwerbstätige Personen mit prekärem Aufenthaltsstatus (z. B. die ›illegale‹ Haushaltshilfe) stehen. In seiner Blütephase kennzeichnete sich der Sozialstaat in den fortgeschrittenen Industriegesellschaften dadurch, dass er – auf der Grundlage wachsender wirtschaftlicher Prosperität – bestimmte Personengruppen, die nicht zum ›produktiven Kern‹ der gesellschaftlichen Arbeitsteilung gehörten, gleichwohl mit Sozialleistungsansprüchen ausstattete: Es war dies der Aufstieg der so genannten ›Versorgungsklassen‹ (z. B. der Rentner, der langfristig Erwerbslosen, der Geschiedenen usw.), die als legitime Empfänger von Nicht-Erwerbseinkommen anerkannt wurden. Im jüngsten Umbau des Sozialstaats werden diese Statuspositionen zunehmend brüchig und öffentlich in Frage gestellt. Politisch gefragt sind nun eine Abkehr von der ›Versorgungsmentalität‹, die ›Eigenverantwortung‹ der Bürger/innen als Marktsubjekte, die ›Aktivierung‹ zuvor ›passiver‹ Leistungsempfänger – öffentlich skandalisiert werden dementsprechend, von den ›faulen Arbeitslosen‹ über die ›Einwanderung in die Sozialsysteme‹ bis zu den ›gierigen Alten‹, sämtliche Phänomene vermeintlich ›leistungslosen‹ Unterstützungsempfangs. Unter diesen Umständen wird es nötig, gesellschaftliche Solidarität neu zu bestimmen, indem die in einer globalisierten Marktgesellschaft zwangsläufig zunehmende Heterogenität der Soziallagen institutionell anerkannt und das System individueller Teilhaberechte am arbeitsteilig hergestellten gesellschaftlichen Reichtum an ebendiese Heterogenität angepasst wird. Leitlinie zukünftiger sozialstaatlicher Entwicklung sollte daher eine Universalisierung sozialer Rechte im nationalen Sozialstaat sein – und eine politische Transnationalisierung sozialer Rechte im globalen Maßstab. Ein zugegeben utopisch anmutender Anspruch – doch ›alle Wirklichkeit ist die Utopie von gestern‹ (Franz Oppenheimer).«

* * *

Im vorliegenden Sammelband werden die gedruckten Fassungen der Vorträge veröffentlicht, die auf einer von der Stiftung Reichspräsident-Friedrich-Ebert-Gedenkstätte am 28. und 29. Oktober 2010 in Erfurt veranstalteten Tagung gehalten wurden. Zu den zentralen Aufgaben dieser vom Bundestag per Gesetz an Eberts Geburtsort in Heidelberg 1986 errichteten Stiftung gehört es, die Erinnerung an Friedrich Ebert, an sein Denken und Handeln sowie an sein politisches Wirken als Reichspräsident in den schwierigen Anfangsjahren der Weimarer Republik wachzuhalten. Die Eberts Namen tragende Bundesstiftung soll zugleich auch das politische Vermächtnis dieses ersten demokratischen Präsidenten Deutschlands vor dem Vergessen bewahren. Dazu gehört auch sein überzeugtes Eintreten für die soziale Demokratie, der er sich besonders verpflichtet fühlte. So betonte Ebert beispielsweise in seiner Rede unmittelbar nach seiner Wahl zum Reichspräsidenten am 11. Februar 1919, auf sozialem Gebiet müsse die Republik bestrebt sein, »allen, im Rahmen des menschlich Möglichen, den gleichen Ausgangspunkt zu geben und das gleiche Gepäck aufzuladen.« Und er fügte hinzu, die Verfassung solle nicht nur das Selbstbestimmungsrecht aller Staatsbürger sichern und ihre Gleichberechtigung verbürgen, sie habe das Wirtschaftsleben in Deutschland auch so zu gestalten, »dass Freiheit nicht Bettlerfreiheit, sondern Kulturfreiheit werde«.[9]

Wie die sozialstaatliche Entwicklung in Deutschland von 1919 bis heute verlief, war das Thema der Tagung in Erfurt. Sie war nach Weimar 1991[10], Magdeburg 1995[11], Leipzig 2000[12] und Rostock 2005[13] die fünfte große Konferenz der Stiftung in den neuen Bundesländern, die im Wechsel mit den forschungsorientierten Symposien in Heidelberg als Versammlungsort stattfinden. Mit den Tagungen in den neuen Bundesländern wendet sich die Stiftung vor allem an die historisch-politische Öffentlichkeit und Multiplikatoren der Stiftung. Bei den dort gehaltenen Vorträgen handelt es sich um grundlegende, den aktuellen For-

---

9 Die Rede ist wieder abgedruckt in: Walter Mühlhausen (Hrsg.): Friedrich Ebert. Sein Leben, sein Werk, seine Zeit, Heidelberg 1999, S. 227 f.
10 Die dort gehaltenen Vorträge sind veröffentlicht in den im Selbstverlag der Stiftung erscheinenden »Kleinen Schriften« Nr. 8 bis Nr. 11, sämtlich Heidelberg 1992 – und zwar: Horst Möller: Folgen und Lasten des verlorenen Krieges. Ebert, die Sozialdemokratie und der nationale Konsens; Heinrich A. Winkler: Klassenkampf oder Koalitionspolitik? Grundentscheidungen sozialdemokratischer Politik 1919–1925; Walter Mühlhausen: Friedrich Ebert und seine Partei 1919–1925; Peter-Christian Witt: Das Zerbrechen des Weimarer Gründungskompromisses (1919–1923/24).
11 Eberhard Kolb/Walter Mühlhausen (Hrsg.): Demokratie in der Krise. Parteien im Verfassungssystem der Weimarer Republik, München 1997.
12 Heinrich August Winkler (Hrsg.): Weimar im Widerstreit. Deutungen der ersten deutschen Republik im geteilten Deutschland, München 2002.
13 Andreas Wirsching (Hrsg.): Herausforderungen der parlamentarischen Demokratie. Die Weimarer Republik im europäischen Vergleich, München 2007.

schungsstand widerspiegelnde Überblicke. Das prägt auch den Charakter der hier vorliegenden Beiträge.

Die erste Sektion der Tagung von Erfurt 2010 handelte von »Erwartungen und Enttäuschungen: Die Sozialstaatlichkeit in der ersten deutschen Republik«. In der zweiten Sektion ging es um »Pfadtreue und Systemkonkurrenz. Strukturmerkmale der sozialstaatlichen Entwicklung in den beiden deutschen Staaten nach 1945«. Stephan Lessenichs grundlegender Vortrag leitete über in die Abschlussdiskussion mit dem Thema »Neue Spielregeln nach der weltweiten Krise? – Kapitalismus, Sozialstaat und Demokratie in der Zukunft«, an der neben Stephan Lessenich, Gerhard A. Ritter und Harald Lieske, der Betriebsratsvorsitzende des Eisenacher Opel-Werkes, teilnahmen. Die Diskussion ist hier nicht dokumentiert, jedoch finden die beiden Kommentare zu den einzelnen Sektionen Berücksichtigung.

Die konzeptionelle Planung der Tagung erfolgte durch den wissenschaftlichen Beirat der Stiftung Reichspräsident Friedrich-Ebert-Gedenkstätte; ihr Gelingen ist den Tagungsteilnehmern ebenso zu verdanken wie den Mitarbeiterinnen und Mitarbeitern der Stiftung in Heidelberg. Ohne die von ihnen engagiert geleistete organisatorische Arbeit vor, während und nach der Konferenz wäre weder die zweitägige Veranstaltung in Erfurt – dankenswerterweise unterstützt durch die dortige Stadtverwaltung – durchführbar gewesen, noch hätte dieser Sammelband erscheinen können.

Heidelberg, im Dezember 2011

Klaus Schönhoven   Walter Mühlhausen

Klaus Schönhoven

Die Weimarer Republik als soziale Demokratie: Durchbruch eines Ordnungsprinzips

Die Suche nach den entscheidenden Impulsen für die Entstehung des modernen Sozialstaates führt zurück bis in die erste Hälfte des 19. Jahrhunderts, als in Europa die liberal-kapitalistische Marktwirtschaft die überkommene Wirtschafts- und Sozialordnung Schritt für Schritt verdrängte und der Durchbruch der industriellen Welt begann. In der Folgezeit wurden die bis dahin feudal und absolutistisch eingehegten europäischen Gesellschaften rechtlich, ökonomisch und sozial entfesselt; die Bindungen und Barrieren der überkommenen Ordnungssysteme zerfielen; der Kapitalismus setzte ungeheure Produktivkräfte frei und bewirkte einen tiefgreifenden Wandel in der Wahrnehmung und bei der Beurteilung der gesellschaftlichen Beziehungen. Zu den Begleiterscheinungen dieses epochalen Umbruchs zählten Massenarmut und Hungerkrisen sowie eine dramatische Veränderung der Arbeits- und Lebensbedingungen. Millionen von Menschen mussten die Erfahrung von Schutzlosigkeit und Existenzunsicherheit machen, die sie in Verzweiflung stürzte oder zur Rebellion trieb. Gleichzeitig konstituierte sich während der Revolution von 1848/49 unter dem »Banner der Brüderlichkeit« die Arbeiterbewegung als eine in den folgenden Jahrzehnten immer mächtiger anwachsende politische und gewerkschaftliche Herausforderung der herrschenden Verhältnisse.[1]

Die im Verlauf von Industrialisierung und Urbanisierung und der mit ihnen einhergehenden Entwurzelung und Entfremdung entstandenen

---

1 Vgl. Thomas Welskopp: Das Banner der Brüderlichkeit. Die deutsche Sozialdemokratie vom Vormärz bis zum Sozialistengesetz, Bonn 2000. Zum wirtschaftlichen und sozialen Wandel in der ersten Hälfte des 19. Jahrhunderts vgl. Jürgen Kocka: Arbeitsverhältnisse und Arbeiterexistenzen. Grundlagen der Klassenbildung im 19. Jahrhundert, Bonn 1990. Zur ideengeschichtlichen Entwicklung siehe ausführlich Helga Grebing (Hrsg.): Geschichte der sozialen Ideen in Deutschland. Sozialismus, Katholische Soziallehre, Protestantische Sozialethik. Ein Handbuch, Essen ²2005.

bis dahin unbekannten gesellschaftlichen Konfliktkonstellationen machten neue politische Antworten, gesetzliche Regelungen und administrative Vorkehrungen gegen Pauperismus und Proletarierelend dringend erforderlich. Deshalb setzte in Frankreich, England und auch Deutschland eine vielstimmige Diskussion über innovative Formen der sozialen Sicherung ein, an der sich Repräsentanten aus unterschiedlichen politischen, weltanschaulichen und wissenschaftlichen Richtungen beteiligten. Ihre in intellektuellen Disputen und programmatischen Schriften entwickelten Lösungsvorschläge reichten von utopischen Erneuerungshoffnungen und revolutionären Umsturzerwartungen über sozial-liberale Reformmodelle, die einen radikalen Systemwandel verhindern und darauf hinzielende Bestrebungen politisch kanalisieren wollten, bis hin zu patriarchalisch-konservativen Konzepten, die auf eine defensive Krisenbewältigung ausgerichtet waren und oft an die im Christentum tradierten Wertvorstellungen anknüpften.

In diesen Debatten meldeten sich nicht nur Karl Marx und Friedrich Engels mit dem Kommunistischen Manifest spektakulär zu Wort, das sie 1848 als die revolutionäre Gründungsurkunde der internationalen Arbeiterbewegung formulierten. Neben den beiden Vordenkern des Sozialismus beschäftigten sich auch von ihnen abschätzig als »Bourgeoisideologen« charakterisierte Zeitgenossen[2], die im sozialkritischen Bürgertum, in der staatlichen Bürokratie oder im religiös-karitativen Organisationsnetz der Kirchen beheimatet waren, mit der brennend aktuell gewordenen »socialen Frage«. Dieser Begriff wurde zu einem Schlagwort, das fortan alle politischen Richtungen im Munde führten, gleichgültig ob es ihnen um den Erhalt des preußisch-konservativen Obrigkeitsstaates nach der Reichsgründung von 1871 oder um die politische Umwandlung des Kaiserreiches in eine demokratisch verfasste Staatsordnung ging.

Die institutionelle Durchbruchphase der staatlichen Sozialpolitik begann in Deutschland bekanntlich im letzten Drittel des 19. Jahrhunderts,

---

2 Vgl. dazu Karl Marx/Friedrich Engels: Manifest der Kommunistischen Partei, in: Programmatische Dokumente der deutschen Sozialdemokratie. Hrsg. und eingeleitet von Dieter Dowe und Kurt Klotzbach, Bonn [4]2004, S. 55–85, Zitat S. 65; Jürgen Reulecke: Die Anfänge der organisierten Sozialreform in Deutschland, in: Rüdiger vom Bruch (Hrsg.): Bürgerliche Sozialreform in Deutschland vom Vormärz bis zur Ära Adenauer, München 1985, S. 21–59; s. a. Gerhard A. Ritter: Zur Geschichte der sozialen Ideen im 19. und frühen 20. Jahrhundert, in: ders.: Arbeiter, Arbeiterbewegung und soziale Ideen in Deutschland. Beiträge zur Geschichte des 19. und 20. Jahrhunderts, München 1996, S. 11–66.

nachdem sich die seit dem Feudalzeitalter tradierten Umgangsformen bei der Gestaltung der Arbeits- und Sozialbeziehungen endgültig überlebt hatten und die rechtliche Fixierung eines neuen Gesellschaftsvertrages für das Industriezeitalter anstand. In dieser Phase, die als die »eigentliche Wendezeit« zur sozialstaatlichen Moderne bezeichnet werden kann[3], wurden Weichenstellungen vorgenommen, die bis heute die Lebenslagen und die Lebenschancen breiter Bevölkerungsschichten wesentlich beeinflussen. Deshalb ist zunächst eine knappe Charakterisierung dieser Gründerzeit des deutschen Sozialstaates sinnvoll, bevor seine weitere Entwicklung während der Weimarer Republik intensiver in das Blickfeld gerückt wird.

1. Die formative Phase des deutschen Sozialstaates vor 1914

Funktionale Zwänge, die sich im Zuge der fundamentalen sozioökonomischen Umbrüche im Laufe des 19. Jahrhunderts immer mehr verschärft hatten, politische Machtkalküle, die auf eine Absicherung der bestehenden Herrschaftsordnung abzielten, sowie am Gemeinwohl orientierte Reformvorschläge, die für eine Pazifizierung der angespannten Lage eintraten, standen am Anfang der Begründung des deutschen Sozialstaates durch Bismarck.[4] Warum ausgerechnet dieser Altpreuße in Deutschland »das erste moderne System sozialer Sicherheit in der Welt« aufbaute[5], ist in der einschlägigen historischen und sozialwissenschaftlichen Forschung ausführlich und kontrovers diskutiert worden. Man hat die Sozialpolitik des ersten Reichskanzlers als eine defensive Integrations- und Stabilisierungsstrategie zum Erhalt der bestehenden monarchischen Ordnung im Kampf gegen die revolutionäre Sozialde-

---

3 So Gerald Stourzh: Zur Institutionengeschichte der Arbeitsbeziehungen und der sozialen Sicherung. Eine Einführung, in: Gerald Stourzh/Margarete Grandner (Hrsg.): Historische Wurzeln der Sozialpartnerschaft, München 1986, S. 13–37, Zitat S. 21.
4 Diese hier nur knapp skizzierten Motive behandelt ausführlich das Standardwerk von Gerhard A. Ritter: Der Sozialstaat. Entstehung und Entwicklung im internationalen Vergleich. 2., überarb. und erheblich erw. Auflage, München 1991, S. 46 ff.; ferner Eckart Reidegeld: Staatliche Sozialpolitik in Deutschland, Bd. I: Von den Ursprüngen bis zum Untergang des Kaiserreiches 1918. 2., überarb. und erw. Auflage, Wiesbaden 2006, S. 61 ff.
5 So Ritter, Sozialstaat (wie Anm. 4), S. 62.

mokratie charakterisiert und vor allem die opportunistisch-taktischen Erwägungen Bismarcks stark betont.[6] Zweifellos standen die polizeistaatliche Verfolgung der Arbeiterbewegung durch das Sozialistengesetz und die fast gleichzeitig eingeleitete wohlfahrtsstaatliche Pazifizierungspolitik mit Hilfe von Sozialgesetzen in einem strategischen Zusammenhang, doch das sprichwörtlich gewordene Bonmot von »Zuckerbrot und Peitsche« erfasst nur einen Teil der Wirklichkeit.

Bismarcks Doppelstrategie der politischen Repression und der sozialen Reform, die bei den Funktionseliten des Kaiserreichs auf breite Zustimmung stieß, basierte nämlich auch auf einer innovativen Ordnungsidee, von der in den folgenden Jahrzehnten vielfältige Impulse ausgingen. Denn die in den 1880er Jahren verabschiedeten Sozialgesetze stellten die politischen Weichen in Richtung auf den modernen Interventionsstaat und die Verrechtlichung der Beziehungen zwischen den Arbeitgebern und den Arbeitnehmern. Sie verbesserten die individuellen Erwerbssituationen der Lohnarbeiter mit Hilfe von öffentlich-rechtlichen Versicherungs- und Vorsorgegarantien sowie durch staatliche Regulierungen der Vertragsverhältnisse zwischen Kapital und Arbeit. Fortan verfügten die Lohnarbeiter mit den Pflichtversicherungen bei Unfall, Krankheit, Invalidität sowie im Alter über gesetzlich garantierte Leistungsansprüche und damit über einen – wenn auch anfangs nur unzureichenden – Schutz vor zentralen Berufs- und Lebensrisiken. Und mit der Institutionalisierung dieses sozialstaatlichen Versicherungssystems, für dessen Finanzierung Arbeitgeber, Arbeitnehmer und Staat gemeinsam aufkommen mussten, wurde in den 1880er Jahren im Bismarckreich zudem ein korporatistisches Netzwerk zwischen diesen drei Akteuren geschaffen. Es prägte fortan ihre Beziehungen in Deutschland und ist bis heute ein Charakteristikum des bundesrepublikanischen Sozialstaates geblieben.

---

6   Vgl. zu dieser immer wieder formulierten These etwa Reidegeld, Sozialpolitik I (wie Anm. 4), S. 133 ff. Bismarck selbst hatte am 26. November 1884 im Reichstag erklärt: »Wenn es keine Sozialdemokratie gäbe und wenn sich nicht eine Menge vor ihr fürchteten, würden die mäßigen Fortschritte, die wir überhaupt in der Sozialreform bisher gemacht haben, auch noch nicht existieren.« Ähnlich äußerte sich auch Theodor Lohmann, einer der Vordenker der Sozialreformen, der am 22. April 1889 einem Freund schrieb, »dass die Sozialpolitik nicht aus Liebe, sondern aus Furcht der herrschenden Klassen, besonders der Regierungskreise, geboren sei.« Beide Zitate nach Gerhard A. Ritter: Staat, Arbeiterschaft und Arbeiterbewegung in Deutschland. Vom Vormärz bis zum Ende der Weimarer Republik, Berlin/Bonn 1980, S. 47.

Mit dem Ausbau der Versicherungssysteme und mit der Verbesserung ihrer Leistungen veränderte sich auch die Haltung der Sozialdemokratie zur Sozialgesetzgebung. Hatte die Parteipresse anfangs noch »gegen das Narrenparadies« der Reformgesetze polemisiert[7], begann man in der SPD bereits in den 1890er Jahren das Minenfeld zwischen Sozialreform und Sozialrevolution politisch und programmatisch neu zu vermessen, wie beispielsweise die Debatten auf ihren Parteitagen oder das von ihr 1891 verabschiedete Erfurter Programm dokumentieren.[8] Nach der Jahrhundertwende akzeptierte die Sozialdemokratie das Prinzip der staatlichen Sozialversicherung und forderte deren weiteren Ausbau. Gleichzeitig kam es zur kontinuierlichen Mitarbeit von Abertausenden sozialdemokratischer und gewerkschaftlicher Funktionäre in einem sich immer weiter ausdifferenzierenden Netzwerk der praktischen Sozialpolitik.[9]

Diese Entwicklung hat fraglos »Klassenspannungen vermindert, der gesellschaftlichen Isolierung der Arbeiter entgegengewirkt und reformistische Tendenzen in den sozialistischen Arbeiterorganisationen gestärkt«.[10] Da aber auch im späten Kaiserreich der widerspruchsvolle und spannungsreiche Dualismus von politischer Repression und sozialstaatlicher Integration prinzipiell fortbestand, kann generell von einer Aussöhnung zwischen wilhelminischem Obrigkeitsstaat und sozialdemo-

---

7 So »Der Sozialdemokrat« Nr. 46 vom 8. November 1883.
8 Vgl. dazu zuletzt Wolfgang Ayaß: Sozialdemokratische Arbeiterbewegung und Sozialversicherung bis zur Jahrhundertwende, in: Ulrich Becker/Hans Günter Hockerts/Klaus Tenfelde (Hrsg.): Sozialstaat Deutschland. Geschichte und Gegenwart, Bonn 2010, S. 17–43; ferner Klaus Schönhoven: Die Arbeiterbewegung und die Herausbildung des modernen Sozialstaates, in: Helga Grebing/Hans Otto Hemmer (Hrsg.): Soziale Konflikte, Sozialstaat und Demokratie in Deutschland, Essen 1996, S. 11–27.
9 In der gesetzlichen Krankenversicherung des Kaiserreichs, die der konservative Abgeordnete Friedrich Linz in einer Reichstagssitzung am 20. April 1910 als »Unteroffiziersschule der Sozialdemokratie« bezeichnete, begannen viele politische Karrieren von führenden Gewerkschaftern und Sozialdemokraten als Mitglieder von Schiedsgerichten, Verwaltungsräten und Vorständen auf den verschiedenen Ebenen der Selbstverwaltungen. Hinzu kam die Professionalisierung der Beratungspolitik in den von der Arbeiterbewegung in zahlreichen Städten des Reiches eingerichteten Arbeitersekretariaten. Vgl. dazu Klaus Tenfelde: Arbeitersekretäre. Karrieren in der deutschen Arbeiterbewegung vor 1914, Heidelberg 1993; zur Wahl von Arbeitervertretern in der Sozialversicherung vgl. auch Ayaß, Arbeiterbewegung (wie Anm. 8), S. 34 ff.
10 So Ritter, Sozialstaat (wie Anm. 4), S. 87.

kratischer Arbeiterbewegung nicht gesprochen werden. Bis zum Kriegsbeginn im Sommer 1914 blieb diese zwiespältige Lage ein Charakteristikum der politischen und sozialen Gesellschaftsordnung des Kaiserreichs, in dem Entfaltungsmöglichkeiten für emanzipatorische Projekte beim Ausbau des Arbeitsschutzes oder der Kodifizierung des Arbeitsrechtes von den industriellen und agrarischen Interessenverbänden blockiert wurden, weshalb die Anhänger einer konsequenten Weiterführung der Sozialpolitik keine entscheidenden parlamentarischen Bodengewinne mehr erzielen konnten.

2. Sozialstaatliche Weichenstellungen im Ersten Weltkrieg und während der Gründungsphase der Weimarer Republik

Der Auf- und Ausbau des deutschen Sozialstaats war im Kaiserreich weit vorangekommen, bewertet man den erreichten Stand aus internationaler Perspektive. Und die Monarchie hatte der Weimarer Republik zweifellos »einen ansehnlichen Bestand administrativer, rechtlicher und politischer Ressourcen« vererbt, auf die diese zurückgreifen konnte.[11] In der Forschung wird jedoch kontrovers darüber diskutiert, wie man die weitere Entwicklung auf dem Feld der Sozialpolitik in der Weimarer Republik im Vergleich zu der im Kaiserreich charakterisieren kann. Während eine Reihe von Autoren die Kontinuitätsthese stark betont und die konzeptionellen Kurskorrekturen ab Herbst 1918 relativ gering gewichtet hat[12], findet sich in der Literatur auch die Feststellung, während der Weimarer Republik könne man »einen qualitativen Sprung« beim Ausbau des Sozialstaats in Deutschland verzeichnen.[13] Ein Autor geht sogar so weit zu betonen, »aufs Grundsätzliche hin gesehen« habe die Weimarer Republik »für die Entwicklung des deutschen Sozialstaats vermut-

---

11 So die Feststellung von Manfred G. Schmidt: Sozialpolitik in Deutschland. Historische Entwicklung und internationaler Vergleich. 3., vollständig überarb. und erw. Auflage, Wiesbaden 2005, S. 45.
12 Vgl. dazu etwa das Urteil von Ludwig Preller: Sozialpolitik in der Weimarer Republik, Kronberg/Düsseldorf 1978. Unveränd. Nachdr. der Ausgabe von 1949, S. 497.
13 So Detlev J. K. Peukert: Die Weimarer Republik. Krisenjahre der Klassischen Moderne, Frankfurt a. M. 1987, S. 134.

lich mehr geleistet als das Kaiserreich und die Bonner Republik«.[14] Mit welchen Argumenten man diese unterschiedlichen Urteile untermauert hat, ist im Folgenden noch zu erläutern.

Alle Autoren stimmen jedoch der Einschätzung zu, dass sich der Erste Weltkrieg »als der große Schrittmacher der Sozialpolitik« in Deutschland erwiesen habe[15], weil in den Kriegsjahren das Fundament für eine grundsätzliche Neuordnung der Arbeitsbeziehungen gelegt worden sei. In der Tat trug der sozialpolitische Burgfrieden, der seit Kriegsbeginn in den Beziehungen zwischen Kapital und Arbeit herrschte, entscheidend dazu bei, dass es unter dem Vorzeichen der Vaterlandsverteidigung zu einem Prinzipien- und Strukturwandel in der Anwendung des Koalitionsrechts kam. Während des Krieges wurden nämlich die Weichen zur Anerkennung der Gewerkschaften durch Staat und Unternehmer gestellt. So kam es ab 1916 in der Ära des Hilfsdienstgesetzes zu einer engen kooperativen Einbindung der Gewerkschaften in das kriegswirtschaftliche Krisenmanagement bei der Mobilisierung des Arbeitskräftepotentials an der Heimatfront. Gleichzeitig prägte man die Wortschöpfung »Kriegssozialismus«, um die neue Qualität der Übereinstimmung zwischen der Staatsführung, den Militärbehörden und der gewerkschaftlichen Arbeiterbewegung zu betonen.[16] Und die Führung der Sozialdemokratie hoffte weiterhin auf greifbare Erfolge auf dem von ihr bereits im August 1914 eingeschlagenen Kurs des Kriegsreformismus.[17] Trotz der im Krieg vorgenommenen sozialpolitischen Weichenstellungen muss jedoch die Forschungsthese eines Wirtschaftshistorikers korrigiert werden, dass »nahezu alles, was zu den typischen sozialen Errungenschaften der Weimarer Republik zu zählen ist [...], sich in den Grundlagen auf

---

14 So Volker Hentschel: Die Sozialpolitik in der Weimarer Republik, in: Karl Dietrich Bracher/Manfred Funke/Hans-Adolf Jacobsen (Hrsg.): Die Weimarer Republik 1918–1933. Politik, Wirtschaft, Gesellschaft, Bonn 1987, S. 197–217, Zitat S. 198.
15 So Preller, Sozialpolitik (wie Anm. 12), S. 85.
16 Vgl. zu den im Ersten Weltkrieg beginnenden Auseinandersetzungen über die Nachkriegswirtschaft, in denen Politiker, Industrielle und Gewerkschaftsführer über gemein- oder marktwirtschaftliche Ordnungen diskutierten, die Studie von Friedrich Zunkel: Industrie und Staatssozialismus. Der Kampf um die Wirtschaftsordnung in Deutschland, Düsseldorf 1974.
17 Vgl. zur einschlägigen Forschung Gerald D. Feldman: Armee, Industrie und Arbeiterschaft in Deutschland 1914 bis 1918, Berlin/Bonn 1985; Klaus Schönhoven: Die deutschen Gewerkschaften, Frankfurt a. M. 1987, S. 94 ff.; Susanne Miller: Burgfrieden und Klassenkampf. Die deutsche Sozialdemokratie im Ersten Weltkrieg, Düsseldorf 1974; Reidegeld, Sozialpolitik I (wie Anm. 4), S. 281 ff.

die Praxis der Kriegszeit zurückführen« lasse.[18] Diese These überzeichnet nämlich die sozialpolitischen Kontinuitätslinien zwischen Monarchie und Demokratie viel zu stark und bewertet die innovativen Leistungen nach 1918 zu gering.

Will man die Bruchstellen zwischen der paternalistisch konturierten Sozialpolitik des Kaiserreichs und der demokratisch fundierten Sozialpolitik der Weimarer Republik genauer bestimmen, dann kann man die sozialstaatlichen Grundsatzentscheidungen während der revolutionären Übergangsphase zwischen Herbst 1918 und Sommer 1919 nicht einfach ausklammern. Hierzu gehört zunächst eine Reihe von Reformschritten, mit denen die »sozialpolitische Schieflage« des Kaiserreichs[19] innerhalb kurzer Zeit begradigt wurde. Dies galt sowohl für den weiteren Ausbau der sozialen Staatstätigkeit wie auch für wichtige Neuerungen auf dem Feld der Arbeitsrechtspolitik, wozu die Garantie des Koalitions- und Streikrechts zählte. Dies galt ferner auch für die Institutionalisierung der Tarifautonomie und damit für die Verlagerung von Machtressourcen auf organisierte gesellschaftliche Gruppen sowie schließlich für die Verankerung von Mitentscheidungsmöglichkeiten der Arbeitnehmer auf der Unternehmensebene im Betriebsrätegesetz von 1920, das zu Recht als ein »Kerngesetz des Weimarer Sozialstaates« bezeichnet worden ist.[20] Denn in ihm wurde das Prinzip der demokratischen Selbstregulierung des Sozialstaates durch gesellschaftliche Kräfte anerkannt.

Der politische Systemwechsel nach dem Zusammenbruch des Kaiserreichs ging sofort einher mit sozialpolitischen Initiativen der neuen Reichsregierung, die sich im November 1918 als Rat der Volksbeauftragten etablierte. Bereits der erste Aufruf dieser Koalitionsregierung aus SPD und USPD setzte die alten Gesindeordnungen und die Ausnahmegesetze für Landarbeiter außer Kraft und stellte die bei Kriegsbeginn aufge-

---

18 So Werner Abelshauser: Die Weimarer Republik – ein Wohlfahrtsstaat?, in dem von ihm hrsg. Sammelband: Die Weimarer Republik als Wohlfahrtsstaat. Zum Verhältnis von Wirtschafts- und Sozialpolitik in der Industriegesellschaft, Stuttgart 1987, S. 9–31, Zitat S. 15.
19 Diesen Begriff prägte Hentschel, Sozialpolitik (wie Anm. 14), S. 197.
20 So Klaus Tenfelde: Arbeiterschaft, Unternehmer und Mitbestimmung in der frühen Weimarer Republik, in: Becker/Hockerts/Tenfelde (Hrsg.), Sozialstaat (wie Anm. 8), S. 67–80. Vgl. ausführlich zu den einzelnen Maßnahmen in der Weimarer Republik Eckart Reidegeld: Staatliche Sozialpolitik in Deutschland, Bd. II: Sozialpolitik in Demokratie und Diktatur 1919–1945, Wiesbaden 2006, S. 13–351; ferner Volker Hentschel: Geschichte der deutschen Sozialpolitik 1880–1980, Frankfurt a. M. 1983, S. 63–136; Ritter, Sozialstaat (wie Anm. 4), S. 114 ff.

hobenen Arbeiterschutzbestimmungen wieder her. Ferner kündigte die Regierung weitere Schritte an, die einen breiten sozialen Reformkorridor öffneten und die demokratische Legitimation als gültige Entscheidungsregel im neuen Staat festlegten.[21] Hiermit hatte der Rat der Volksbeauftragten vor dem dramatischen Hintergrund der Kriegsniederlage, der Abdankung der Monarchie und des revolutionären Umbruchs die prinzipielle Entwicklungsrichtung einer republikanisch zu gestaltenden Sozialpolitik bestimmt und ihren grundsätzlichen Unterschied zum paternalistischen Politikstil des kaiserlichen Obrigkeitsstaates formuliert. Zugleich dokumentierte dieser Aufruf auch den antirevolutionären Pragmatismus der nun regierenden Sozialdemokraten, die auf die Karte der Sozialreform setzten und dem von der radikalen Linken verfochtenen Konzept der Sozialrevolution eine klare Absage erteilten.[22]

Eine entscheidende Weichenstellung in Richtung auf einen demokratischen Sozialstaat war ferner das im November 1918 vereinbarte Stinnes-Legien-Abkommen, das die partnerschaftliche Struktur der Weimarer Sozialordnung vorformte und zentrale Aufgaben bei der Gestaltung der Arbeitsmarktpolitik von der staatlichen in die gesellschaftliche Sphäre verlagerte.[23] Dieser Kooperationsvertrag zwischen den Gewerkschaften und den Arbeitgeberverbänden, die gemeinsam die Verantwortung für die Formulierung und den Vollzug der Tarifpolitik übernahmen, war ein Markstein auf dem Weg zur Tarifautonomie, die in der Bundesrepublik dann endgültig verwirklicht wurde. Zwar scheiterte die Zentral-

---

21 Dieser im Reichsgesetzblatt veröffentlichte Aufruf vom 12. November 1918 ist abgedruckt in: Gerhard A. Ritter/Susanne Miller (Hrsg.): Die deutsche Revolution 1918–1919. Dokumente, Frankfurt a. M. 1983, S. 103 f. In diesem Aufruf wird auch das gleiche, geheime, direkte und allgemeine Wahlrecht für Männer und Frauen ab dem 20. Lebensjahr angekündigt.

22 Vgl. dazu die mittlerweile vielfältig untermauerten Befunde der einschlägigen Forschung, die zuletzt Walter Mühlhausen für Ebert, dem Primus inter pares im Rat der Volksbeauftragten, nochmals prägnant nachgezeichnet hat: Friedrich Ebert 1871–1925. Reichspräsident der Weimarer Republik, Bonn ²2007, S. 98 ff. Zentrale Forschungsbeiträge, die seit den 1960er Jahren publiziert wurden, finden sich in dem von Helga Grebing hrsg. Sammelband: Die deutsche Revolution 1918/19, Berlin 2008.

23 Grundlegend dazu Gerald D. Feldman/Irmgard Steinisch: Industrie und Gewerkschaften 1918–1924. Die überforderte Zentralarbeitsgemeinschaft, Stuttgart 1985; Klaus Schönhoven: Wegbereiter der sozialen Demokratie? Zur Bedeutung des Stinnes-Legien-Abkommens vom 15. November 1918, in: Karl Christian Führer/Jürgen Mittag/Axel Schildt/Klaus Tenfelde (Hrsg.): Revolution und Arbeiterbewegung in Deutschland 1918–1920 (erscheint Essen 2012), S. 53–73.

arbeitsgemeinschaft während der Inflationsjahre als tarifpolitischer Zweibund von Kapital und Arbeit, worauf ab 1924 mit der Einbindung des Staates als Zwangsschlichter eine politisch problematische tripartistische Konstellation an ihre Stelle trat.[24] Doch der im Herbst 1918 formulierte Anspruch der Arbeitsmarktparteien auf Autonomie blieb staatlich anerkannt und mit ihm ihre öffentlich-rechtliche Funktion als in der Gesellschaft verankerte Ordnungsfaktoren.[25]

Von prinzipieller Bedeutung in diesem sozialpartnerschaftlichen Pakt von Arbeit und Kapital war ferner die Vereinbarung über den achtstündigen Maximalarbeitstag, dessen Verwirklichung der Rat der Volksbeauftragten bereits in seinem ersten Aufruf nach dem Staatsumsturz angekündigt hatte. Die Zustimmung der Arbeitgeber zur Einführung des Achtstundentages war für alle Arbeitnehmer von großer und nicht zu unterschätzender sozialpolitischer Bedeutung. Sie erfüllte eine programmatische Forderung der Sozialdemokratie und galt aus gewerkschaftlicher Sicht als die wichtigste soziale Errungenschaft der Revolution. Allerdings akzeptierten die Unternehmer den Achtstundentag – wie sich bald herausstellen sollte – nur als Zugeständnis auf Zeit, das sie bereits ein Jahr später nach der Bändigung der radikalen Umsturzbewegung wieder aufkündigen wollten.[26] Der dann während der Inflationszeit einsetzende Kampf um den Achtstundentag, in dem sich die Gewerkschaften nicht behaupten konnten, läutete den Abschied vom Modell der privilegierten Partnerschaft zwischen Arbeit und Kapital ein und machte die Grenzen der Konsensfindung zwischen autonom operierenden Interessenverbänden während der Weimarer Republik einmal mehr deutlich sichtbar. Der Staat kehrte nun endgültig als Interventionsmacht auf den Arbeitsmarkt zurück.

---

24 Vgl. dazu Johannes Bähr: Staatliche Schlichtung in der Weimarer Republik. Tarifpolitik, Korporatismus und industrieller Konflikt zwischen Inflation und Deflation 1919–1932, Berlin 1989.
25 Dass es sich dabei um »eine kopernikanische Wende« in der Entwicklung des Koalitionsrechtes handelte, haben sozialdemokratische Intellektuelle wie Hugo Sinzheimer und Ernst Fraenkel bereits in der Weimarer Republik betont. Vgl. dazu die Hinweise bei Ritter, Sozialstaat (wie Anm. 4), S. 120 ff.
26 Zu den Konflikten in der frühen Weimarer Republik vgl. Gerald D. Feldman/Irmgard Steinisch: Die Weimarer Republik zwischen Sozial- und Wirtschaftsstaat. Die Entscheidung gegen den Achtstundentag, in: Archiv für Sozialgeschichte 18 (1978), S. 353–439.

Am eindringlichsten spiegelt sich der sozialstaatliche Gestaltungswille der Republikgründer von Weimar in der im August 1919 in Kraft getretenen Reichsverfassung wider. Nach den Vorstellungen der politischen Protagonisten der Weimarer Koalition, deren Konzept dem Partizipationswillen breiter Bevölkerungsschichten gerecht werden wollte[27], musste die Republik gleichermaßen auf demokratischen und sozialen Fundamenten ruhen. Die enge Verknüpfung von nationaler Integration, demokratischer Legitimation und sozialer Ausgestaltung, die in der Präambel der Verfassung als Leitmotiv betont wurde[28], sollte die Volkssouveränität absichern, den inneren Frieden garantieren sowie den gesellschaftlichen Fortschritt fördern. Man wollte dem untergegangenen monarchischen Obrigkeitsstaat die Verfassungsform eines republikanischen Volksstaates als zukunftsorientierte Alternative entgegenstellen. Und dieser Volksstaat sollte mit »sozialem Geiste« erfüllt sein, wie Hugo Preuß, einer der Architekten der Weimarer Verfassung, mit Nachdruck betonte.[29]

---

27 Vgl. die Überlegungen von Wolfram Pyta: Welche Erwartungen weckte die Weimarer Verfassung und welche Erfahrungen vermittelte sie an die Gründerväter der Bundesrepublik? in: Die Weimarer Verfassung – Wert und Wirkung für die Demokratie. Hrsg. von der Friedrich-Ebert-Stiftung, Landesbüro Thüringen, Erfurt 2009, S. 51–71; Heiko Bollmeyer: Das »Volk« in den Verfassungsberatungen der Weimarer Nationalversammlung 1919 – ein demokratietheoretischer Schlüsselbegriff zwischen Kaiserreich und Republik, in: Alexander Gallus (Hrsg.): Die vergessene Revolution von 1918/19, Göttingen 2010, S. 57–83.
28 Die Präambel lautete: »Das deutsche Volk, einig in seinen Stämmen und von dem Willen beseelt, sein Reich in Freiheit und Gerechtigkeit zu erneuern und zu festigen, dem inneren und äußeren Frieden zu dienen und den gesellschaftlichen Fortschritt zu fördern, hat sich diese Verfassung gegeben.« Zur Entstehung der Weimarer Verfassung und zu den Beratungen über einzelne Abschnitte der Entwürfe und des endgültigen Textes vgl. die facettenreiche verfassungsrechtlich und verfassungshistorisch argumentierende Studie von Christoph Gusy: Die Weimarer Verfassung, Tübingen 1997; Heiko Bollmeyer: Der steinige Weg zur Demokratie. Die Weimarer Nationalversammlung zwischen Kaiserreich und Republik, Frankfurt a. M. 2007.
29 So in einer im August 1919 gehaltenen Rede mit dem Titel »Das Verfassungswerk von Weimar«. Abgedruckt in: Detlev Lehnert (Hrsg.): Hugo Preuß. Politik und Verfassung in der Weimarer Republik, Tübingen 2008, S. 87–93, Zitat S. 89. Vgl. dazu Friedrich Völtzer: Der Sozialstaatsgedanke in der Weimarer Reichsverfassung, Frankfurt a. M. u. a. 1992.

Der von Preuß formulierte Denkansatz spiegelt sich in vielen einzelnen Artikeln des Grundrechtskatalogs wider[30], vor allem aber im fünften Absatz der Verfassung. Mit den hier verankerten Prinzipien erweiterte die in Weimar tagende Nationalversammlung den traditionellen liberalen Horizont, den die Abgeordneten der Frankfurter Paulskirche bereits 1848/49 konturiert hatten, indem sie erstmals auch soziale »Grundrechte und Grundpflichten« definierte. Die Weimarer Verfassungsschöpfer garantierten einerseits die Freiheit der Wirtschaft und den Bestand des Privateigentums, betonten aber andererseits zugleich, dass die Ordnung des Wirtschaftslebens »den Grundsätzen der Gerechtigkeit« und dem Ziel der »Gewährleistung eines menschenwürdigen Daseins für alle« entsprechen müsse.[31] Eindeutig kam die Sozialpflichtigkeit des Eigentums im folgenden Passus zum Ausdruck: »Eigentum verpflichtet. Sein Gebrauch soll zugleich Dienst sein für das Gemeine Beste«.[32] Die Verfügungsrechte der Unternehmer wurden durch die Mitbestimmungsrechte der Arbeiter und Angestellten begrenzt. Diese sollten »in Gemeinschaft mit den Unternehmern an der Regelung der Lohn- und Arbeitsbedingungen sowie an der gesamten wirtschaftlichen Entwicklung der produktiven Kräfte« mitwirken, wobei man grundsätzlich von einer Selbstregulierung der Beziehungen zwischen Arbeit und Kapital ausging.[33]

Aus der Sicht von Gerhard Anschütz, dem führenden zeitgenössischen Verfassungsinterpreten, trugen diese Bestimmungen »ausgeprägt sozialistische Züge«[34]. Seinem Urteil wird man sich – auch mit Blick auf das Sozialstaatspostulat im dreißig Jahre später verabschiedeten Bonner Grundgesetz – heute nicht mehr anschließen können. Das Weimarer Sozialstaatsmodell orientierte sich vielmehr an den Grundwerten der drei Koalitionsparteien der Nationalversammlung, also am sozialdemokratischen Reformismus, an der im Zentrum verankerten katholischen So-

---

30 Vgl. dazu die detaillierten Forderungen in den Artikeln 119–122, 128–131 und 135–141 der Weimarer Verfassung.
31 Artikel 151 der Weimarer Verfassung.
32 Artikel 153 der Weimarer Verfassung.
33 Artikel 165 der Weimarer Verfassung. Zu den weiteren Intentionen dieses »Räteartikels« vgl. Gerhard A. Ritter: Die Entstehung des Räteartikels 165 der Weimarer Reichsverfassung, in: Ritter, Arbeiter (wie Anm. 2), S. 227–249.
34 So Gerhard Anschütz in seinem in den Jahren der Weimarer Republik immer wieder neu aufgelegten Verfassungskommentar: Die Verfassung des Deutschen Reichs vom 11. August 1919. Ein Kommentar für Wissenschaft und Praxis. Zitiert nach: Dritte Bearbeitung. 13. Aufl., Berlin 1930, S. 601.

ziallehre und am Sozialliberalismus der Deutschen Demokratischen Partei. SPD, Zentrum und DDP verfügten in der im Januar 1919 gewählten Nationalversammlung zusammen über einen Stimmanteil von mehr als 75 Prozent. Sie hatten diese Verfassungsartikel gemeinsam erarbeitet und wollten mit ihnen das Leitbild einer sozialstaatlich ausgestalteten Marktwirtschaft verwirklichen.[35] Bei aller Kritik am zeitgebundenen Pathos der Sprache und an der Formelhaftigkeit einzelner Bestimmungen sollte man rückblickend »den Wagemut dieses sozialstaatlichen Verfassungsprojekts und seine Zukunftsbedeutung« angemessen würdigen.[36]

3. Konsolidierung und Krise der Weimarer Sozialordnung

Der Geltungsanspruch der in der Weimarer Verfassung formulierten sozialen Grundsätze war – anders als in der Bundesrepublik – nicht vor einem Verfassungsgericht einklagbar und er wurde, was sich gravierend auswirken sollte, auch von der Rechtsprechung in der Folgezeit weitgehend ignoriert. Deshalb kam es entscheidend darauf an, wie die Absichtserklärungen der heute als »erste sozial- oder wohlfahrtsstaatliche Verfassung der Welt« gerühmten Weimarer Reichsverfassung[37] in der Verfassungswirklichkeit faktisch umgesetzt werden konnten. Bekanntlich fehlten in den 1920er und frühen 1930er Jahren dafür wichtige ökonomische, politische und soziale Voraussetzungen. Die Wirtschaft konnte im Auf und Ab der Konjunkturkrisen nicht dauerhaft stabilisiert werden; die Parteiendemokratie verlor ihre zunächst breite republikanische Basis bereits bei den Reichstagswahlen von 1920; und den brüchi-

---

35 Das von Ursula Büttner in ihrer Gesamtdarstellung formulierte Urteil, die Abgeordneten der Nationalversammlung hätten »keine gemeinsamen Leitideen für die künftige Staats- und Gesellschaftsordnung« besessen (Weimar. Die überforderte Republik, Bonn 2008, S. 112), lässt sich so nicht aufrechterhalten. Über die Verankerung von sozialen Grundrechten, deren Einfügung in die Verfassung übrigens der DDP-Vorsitzende Friedrich Naumann gefordert hatte, bestand zwischen den drei Koalitionsparteien ein breiter Konsens. Kontroversen gab es im Verfassungsausschuss über die Reichweite von einzelnen Bestimmungen, nicht aber über das Prinzip der Sozialstaatlichkeit und seine tragenden Fundamente. Vgl. zu den von den drei Koalitionsparteien vertretenen Sozialstaatskonzeptionen die Beiträge in dem von Helga Grebing hrsg. Handbuch (wie Anm. 1).
36 Dies betont Peukert, Republik (wie Anm. 13), S. 136, völlig zu Recht.
37 So Franz-Xaver Kaufmann: Sozialpolitisches Denken. Die deutsche Tradition, Frankfurt a. M. 2003, S. 79.

gen Kompromiss, auf dem die Konsensfähigkeit zwischen Kapital und Arbeit gründete, höhlten die Unternehmerverbände sofort wieder aus, als sie nach dem Abebben der revolutionären Unruhen politisch wieder auf festen Beinen standen. Vor allem aber fehlte der kurzlebigen Weimarer Republik die Zeit, um die ihr aus der Vorkriegs- und Kriegszeit vererbten tiefen gesellschaftlichen Spannungen nach und nach auszugleichen und die nach 1918 zusätzlich entstandenen weltanschaulichen Spaltungslinien Schritt für Schritt zu überbrücken. Die neuen Problemlagen, die als Kriegsfolgen oder als Begleiterscheinungen der Revolution und der Inflation entstanden, erzeugten nämlich einen massiven sozialpolitischen Entscheidungsdruck, dem die republikanischen Politiker nicht einfach ausweichen konnten.

Schon deshalb sollte man die in der Forschung oft zu findende Einschätzung, die Weimarer Demokratie habe sich von Anfang an als Sozialstaat zu viel zugemutet und ihr Zusammenbruch als »überforderter und überfordernder Wohlfahrtsstaat«[38] habe sich daraus mit einer gewissen Zwangsläufigkeit ergeben, so nicht einfach stehen lassen. Die historische Hypothek des Scheiterns der ersten deutschen Demokratie, die als »Weimar-Komplex« bis in die Gegenwart in der Bundesrepublik fortwirkt und immer noch ein integraler Bestandteil der heutigen Erinnerungskultur und Geschichtspolitik ist[39], muss aus unterschiedlichen Perspektiven analysiert werden. Dabei ist der Blick auf das widersprüchliche Neben- und Nacheinander von Entwicklungsprozessen zu richten, die einerseits zu einem Ausbau und zu einer Festigung der sozialen De-

---

38 Unter dieser Überschrift bilanzieren Manfred G. Schmidt und Tobias Ostheim die Weimarer Sozialpolitik in dem von ihnen gemeinsam mit Nico A. Siegel und Reimut Zohlnhöfer hrsg. Lehrbuch: Der Wohlfahrtsstaat. Eine Einführung in den historischen und internationalen Vergleich, Wiesbaden 2007, S. 137. Eine prägnante Zusammenfassung der Forschungsdiskussionen von Sozial- und Wirtschaftshistorikern findet sich bei Eberhard Kolb: Die Weimarer Republik. 7., durchgesehene und erweiterte Auflage, München 2009, S. 195–211. Vgl. auch den Forschungsbericht von Björn Hofmeister: Kultur- und Sozialgeschichte der Politik in der Weimarer Republik 1918 bis 1933, in: Archiv für Sozialgeschichte 50 (2010), S. 445–502.
39 Vgl. dazu für die Nachkriegszeit und die Ära Adenauer die Studie von Sebastian Ullrich: Der Weimar-Komplex. Das Scheitern der ersten deutschen Demokratie und die politische Kultur der frühen Bundesrepublik 1945–1959, Göttingen 2009. Die seit dem Ausbruch der Finanzkrise im Herbst 2008 immer wieder gezogenen Vergleiche mit der Weltwirtschaftskrise ab 1929 und die in diesem Kontext häufig gestellte Frage, ob die Bundesrepublik wirklich stabiler sei als die Weimarer Republik, dokumentieren die Fortdauer dieses »Weimar-Komplexes« bis heute.

mokratie beitrugen und andererseits ihre Aushöhlung und ihren Abbau bewirkten.

Rückt man die Expansion des Sozialstaats in den 1920er Jahren ins Blickfeld, so wird deutlich, dass in dieser Zeit auf allen klassischen Feldern der Daseinsvorsorge und der Daseinsfürsorge innovative Initiativen ergriffen und neue Instrumente erprobt wurden.[40] Die Gründer der Weimarer Republik akzeptierten nicht nur die sozialpolitische Verantwortung des demokratischen Staates, sondern sprachen ihm auch ein weitreichendes Interventionsrecht zu. Dies brachte ihnen nicht nur viel Zustimmung, sondern auch viel Kritik bei führenden Sozialwissenschaftlern zu Beginn der 1920er Jahre ein. Beispielsweise kommentierte Heinrich Herkner, der Vorsitzende des Vereins für Sozialpolitik, mit tiefem Unbehagen die Demokratisierung der Sozialpolitik und bedauerte, dass Deutschland nicht mehr wie im Kaiserreich »von einem wissenschaftlich hochgebildeten, über den Klasseninteressen und Parteien stehenden Beamtentum regiert« werde. Dieser Verklärung des Obrigkeitsstaates fügte er die Beobachtung an, in der Republik sei es zu einer »Überschätzung der Macht des Staates im Verhältnis zu den natürlichen Gesetzen des Wirtschaftslebens gekommen«.[41] Herkners auf die Methoden, Inhalte, Institutionen und Entscheidungsverfahren in der Sozialpolitik abzielende Kritik wurde vielfach aufgegriffen und hallt bis heute nach, wenn vom sprunghaften Anstieg der Staatsquote, der Expansion der Verwaltungskosten und der Erhöhung der Versicherungsbeiträge für sozialstaatliche Leistungen die Rede ist. In der Tat sind diese Ausgaben in den 1920er Jahren im Vergleich zur Vorkriegszeit erheblich angestiegen, auch wenn die Berechnungen der einzelnen Autoren voneinander abweichen.[42]

40 Vgl. dazu die umfangreiche Darstellung bei Reidegeld, Sozialpolitik II (wie Anm. 20), S. 126–306; ferner Hentschel, Geschichte (wie Anm. 20), S. 119 ff.
41 Zitiert nach Kaufmann, Sozialpolitisches Denken (wie Anm. 37), S. 81, der die unterschiedlichen Positionen von Wirtschafts- und Sozialwissenschaftlern sowie von der SPD nahestehenden Intellektuellen (Hugo Sinzheimer, Fritz Naphtali, Hermann Heller, Eduard Heimann) knapp nachzeichnet (S. 79–118).
42 Vgl. dazu die Zahlenangaben bei Hentschel, Geschichte (wie Anm. 20), der einen Anstieg der Ausgaben für soziale Sicherung von etwa zwei Prozent in den letzten Vorkriegsjahren auf rund 20 Prozent im Jahr 1929 anführt (S. 129); Schmidt, Sozialpolitik (wie Anm. 11), kommt zu dem Befund, die Sozialquote habe sich zwischen 1913 und 1928/29 um »mehr als das Dreifache« vergrößert (S. 47); Abelshauser, Wohlfahrtsstaat (wie Anm. 18), behauptet, die Sozialausgaben seien zwischen 1913 und 1929 »um nicht weniger als das Fünffache« gestiegen (S. 17).

Dieser Zuwachs an Kosten war auch die Folge der Professionalisierung und beruflichen Ausdifferenzierung der verschiedenen Sparten des Sozialwesens. Man definierte auf diesem Politikfeld nach 1918 neue Ausbildungsgänge und erschloss bis dahin wenig oder noch gar nicht bekannte Tätigkeitsbereiche. Zuvor ehrenamtliche Tätigkeiten wurden ergänzt oder ersetzt durch hauptberufliche Kräfte, was ebenfalls zum sprunghaften Anstieg der Beschäftigtenzahlen im Bereich der sozialen Dienstleistungen beitrug. Mit der »Verwissenschaftlichung des Sozialen«, die sich im raschen Tempo vollzog, erweiterte sich der Kreis der akademisch ausgebildeten Sachverständigen und Experten, entstanden neben sozialreformerisch ausgerichteten Konzepten auch technokratische Modelle der Sozialdisziplinierung sowie medizinisch oder soziologisch begründete Vorschläge für sozialhygienische und bevölkerungspolitische Projekte, von denen fließende Übergänge zum nationalsozialistischen Rassismus führten.[43]

Gewichtet man die Fülle der ab 1920 geplanten oder verwirklichten Reformvorhaben, so ragen die Reformen auf dem Feld des Fürsorgerechtes, des Jugendschutzes und des sozialen Wohnungsbaus neben der weichenstellenden Einführung der Arbeitslosenversicherung heraus. Dazu kamen gesetzliche Regelungen für den Arbeitsschutz, die Hausarbeit und die Gesundheitsfürsorge, die Verabschiedung eines Arbeitsgerichtsgesetzes sowie die Ausdehnung der verschiedenen Zweige der Sozialversicherung auf zuvor noch nicht erfasste Personen.[44]

Beispielsweise hat man die öffentliche Fürsorge von jahrhundertealten diskriminierenden Vorurteilen befreit und einen prinzipiellen Rechtsanspruch auf Fürsorge bei Bedürftigkeit gesetzlich verankert. Man verabschiedete sich damit in Deutschland von der althergebrachten Armenpflege und überwand endgültig das »sozialpolitische Mittelalter«, in

---

43 Vgl. dazu Lutz Raphael: Die Verwissenschaftlichung des Sozialen, in: Geschichte und Gesellschaft 22 (1996), S. 165–193; siehe zur Kontinuitätsproblematik im 20. Jahrhundert auch den Beitrag von Lutz Raphael: Experten im Sozialstaat, in: Hans Günter Hockerts (Hrsg.): Drei Wege deutscher Sozialstaatlichkeit. NS-Diktatur, Bundesrepublik und DDR im Vergleich, München 1998, S. 231–258; Martin Lengwiler: Konjunktur und Krisen in der Verwissenschaftlichung der Sozialpolitik im 20. Jahrhundert, in: Archiv für Sozialgeschichte 50 (2010), S. 47–68.
44 Die einzelnen Maßnahmen sind ausführlich behandelt bei Reidegeld, Sozialpolitik II (wie Anm. 20), S. 153–257.

dem Armut mit Ehrlosigkeit gleichgesetzt worden war.[45] Im modernen Fürsorgerecht der Weimarer Republik wurde anerkannt, dass der Einzelne ohne eigenes Verschulden in Not geraten konnte und dass er in dieser Situation auf öffentliche Hilfe angewiesen war. Diesen programmatischen Paradigmenwechsel in der Sozialfürsorge kann man prinzipiell nur positiv bewerten, auch wenn die staatliche und kommunale Wohlfahrtsbürokratie in den zwanziger Jahren den Rechtsanspruch der Bedürftigkeit penibel überprüfte und die Richtsätze für Unterstützungsleistungen bescheiden blieben.[46]

Auch auf dem Gebiet des in der Weimarer Verfassung verankerten Jugendschutzes[47] wurde der Reichstag als Gesetzgeber aktiv. Er löste die Jugendhilfe aus der allgemeinen Fürsorge heraus und definierte die soziale Verantwortung des Staates für Kinder und Jugendliche neu.[48] Sozialpolitisch motiviert waren ferner die umfangreichen Investitionen der Weimarer Republik in den Wohnungsbau, bei denen es nicht nur um die Bekämpfung der akuten Wohnungsnot ging, sondern zugleich auch um die dauerhafte Verbesserung der Wohnbedingungen. Während der Weimarer Republik gehörten die öffentliche Bewirtschaftung des Wohn-

---

45 So Hentschel, Geschichte (wie Anm. 20), S. 127. Noch im Kaiserreich verloren Wahlberechtigte, wenn sie aus öffentlichen Mitteln unterstützt wurden, das Wahlrecht.

46 Vgl. dazu ausführlicher Christoph Sachße/Florian Tennstedt: Geschichte der Armenfürsorge in Deutschland. Bd. 2: Fürsorge und Wohlfahrtspflege 1871 bis 1929, Stuttgart u. a. 1988; ferner die materialreiche Studie von Stephan Leibfried: Existenzminimum und Fürsorge-Richtsätze in der Weimarer Republik, in: Christoph Sachße/Florian Tennstedt (Hrsg.): Jahrbuch der Sozialarbeit 4. Geschichte und Geschichten, Reinbek 1981, S. 469–523. Vgl. auch die kommunale Fallstudie von Wilfried Rudloff: Die Wohlfahrtsstadt. Kommunale Ernährungs-, Fürsorge- und Wohnungspolitik am Beispiel Münchens 1910–1933, Göttingen 1998; ferner die Beiträge in dem von Jürgen Reulecke hrsg. Sammelband: Die Stadt als Dienstleistungszentrum. Beiträge zur Geschichte der ›Sozialstadt‹ in Deutschland im 19. und frühen 20. Jahrhundert, St. Katharinen 1995.

47 Artikel 122 der Reichsverfassung dekretierte: »Die Jugend ist gegen Ausbeutung sowie gegen sittliche, geistige oder körperliche Verwahrlosung zu schützen. Staat und Gemeinde haben die erforderlichen Einrichtungen zu treffen.«

48 Das Jugendschutzgesetz von 1922 betonte einleitend, jedes Kind habe »ein Recht auf Erziehung zur leiblichen, seelischen und gesellschaftlichen Tüchtigkeit«. Zu den Licht- und Schattenseiten der Jugendfürsorge vgl. die wegweisende Studie von Detlev J. K. Peukert: Grenzen der Sozialdisziplinierung. Aufstieg und Krise der deutschen Jugendfürsorge von 1878 bis 1932, Köln 1986. Ergänzend dazu Marcus Gräber: Der blockierte Wohlfahrtsstaat. Unterschichtjugend und Jugendfürsorge in der Weimarer Republik, Göttingen 1995.

raums, die staatliche Regulierung der Mieten und die großzügige Neubauförderung zu den gezielt eingesetzten sozialpolitischen Instrumenten, um das Verfassungsversprechen, »jedem Deutschen eine gesunde Wohnung« zu sichern, erfüllen zu können.[49] Dieser Eingriff in die marktwirtschaftliche Wohnraumversorgung war angesichts der krassen Mangelsituation auf dem Wohnungsmarkt die »grundsätzlich richtige Antwort«, weil sie sozialpolitische Maßnahmen und die Wirtschaftsförderung miteinander kombinierte.[50]

Den zweifellos größten sozialpolitischen Qualitätssprung vollzog die Weimarer Republik im Sommer 1927 mit der von einer breiten parlamentarischen Mehrheit getragenen Verabschiedung des Gesetzes über Arbeitsvermittlung und Arbeitslosenversicherung. Damit schloss der Reichstag die letzte große Lücke im von Bismarck begründeten System der Sozialversicherung und vereinigte die Betreuung der Arbeitslosen und die Stellenvermittlung, die Berufsberatung und Maßnahmen zur Arbeitsbeschaffung unter einem gemeinsamen Dach. Dieses Gesetz wollte ein für viele Menschen zentrales Lebensrisiko aus der diskriminierenden Armenunterstützung herauslösen, denn es definierte einen Rechtsanspruch auf staatliche Unterstützung ohne die bis dahin erforderliche Bedürftigkeitsprüfung mit ihren diskriminierenden Begleiterscheinungen. Einmal mehr entschied man sich institutionell für ein tripartistisches Modell, in dem der Staat gemeinsam mit den Repräsentanten der Arbeitnehmer und der Arbeitgeber die Verwaltung über und die Verantwortung für diesen Versicherungszweig übernahm.[51]

Die Einführung der Arbeitslosenversicherung ist als der ambitionierteste und als der folgenreichste sozialpolitische Reformschritt in die Geschichte der Weimarer Republik eingegangen. Denn die von Anfang an

49 So in Art. 155 der Weimarer Reichsverfassung.
50 Dies der Befund von Michael Ruck: Der Wohnungsbau – Schnittpunkt von Sozial- und Wirtschaftspolitik. Probleme der öffentlichen Wohnungspolitik in der Hauszinssteuerära (1924/25–1930/31), in: Abelshauser, Wohlfahrtsstaat (wie Anm. 18), S. 91–123, Zitat S. 122. Vgl. dazu auch Karl Christian Führer: Mieter, Hausbesitzer, Staat und Wohnungsmarkt. Wohnungsmangel und Wohnungszwangswirtschaft in Deutschland 1914–1960, Stuttgart 1995.
51 Vgl. zur Einführung der Arbeitslosenversicherung mit einem ausführlichen Rückblick auf ihre Vorgeschichte Reidegeld, Sozialpolitik II (wie Anm. 20), S. 218 ff.; Karl Christian Führer: Arbeitslosigkeit und die Entstehung der Arbeitslosenversicherung in Deutschland 1902–1927, Berlin 1990; Peter Lewek: Arbeitslosigkeit und Arbeitslosenversicherung in der Weimarer Republik 1918–1927, Stuttgart 1992.

erkennbar zu bescheidene Finanzausstattung dieser Versicherung und die geradezu fahrlässig optimistischen Prognosen über die Entwicklung der Arbeitslosenzahlen hatten fatale politische und soziale Auswirkungen. Sie spiegelten sich ab 1928/29 in den ideologischen Grundsatzkonflikten über die Belastbarkeit des Sozialstaates ebenso wider wie in der von der Schwerindustrie im Ruhrgebiet initiierten Offensive gegen die staatliche Schlichtungspolitik.[52] Auf diese regionale Herausforderung folgte schließlich im Frühjahr 1930 der konzertierte Angriff einer breiten Phalanx von konservativen Kräften aus Politik und Wirtschaft auf die materielle Verfassung der Republik und damit auch auf ein tragendes Fundament der parlamentarischen Demokratie. Diese doppelte Attacke auf den Sozialstaat und die Republik erreichte im März 1930 mit der von einer breiten bürgerlichen Allianz eröffneten Generaloffensive gegen die Große Koalition ihr Ziel und machte den Weg frei für die sich anschließende autoritäre Umformung der Republik in der Ära der Präsidialkabinette.

Von diesem Zeitpunkt an stand die Befreiung vom sozialstaatlichen Ballast der Weimarer Republik auf dem ersten Platz der innenpolitischen Agenda der von Reichspräsident Hindenburg berufenen autoritären Regierungen. Nun endete die Phase der Expansion des demokratischen Sozialstaates, die bis dahin die Zwischenkriegszeit in Deutschland geprägt hatte, und es begann die Phase seiner Demontage unter dem Vorzeichen einer rigiden Sparpolitik. Sie konzentrierte sich auf das ohnehin erst locker geknüpfte soziale Netz und zerriss es an vielen Stellen. Auch wenn es zu keinem völligen sozialpolitischen Kahlschlag kam, hinterließen die drastischen Leistungskürzungen und der Rückbau des Sozialschutzes in den verschiedenen Versicherungszweigen sowie die Einschränkungen und Einsparungen in den Fürsorgesystemen sehr deutliche Spuren. Hinzu kamen die tiefgreifenden materiellen und sozialpsychologischen Auswirkungen der stetig anwachsenden Massenarbeitslosigkeit. Diese Entwicklungen trugen entscheidend zur endgültigen De-

---

52 Vgl. zu diesem Arbeitskampf im Ruhrgebiet Bernd Weisbrod: Schwerindustrie in der Weimarer Republik. Interessenpolitik zwischen Stabilisierung und Krise, Wuppertal 1978, S. 393 ff. Den Kurswechsel des Reichsverbandes der Deutschen Industrie zu einer antirepublikanischen Orientierung dokumentiert die im Dezember 1929 von ihm in hoher Auflage veröffentlichte Denkschrift Aufstieg oder Niedergang. Deutsche Wirtschafts- und Finanzreform 1929, in der die »Macht der Parteien« und ihr »Mangel an Verantwortung« scharf kritisiert wurden sowie eine Beschneidung des parlamentarischen Budgetrechtes gefordert wurde.

legitimierung der Weimarer Republik als soziale Demokratie und zum schrittweisen Durchbruch der NSDAP bei den Wahlen ab 1930 bei.

Die in der Forschung vertretene These, der deutsche Sozialstaat habe sich gegen die politischen und wirtschaftlichen Anfechtungen während der Krise der frühen dreißiger Jahre »auf fast verblüffende Weise bewährt«[53], wird man mit Blick auf die politische Katastrophe von 1933 nicht unterstützen können. Vielmehr ist zu diskutieren, weshalb während der Weltwirtschaftskrise in Deutschland die Sozialpolitik »restriktiver gestaltet wurde als in allen anderen westeuropäischen Staaten«.[54] Hier ist auch die international vergleichende Forschung gefordert, die Gemeinsamkeiten und Unterschiede in der Entwicklung der sozialen Demokratie während der Zwischenkriegszeit in komparativen Studien für die verschiedenen Staaten in Zukunft noch viel intensiver in das Blickfeld rücken muss.[55]

Dies hätte sicherlich auch einen praktischen Nutzen für die Gegenwart. Da in der deutschen Selbstwahrnehmung die Kritik an den vermeintlichen Auswüchsen des Sozialstaates bis heute zum Standardrepertoire in den öffentlichen und privaten Diskussionen gehört, könnte eine Ausweitung der Perspektive über den nationalen Horizont hinaus auch in den aktuellen Kontroversen sehr hilfreich sein. Damit würde man nämlich die normativen und historischen Fundamente der modernen Sozialstaatlichkeit in Europa und die im Laufe des 19. und des 20. Jahrhunderts ausgeformten spezifischen Gemeinsamkeiten des europäischen Sozialmodells stärker in das Bewusstsein rücken und manchem engherzigen nationalen Vorurteil den Boden entziehen. Die Europäische Union ist nämlich, was allzu oft in Vergessenheit gerät, nicht nur eine politische und wirtschaftliche Union, sondern auch eine soziale Union mit gemeinsamen historischen Wurzeln.

---

53 So Hentschel, Geschichte (wie Anm. 20), S. 135.
54 Diese Frage stellt Schmidt, Sozialpolitik (wie Anm. 11), am Ende seiner kritischen Auseinandersetzung mit der Position Hentschels (S. 57).
55 Eine exemplarische und innovative Untersuchung auf diesem Forschungsfeld ist die monumentale Monographie von Petra Weber: Gescheiterte Sozialpartnerschaft – Gefährdete Republik? Industrielle Beziehungen, Arbeitskämpfe und der Sozialstaat. Deutschland und Frankreich im Vergleich (1918–1933/39), München 2010; vgl. auch Christoph Boyer: Lange Entwicklungslinien europäischer Sozialpolitik im 20. Jahrhundert. Eine Annäherung, in: Archiv für Sozialgeschichte 49 (2009), S. 25–62.

Gunther Mai

Verpflichtung auf den sozialen Volksstaat. Verfassungspolitische Weichenstellungen und ihre Verwirklichung in den Anfangsjahren der Weimarer Republik

»Die Ordnung des Wirtschaftslebens muß den Grundsätzen der Gerechtigkeit mit dem Ziel der Gewährleistung eines menschenwürdigen Daseins für alle entsprechen. In diesen Grenzen ist die wirtschaftliche Freiheit des einzelnen zu sichern.« Mit diesen »Grundsätzen« leitete Art. 151 den fünften Abschnitt der Grundrechte und Grundpflichten der Weimarer Reichsverfassung ein: die sozialen Grundrechte. Gerechtigkeit und ein menschenwürdiges Leben hatten demnach Vorrang vor dem Individualrecht auf freie wirtschaftliche Betätigung. Das implizierte, wie der Berichterstatter Hugo Sinzheimer (SPD) in der Nationalversammlung vortrug, »dass die wirtschaftliche Freiheit des einzelnen nicht Selbstzweck, kein selbständiges Gut für sich ist, sondern dass die wirtschaftliche Freiheit des einzelnen *nur* insoweit im Wirtschaftsleben gelten soll, als diese Freiheit eine *soziale Funktion* erfüllt«. Die wirtschaftliche Einzelbetätigung sollte also durch »soziale Grenzen« eingehegt und dem übergeordneten »Sozialwillen« unterworfen werden.[1] In der gegebenen Situation des Jahres 1919 sei es, so fügte Sinzheimer hinzu, »mehr denn je notwendig, die wirtschaftlichen Kräfte im Wirtschaftsleben nicht frei und ungebunden schalten und walten zu lassen. [...] Es ist das Bedürfnis nach einer Organisation des Wirtschaftslebens vorhanden.« Neben dem Eigentum sei daher auch die Arbeit einer Sozialbindung zu unterwerfen und wie das Eigentum dem Gemeinwohl unterzuordnen. Sinzheimer wies der Verfassung die Rolle zu, Ausdruck der neu gewonnenen »sozia-

---

1 Verhandlungen der verfassunggebenden Deutschen Nationalversammlung (= VerhNV), Bd. 328: Stenographische Berichte, Berlin 1920, S. 1748–1752 (Hervorhebung im Original). Zu Sinzheimer vgl. Franz-Xaver Kaufmann: Der Begriff Sozialpolitik, in: Bundesministerium für Arbeit und Sozialordnung und Bundesarchiv (Hrsg.): Geschichte der Sozialpolitik in Deutschland, Bd. 1, Baden-Baden 2001, S. 3–101, hier S. 50–53.

len Selbstbestimmung« zu sein; daher sei neben die Staatsverfassung eine »eigene Gesellschaftsverfassung« zu stellen.²

Die Gewährleistung sozialer Grundrechte entsprang nicht nur dem Wunsch nach Begründung einer neuen Ordnung, sie war auch Instrument zur Bewältigung von Kriegsfolgen und wirtschaftlicher Verarmung. »Die Not zwingt uns die Frage auf, wie wir die Produktivität der wirtschaftlichen Arbeit aufs höchste steigern, die Kosten zur Herbeiführung der Produktion auf das Mindestmaß herabdrücken und für eine nach sozialen Gesichtspunkten sich richtende Produktion Sorge tragen können.«³ Die Parität der sozialen Großgruppen, die Konsensfindung im nationalen Interesse, die Verzahnung von Staats- und Gesellschaftsverfassung sollten dafür sorgen, dass die Volkswirtschaft über der Privatwirtschaft stehe, dass Wirtschafts- und Sozialpolitik in ein wechselseitiges Verhältnis gestellt würden. Nicht die Sozialisierung war das Ziel, sondern es ging um die Verfügungsgewalt und die Lenkung der Wirtschaft, um eine »zugunsten der Volksgemeinschaft planmäßig betriebene und gesellschaftlich kontrollierte Volkswirtschaft«, wie der Wirtschaftsminister Rudolf Wissell (SPD) das von seinem Unterstaatssekretär Wichard von Moellendorff übernommene Konzept der »Gemeinwirtschaft« beschrieb.⁴ In dem Sinne strebte auch Sinzheimer eine Mischlö-

---

2 Sinzheimer erläuterte dem Plenum der Nationalversammlung den Kern der sozialen Grundrechte: »Zunächst soll der soziale Gedanke die Ausübung der individuellen wirtschaftlichen Rechte nach der sozialen Seite hin binden.« Zit. nach Friedrich Völtzer: Der Sozialstaatsgedanke in der Weimarer Reichsverfassung, Frankfurt a. M. u. a. 1992, S. 258. Später sprach Sinzheimer im Zusammenhang mit Art. 165 WRV von einer »Wirtschaftsverfassung« als der Gesamtheit der wirtschafts- und sozialrechtlichen Grundnormen; VerhNV, Bd. 328 (wie Anm. 1), S. 1748 ff.
3 VerhNV, Bd. 336: Anlagen zu den Stenographischen Berichten. Nr. 391: Bericht des Verfassungsausschusses, Berlin 1920, S. 393 f. (Sinzheimer).
4 David E. Barclay: Rudolf Wissell als Sozialpolitiker 1890–1933, Berlin 1984, bes. S. 85–142, Zitat S. 125. Vgl. Heinrich August Winkler: Von der Revolution zur Stabilisierung. Arbeiter und Arbeiterbewegung in der Weimarer Republik 1918 bis 1924, Berlin/Bonn ²1985, S. 193–196. Ob die »Gemeinwirtschaft« ein Zwischenschritt zur Sozialisierung, wie Wissell behauptete, oder eher ein Schritt zu deren Verhinderung, muss hier nicht diskutiert werden, ebenso nicht die Frage nach den Berührungspunkten zum Konzept der »Wirtschaftsdemokratie«, das Fritz Naphtali 1928 vortrug (s. u.). Das Konzept beeinflusste aber auch konservative Ideen eines am Gemeinwohl orientierten kapitalistischen Wirtschaftens (z. B. »konservativer Sozialismus« bei Moellendorf, »Preußentum und Sozialismus« bei Oswald Spengler), das eine unterschiedlich große Beimengung von Sozialpolitik als Anspruch und Verpflichtung unumgänglich machte.

sung an: »Die Gemeinwirtschaft hält an sich das Privateigentum an den Produktionsmitteln, die Privatbetriebe, aufrecht. Sie fasst sie nur organisatorisch zusammen und nimmt sie unter Kontrolle nach sozialen Gesichtspunkten.«[5]

In diesen Ausführungen Hugo Sinzheimers bündelten sich die Kernfragen der Debatten, die die nachfolgende Darstellung gliedern: In den Blick zu nehmen sind zunächst die verfassungspolitischen Überlegungen und Entscheidungen, sodann die konkreten Maßnahmen der Kriegsfolgenbewältigung und deren Überleitung in die sozialpolitischen Maßnahmen der frühen Jahre.

I. Grundsätze

Die Bestimmungen des Fünften Abschnitts der Weimarer Reichsverfassung »Grundrechte und Grundpflichten der Deutschen« enthielten die Perspektive eines Sozialstaates als Verfassungsauftrag und ließen diese Verfassung »die erste sozial- oder wohlfahrtsstaatliche Verfassung der Welt« werden.[6] Ihr Ziel war der »soziale Volksstaat« mit dem Versuch, wirtschaftliche Freiheit durch den regulierenden Staat mit Verteilungsgerechtigkeit zu verknüpfen. Friedrich Naumann (DDP) betonte in seinen einflussreichen (Vor-)Überlegungen die Notwendigkeit, die individualistischen Freiheitsrechte von 1848 durch kollektive, soziale Rechte zu ergänzen, um so einen »Verständigungsfrieden zwischen Kapitalismus und Sozialismus« herbeizuführen. Soziale Grundrechte dürften sich nicht in Rätesystem oder Sozialisierungs-Rahmengesetz erschöpfen, »sondern es ist hier ein Staatsbekenntnis über den Weg zu suchen, den der gegenwärtige deutsche Staat in den drängenden sozialen Problemen gehen will«.[7] Als Staatszielbestimmung schlug er daher vor: »Deutschland muß trotz seiner Armut sozialpolitisch ein Vorbild der Welt bleiben

---

5 VerhNV, Bd. 336 (wie Anm. 3), S. 395 (Sinzheimer).
6 So jedenfalls Kaufmann, Begriff (wie Anm. 1), S. 45.
7 VerhNV, Bd. 336 (wie Anm. 3), S. 180. Die Alternative sei, so Naumann, entweder in die »russische Sowjeträte-Auffassung« hineingezogen zu werden oder sich an die westeuropäisch-amerikanische Auffassung »heranzugliedern«. Der Abgeordnete Adolf Gröber (Zentrum) schloss sich im Prinzip an, forderte aber Zurückhaltung, »da uns heute noch jede praktische Erfahrung fehlt, es ist eben die ganze Entwicklung auf diesem Gebiet noch im Fluß«. Ebd., S. 183.

und werden.«[8] Es war wesentlich ihm zu danken, dass der Sozialstaatsgedanke in das Verfassungsrecht Eingang fand, und zwar in der von ihm eingebrachten Kombination von »Grundrechten und Grundpflichten«. Der zweite einflussreiche Antrag war der von Max Quarck und Hugo Sinzheimer, der die Gedanken Naumanns in eine systematische Form brachte und in seiner ausdifferenzierten und ausformulierten Ausgestaltung der Bestimmungen nahezu alle sozialstaatlichen Aspekte in die Verfassungsdiskussion einführte. Bereits diese beiden gingen nicht von einer unmittelbaren Wirkung der Grundrechte aus, sondern begriffen diese als »Richtlinien« für die einfache Gesetzgebung.[9] Endgültig abgelehnt wurde die Bindungswirkung der Grundrechte vom Plenum der Nationalversammlung im Juli 1919, als der Art. 107 des Entwurfes beraten wurde: »Die Grundrechte und Grundpflichten bilden Richtschnur und Schranken für die Gesetzgebung, die Verwaltung und die Rechtspflege im Reich und in den Ländern.« Dieser wurde, da Einigung nicht zu erzielen war, ersatzlos gestrichen.[10]

Infolge der Entstehungsgeschichte der Verfassung im Allgemeinen und der Grundrechte im Besonderen beruhte die anzustrebende Wirtschafts- und Sozialordnung auf zwei Grundannahmen bzw. -entscheidungen: einmal für ein privatwirtschaftliches und gegen ein staatswirtschaftliches Modell, zum anderen gegen ein rein marktliberales, unreguliertes System unter weitgehendem Ausschluss des Staates.[11] Ziel war

8 Zit. nach Völtzer, Sozialstaatsgedanke (wie Anm. 2), S. 146. Der Antrag ist abgedruckt ebd., S. 361–365 (Dokument V). Zu dem Antrag gehörte auch die Vorstellung, dass Grund und Boden »Nationaleigentum« seien, das privat genutzt werden dürfe.
9 Völtzer, Sozialstaatsgedanke (wie Anm. 2), S. 148–152. Der Antrag ist abgedruckt ebd., S. 366–369. Die Grundrechte waren für Quarck und Sinzheimer mit qualifizierter Parlamentsmehrheit modifizierbar. Wenn den Grundrechten, so Simon Katzenstein (SPD), »auch keine vollstreckbare Kraft gegeben wird, so wird doch eine Grundlage für gesetzgeberische Maßnahmen und eine Richtlinie für das Ermessen des Richters geschaffen«. Zit. nach ebd., S. 156 f. Ähnlich äußerte sich Erich Koch-Weser (DDP).
10 Völtzer, Sozialstaatsgedanke (wie Anm. 2), S. 270–273. Christoph Gusy: Die Weimarer Reichsverfassung, Tübingen 1997, S. 274 f. Der gestrichene Art. 107 aus Entwurf V spielte für die staats- und verfassungsrechtliche Diskussion in der zweiten Hälfte der 1920er Jahre eine nicht unerhebliche Rolle; siehe ebd., S. 276 f., 280–285.
11 Gusy, Reichsverfassung (wie Anm. 10), S. 343. Vgl. zu den Entwürfen und deren Grundrechtsgehalt Völtzer, Sozialstaatsgedanke (wie Anm. 2). In den ersten Entwürfen zielte Hugo Preuß auf einzelgesetzliche Regelungen, die dem Sozialstaatsgedanken keinen verfassungsrechtlichen Rang einräumten. Zur Bedeutung des

ein gemischtes System mit einer ausgewogenen wirtschaftlichen Machtbalance zwischen Groß-, Mittel- und Kleinbetrieben (Art. 164 WRV), zwischen Grundbesitzern unterschiedlicher Hofgrößen und Ertragskraft (Art. 155 WRV), zwischen Arbeitgebern und Arbeitnehmern (Art. 157 ff. WRV), mit Selbstgestaltung auf der untersten Ebene und korporativ organisierter Austragung von Interessenkonflikten an der Spitze (Art. 165 WRV). Die Verfassung erteilte jedoch dem Staat den Auftrag, im Falle der wechselseitigen Blockade der Marktteilnehmer zu intervenieren, und sie erteilte dem Gesetzgeber den Auftrag, dies im Einzelnen auszugestalten. Dieser doppelte Auftrag führte dazu, dass in der Praxis die Ausgestaltung der »politischen Organisation« der eigentliche Grundrechtsgarant wurde, weniger die Verfassungsnormen selbst: »Auch den sozialen Fortschritt kann die Verfassung so wenig schaffen wie den sonstigen Inhalt des Volkslebens«, führte Hugo Preuß am 24. Februar 1919 vor der Nationalversammlung aus; und weiter: »aber ihm durch die politische Organisation den Weg offen halten, das kann sie, und ich hoffe, dass dies der Entwurf tut.«[12] Zwar versuchte Preuß hier noch einmal, seinen Widerstand gegen die Aufnahme von Grundrechten insgesamt (und keineswegs nur von sozialen Grundrechten) in die Verfassung zu begründen. Aber er machte zugleich deutlich, dass gerade der (spätere) Verzicht auf die unmittelbare Bindungswirkung der Grundrechte dem Gesetzgeber im Prinzip eine umfassende Gestaltungsmöglichkeit zuwies,

---

Staatsrechtlers und Abgeordneten Konrad Beyerle (BVP) für die Aufnahme und Ausgestaltung der sozialen Grundrechte vgl. ebd., S. 142–196. Bis zu den Beratungen im Unterausschuss standen bei Beyerle noch die individuellen Freiheitsrechte gemäß den Grundsätzen des Bürgerlichen Gesetzbuches auch im sozialen und wirtschaftlichen Bereich im Vordergrund. Der Unterausschuss kehrte dies in der Form um, wie sie auch in der Endfassung enthalten ist, unter Betonung der Bindung an das Gemeinwohl. Insofern enthielten Art. 151 und 152 WRV nicht nur das Individualrecht auf »Wirtschaftsfreiheit« und »Vertragsfreiheit«, sondern auch das »Rechtsinstitut des freiheitlichen, wenn auch staatlichen und sozialen Bindungen unterworfenen Wirtschaftssystems«. Das Gleiche galt für die Garantie des Eigentums in Art. 153 WRV, »das Kernstück des Weimarer Verfassungsrechts«, die neben dem »subjektiven Eigentumsrecht« auch die »Institutsgarantie des Eigentums« verankerte. Der Gesetzgeber war zwar befugt, »den Inhalt und die Schranken des Eigentums durch gesetzliche Änderungen einzuengen«, durfte »das Institut des Eigentums jedoch seines Wesensgehaltes nicht entkleiden«, indem er es z. B. auf ein reines Nutzungsrecht »denaturierte«. Ernst Rudolf Huber: Deutsche Verfassungsgeschichte seit 1789, Bd. 6: Die Weimarer Reichsverfassung, Stuttgart u. a. 1981, S. 112 f.
12 Zit. nach Völtzer, Sozialstaatsgedanke (wie Anm. 2), S. 125.

indem dieser durch Ausführungsgesetze diese Bindungswirkung herstellen konnte. Das sollte die entscheidende Hürde werden: der fehlende politische Konsens, die Verfassungsaufträge durch Gesetzgebung und Rechtsprechung zu realisieren.

Neben den Grundsätzen in Art. 151 waren Elemente des »sozialen Rechtsstaates« in verschiedenen Einzelnormen enthalten und spezifiziert. Daher mochte man trotz aller Hemmnisse diesen Grundsätzen den Rang eines Staatsprinzips zuschreiben. Im Lauf der Zeit taten das nicht nur sozialdemokratische, sozialliberale oder sozialkatholische Verfassungsrechtler, sondern auch sozialkonservative.[13] Vor allem letztere betonten das potentielle Spannungsverhältnis von bürgerlichem und sozialem Rechtsstaat. War die Grundidee des Rechtsstaates die Gewähr der personalen Freiheit, so wurde die des Sozialstaates die Sicherung eines »menschenwürdigen Daseins«. Den klassischen Freiheitsrechten des Einzelnen gegenüber dem Staat standen nun Forderungsrechte des Einzelnen an den Staat gegenüber. Die Verschmelzung beider Elemente zum »sozialen Rechtsstaat« war noch keineswegs selbstverständlich.[14] Gleichwohl wurde die Absicherung gegen die Lebensrisiken von einer privaten zu einer öffentlichen Angelegenheit; sie wurde nicht mehr (letztlich schon seit Bismarck) im liberalen Sinne der Selbsthilfe überlassen – individuell oder genossenschaftlich –, sondern fiel in die (un-

---

13 Huber, Verfassungsgeschichte (wie Anm. 11), Bd. 6, S. 1083 f. Der Sozialkatholizismus konnte sich auf die Enzyklika »Rerum novarum« (1891), Abschnitt 26, berufen, wenn es darum ging, dass der Staat die soziale Frage auf dem Gesetzeswege in die Hand nehme: »Hier eröffnet sich also eine weite Bahn, auf welcher der Staat für den Nutzen aller Klassen der Bevölkerung und insbesondere für die Lage der Arbeiter tätig sein kann; gebraucht er hier sein Recht, so ist durchaus kein Vorwurf möglich, als ob er einen Übergriff beginge; denn nichts geht den Staat seinem Wesen nach näher an als die Pflicht, das Gemeinwohl zu fördern und je wirksamer und durchgreifender er es durch allgemeine Maßnahmen tut, desto weniger brauchen anderweitige Mittel zur Besserung der Arbeiterverhältnisse aufgesucht zu werden.« Der Staat, so der katholische Sozialethiker Theodor Brauer, dürfe das aber nicht um sich selbst willen tun, sondern im Sinne der Subsidiarität zur Unterstützung der Gesellschaft und ihres Gefüges. Der deutsche Sozialkatholizismus befürwortete einen korporativ organisierten Solidarismus, blieb aber doch weiterhin auf Sozialpolitik als Arbeiterpolitik fixiert; Kaufmann, Begriff (wie Anm. 1), S. 56–59.
14 Huber, Verfassungsgeschichte (wie Anm. 11), Bd. 6, S. 1084. Das meint mehr eine materielle Grundsicherung und nicht die »Würde des Menschen« gemäß Art. 1 GG. Im Entwurf III der WRV vom 17. Februar 1919 war der »soziale Fortschritt« zum Staatsziel erhoben worden; Völtzer, Sozialstaatsgedanke (wie Anm. 2), S. 122.

terschiedlich weit definierte) Verantwortung des Staates.¹⁵ Die Sozialpolitik als Absicherung gegen die Lebensrisiken wurde damit Staatsaufgabe, ja Staatszweck. Doch unabhängig davon, wie die Staatsziele politisch-ideologisch definiert wurden, ergab sich die Frage, wo dieser Schutz einsetzte (kurativ oder präventiv), wer dieses Schutzes bedurfte (Arbeit oder Nicht-Arbeit, Klasse oder Rasse usw.), wer diesen Schutz wie und in welchem Umfang finanzierte (Versicherung oder Steuern).¹⁶

15 Letzteres war durch den Staatszuschuss auch beim Bismarckschen Versicherungssystem gegeben, aber als Prinzip viel klarer durch Lloyd George in England bereits vor 1914 mit der steuerfinanzierten Rente formuliert worden. Hier wurde unterschieden in »normale« Lebensrisiken und »außerordentliche«, die in die Verantwortung des Staates fielen. Waren Armen- und Rentenproblem eng miteinander verzahnt durch die wachsende Altersarmut im 19. Jahrhundert, so herrschte Arbeitslosigkeit und mangelnde Vorsorgefähigkeit bei den an- und ungelernten Arbeitern. Daher wurden 1909 Arbeitsämter eingeführt, 1911 die Arbeitslosenversicherung für Branchen mit starken zyklischen Schwankungen (Baugewerbe, Schiffsbau). Nicht zuletzt Lloyd George war es, der nach dem erfolgreichen Kampf gegen Deutschland im Weltkrieg den Kampf gegen die Armut forderte und das liberale Marktmodell durch ein neues ersetzen wollte, das stärker an rationalem Planhandeln orientiert war und die Arbeiterschaft in die Nation integrierte. In England war das Feld der sozialen Erneuerung nach 1918 ein Wohnungsbauprogramm in den Ballungsräumen (*homes fit for heroes*), das zugleich ein Konjunkturprogramm war; Karl A. Metz: Geschichte der sozialen Sicherheit, Stuttgart u. a. 2008, S. 60–62 und S. 98 f.; Gerhard A. Ritter: Sozialversicherung in England und Deutschland. Entstehung und Grundzüge im Vergleich, München 1983.

16 Heinrich von Treitschke hatte den Staat als »Anstalt zum Schutze der Ordnung« gesehen und ihm Teile der Gesellschaft als Bereiche »sozialer Disharmonien« gegenüber gestellt. Daher kannte er keine einheitliche »sociale Politik«, sondern eine Vielzahl solcher Politiken, mit denen der Staat sich mit den jeweiligen Teilgesellschaften in Beziehung setzte. Das wurde immer schwieriger, je mehr die Arbeiterschaft zur größten sozialen Gruppe aufstieg und sich vorwiegend sozialistisch orientierte bzw. die SPD wählte. Bismarck wollte das durch eine Staatsrente lösen. Das lehnte der Reichstag ab, wäre das doch auf Dauer auch kaum zu finanzieren gewesen. Die Arbeiterversicherungen Bismarcks waren als Schutz vor Armut gedacht, als Entlastung der Armenfürsorge, galten aber auch der Trennung der Arbeiter von den Armen. Das zeigte (wie die Beitragsgrenze), dass Sozialpolitik reine Arbeiterpolitik war. Die 1911 eingeführte Angestelltenversicherung diente einerseits der Abgrenzung dieser wachsenden Zahl von Personen von der Arbeiterschaft, sie hatte aber mit der Armutsproblematik systematisch nichts mehr zu tun, sondern zielte auf eine lebensphasenbezogene Alimentierung, während die Arbeiterrente anfangs nur dem Ausgleich verminderter Erwerbsfähigkeit im Alter hatte dienen sollen. Metz, Soziale Sicherheit (wie Anm. 15), S. 83 und S. 90–94.

Und die Grundlage von allem und für alles war Arbeit. Gemäß den bürgerlichen Vorstellungen, die die marxistische bzw. sozialdemokratische Linke übernommen hatte, war Arbeit das wesentliche Merkmal menschlicher Existenz. Arbeit galt nicht länger als Mühsal, Strafe für den Sündenfall, Schicksal der Unterschichten, sondern wurde zur wertbehafteten und wertschaffenden Grundlage von Emanzipation und »geistig-sittlicher Veredelung« erhoben, zur Grundlage aller Kultur, zur Voraussetzung von Wohlstand und Fortschritt.[17] Und Arbeit war in dem von Krieg und Nachkrieg verarmten Land von nationaler Bedeutung. Im Vordergrund stand daher die Erhaltung der Arbeitskraft, der Fähigkeit wie des Willens zu arbeiten. Artikel 157 WRV sah vor: »Die Arbeitskraft steht unter dem besonderen Schutz des Reichs. Das Reich schafft ein einheitliches Arbeitsrecht.«[18] Das Arbeitsrecht sollte nicht länger als »Anhängsel der Eigentumsordnung« behandelt werden[19], sondern aus dem bürgerlichen Recht herausgelöst und zu einem eigenen Rechtsgebiet gemacht werden. Das hieß, Arbeit sollte nicht mehr nur vom Eigentum bzw. dem Erwerb von Eigentum her gedacht werden, sondern von dem Regelfall: der Arbeit als Sicherung des reinen Lebensunterhaltes in Form abhän-

---

17 Meyers Konversations-Lexikon. Ein Nachschlagewerk des allgemeinen Wissens, 5. Aufl., Bd. 1, Leipzig/Wien 1894, S. 786.
18 In Entwurf III vom 17. Februar 1919 hatte es noch geheißen, die Arbeitskraft »als höchstes nationales Gut« stehe unter dem besonderen Schutz des Reiches. Sie war also nicht individuelles Rechtsgut, sondern »nationales«, welches den Staat zur Gewährleistung von Schutz aufforderte. Der Passus ist der älteste, weil erste konkrete Teil der Weimarer Sozialverfassung. Das »nationale Gut« wurde bereits vom Staatenausschuss in der Fassung vom 21. Februar 1919 gestrichen. Der Entwurf IV, der der Nationalversammlung vorgelegt wurde, war letztlich nicht nur von sozialistischen Ansätzen, sondern auch von sozialstaatlichen frei. In Art. 28–40 enthielt er nur die klassischen Grundrechte; VerhNV, Bd. 335: Anlagen zu den Stenographischen Berichten, Berlin 1920, S. 51 f. (Anlage Nr. 59); vgl. Völtzer, Sozialstaatsgedanke (wie Anm. 2), S. 122 f. In der Nationalversammlung äußerte sich Peter Spahn (Zentrum) ähnlich: Wirtschaftsdienst sei »Volksdienst«, Arbeit nicht nur ein Recht, sondern auch eine Pflicht des Einzelnen, »dass er nicht nur für sich, sondern auch für die Gesamtheit zu arbeiten hat«. Ebd., S. 133. Der Unterausschuss für Grundrechte folgte Katzensteins Auffassung, dass »Arbeitskraft« nicht gleich sei mit »Arbeit«, sondern »Möglichkeit der Betätigung der Arbeitsfähigkeit«, ein »Stück menschlicher Persönlichkeit«. Ebd., S. 228. Die Arbeitskraft galt damit nicht als Ware, welche der Mensch zum Bestreiten des Lebensunterhaltes verkaufen konnte, sondern wurde als ein Teil seiner Persönlichkeit und Würde begriffen.
19 VerhNV, Bd. 328 (wie Anm. 1), S. 1748–1752.

giger Erwerbsarbeit. Die Schwachen und Armen brauchten, wie es auch die katholische Soziallehre seit Franz Baader vertrat, einen eigenen Rechtsstatus, um ihren Bedürfnissen Geltung zu verschaffen.[20] Zur Entwicklung eines Arbeitsgesetzbuches ist es zwar nicht gekommen, nachdem eine Sachverständigenkommission 1923 ihre Arbeit eingestellt hatte. Aber durch Einzelgesetze, staatliche Verordnungen und vor allem durch die Rechtsprechung des 1926 eingerichteten Reichsarbeitsgerichtes entstand gleichwohl ein eigenständiges Arbeitsrecht[21], das den »Übergang vom individuellen zum kollektiven Arbeitsrecht« vollzog.[22] Das Arbeitsverhältnis wurde einer Rechtssicherung unterworfen, zu der neben dem Arbeitsrecht auch das Tarifrecht, die Betriebsräte bzw. die Gewerkschaften gehörten. Im Interesse des übergeordneten »Sozialwillens« wurde die Tariffreiheit als reines Marktverhältnis aufgehoben, indem der Staat als Repräsentant des Gemeinwohls durch Zwangsschlichtung und Allgemeinverbindlichkeitserklärung in die Lohnfindung eingreifen konnte.

Zu dieser Neufassung des Arbeitsbegriffes gehörte weiterhin die Vorstellung, dass es neben dem Recht auf Arbeit auch eine Pflicht zur Arbeit gebe. Art. 163 WRV musste das allerdings dahingehend abschwächen, dass jeder Deutsche »unbeschadet seiner persönlichen Freiheit die sittliche Pflicht« habe (und nicht eine rechtliche), seine geistigen und körperlichen Kräfte nach den Erfordernissen des Gesamtwohls einzusetzen.[23] Umgekehrt hatte der Staat – ebenfalls nur als Soll-Bestimmung for-

20 Metz, Soziale Sicherheit (wie Anm. 15), S. 80.
21 Huber, Verfassungsgeschichte (wie Anm. 11), Bd. 6, S. 1085. Die Kernprobleme spiegelten sich in dem politischen Streit, der der Errichtung des Reichsarbeitsgerichts vorausging. Die Gewerkschaften forderten eine eigene Arbeitsgerichtsbarkeit im Sinne des Art. 157 WRV, während die Arbeitgeber die Integration in die normale Gerichtsbarkeit forderten. Das Ergebnis war ein nach Instanzen gestaffelter Kompromiss; die Arbeitsgerichte waren nur in der ersten Instanz organisatorisch selbstständig. Zum Stand der zeitgenössischen Diskussion vgl. Alfred Hueck/Hans Carl Nipperdey: Lehrbuch des Arbeitsrechts, 2 Bde., 1.–2. Aufl. Mannheim u. a. 1929/1930, 3.–5. Aufl. Mannheim u. a. 1930/31.
22 Michael Stolleis: Historische Grundlagen. Sozialpolitik in Deutschland bis 1945, in: Geschichte der Sozialpolitik (wie Anm. 1), Bd. 1, S. 199–332, hier S. 300.
23 Gegen die Stimmen Sinzheimers und Katzensteins entschied sich der Unterausschuss für diese Fassung. Besonders Katzenstein hatte gefordert, »eine Gewähr der Grundrechte und sonstigen Verfassungsrechte durch eine verwaltungsrechtliche Klage einzuführen«. Da das einen »klagbaren Anspruch« bzw. ein vollstreckbares materielles Forderungsrecht des Bürgers gegen den Staat im Range des Verfassungsrechts begründet hätte, wurde es von der bürgerlichen Mehrheit hier wie auch sonst abgelehnt; Völtzer, Sozialstaatsgedanke (wie Anm. 2), S. 238. Der

muliert – jedem Deutschen die Möglichkeit zu geben, »durch wirtschaftliche Arbeit seinen Unterhalt zu erwerben«, und, sofern ihm »angemessene« Arbeit nicht vermittelt werden konnte, »für seinen notwendigen Unterhalt« zu sorgen. Die Erwerbsarbeit wurde somit zum Regelfall der Sicherung des Unterhalts. Indem Arbeit »jedem Deutschen« zustand, aber auch jedem zugemutet wurde, wies die Verpflichtung des Staates, die Arbeitskraft zu schützen, für Arbeitsgelegenheit zu sorgen und (unverschuldete) Nicht-Arbeit oder Arbeitsunfähigkeit durch eine Arbeitslosenversicherung oder andere Transferleistungen zu kompensieren, über die industrielle Arbeiterschaft hinaus, die seit Bismarck das eigentliche Objekt staatlicher Sozialpolitik gewesen war. Aus dem Schutz der Arbeitskraft ergab sich die Verpflichtung des Reiches in Art. 161 WRV, durch ein »umfassendes Versicherungswesen unter maßgebender Mitwirkung der Versicherten« die klassischen Lebensrisiken »Alter, Schwäche und Wechselfälle des Lebens« abzudecken. Das war durchaus mit der älteren liberalen Idee von Sozialpolitik kompatibel, »Gesundheit und Arbeitsfähigkeit« zu schützen, d. h. die individuelle Fähigkeit zu Selbstständigkeit und Selbstverantwortung.[24]

Die Verfassung ging in den sozialen Grundrechten jedoch über die auf die reine Erwerbsarbeit bezogenen Regelungen hinaus (und wies auch hier über die Arbeiter als primäre Zielgruppe hinaus). Diese weiteren Bestimmungen enthielten zugleich die Perspektive des Übergangs vom kurativen zum präventiven Prinzip. Art. 161 WRV forderte den Schutz der Mutterschaft, der auch durch Art. 119 WRV gewährleistet war. In letzterem wurde zudem kinderreichen Familien der »Anspruch auf ausgleichende Fürsorge« zugesagt; Art. 121 WRV stellte uneheliche Kinder den ehelichen gleich. Die Jugendlichen schützte Art. 122 WRV vor »Ausbeutung« und »Verwahrlosung«. Die Schulpflicht in Art. 145 wurde durch die Unentgeltlichkeit von Unterricht und Lernmitteln in Volks- und Fortbildungsschulen ergänzt. Art. 146 WRV stellte »Erziehungsbeihilfen« für besonders Begabte in Aussicht. Das kam den Bedürfnissen der Unterschichten und den Forderungen der politischen Linken zwar in besonderem Maße entgegen, es begründete aber kein allgemeines Forderungsrecht gegenüber dem Staat. Über die Industriearbeiterschaft hinaus wies auch das in Art. 165 WRV eingeschriebene Räte- oder besser Kammer-

---

Schutz des Mittelstandes in Art. 164 WRV wurde in der gleichen Abstimmungskonstellation sehr viel verbindlicher gegen die SPD entschieden.
24 Metz, Soziale Sicherheit (wie Anm. 15), S. 52.

system, das ein System des korporativen Interessenausgleichs anstrebte und den kollektiven, nichtstaatlichen »Sozialwillen« repräsentieren sollte, indem es die Selbstständigen, die Landwirte, die Konsumenten usw. einbezog und letztlich die Grundrechtsidee wirtschaftlicher Mitbestimmung in eine staatsorganisatorische Bestimmung umwandelte.[25]

In dem Abschnitt über das Wirtschaftsleben begriff die Nationalversammlung insgesamt die Grundrechte weniger als Sicherung der rechtlichen Freiheit des Individuums, sondern als ein Ordnungsprogramm, das der Freiheit ein rechtlich festgestelltes Ziel geben sollte – oder wie es der Zentrumsabgeordnete Adolf Gröber formulierte: »Innerhalb der gerechten Ordnung entsteht erst die Freiheit.« Wenn der »soziale Rechtsstaat« letztlich zum allgemeinen, aber unverbindlich bleibenden Staatsziel erhoben wurde, dann war das weniger, als Sinzheimer intendiert hatte. Der hatte die wirtschaftlichen Freiheitsrechte durch soziale Teilhaberechte und Drittwirkungsklauseln stärker begrenzen wollen, die Bestimmungen als eine »Art Bauplan der deutschen Gesellschaft« gedacht.[26] Doch in der Praxis erwies es sich genau umgekehrt: Da die Nationalversammlung eine unmittelbare Bindungswirkung der Grundrechte ablehnte, lagen die grundrechtlichen Garantien individueller Freiheit dem Recht voraus und galten unmittelbar, während die Pflichten begründenden Begrenzungen noch gesetzlich ausgestaltungsbedürftig waren. Der Grundrechtskatalog eröffnete mehr Gestaltungsperspektiven, als dass er sie nutzte, aber es handelte sich doch um eine pointierte Verankerung sozialstaatlicher Prinzipien, eine »Verpflichtung auf einen modernen Sozialstaat«, die über das Grundgesetz weit hinausreichte[27], das nur die Generalklausel vom »demokratischen und sozialen Bundesstaat« in Art. 20 GG enthält (wenngleich es in der Verfassungswirklichkeit umgekehrt sein mochte, zumal im Grundgesetz die Bindungswirkung der Grundrechte in Art. 1 GG verankert ist). Der

---

25 In der Nationalversammlung sprach Gustav Stresemann (DVP) als erster von einem »sozialen Parlament«, das die Bündelung und den Ausgleich der Interessen gewährleisten solle. Völtzer, Sozialstaatsgedanke (wie Anm. 2), S. 135, S. 288 und S. 290.

26 Alexander J. Schwitanski: Die Freiheit des Volksstaates. Die Entwicklung der Grund- und Menschenrechte und die deutsche Sozialdemokratie bis zum Ende der Weimarer Republik, Essen 2008, S. 200 und S. 207.

27 Hans-Ulrich Wehler: Deutsche Gesellschaftsgeschichte, Bd. 4: Vom Beginn des Ersten Weltkriegs bis zur Gründung der beiden deutschen Staaten 1914–1949, München 2003, S. 351.

»soziale Vorbehalt«, der dem Eigentumsrecht (Art. 153 WRV), der Vertragsfreiheit (Art. 152 WRV) und somit der Wirtschaftsfreiheit nach bürgerlich-liberalem Verständnis entgegengestellt wurde, begründete unmittelbar wirksame Ermächtigungen für staatliche Interventionen, indem dem Gesetzgeber die rechtliche Ausgestaltung dieser Vertragsfreiheit und der Eigentumsfreiheit übertragen wurde – aber eben auch nicht mehr.

Die Frage, inwieweit die Grundgedanken des Art. 151 WRV, Gerechtigkeit und ein menschenwürdiges Dasein, »unmittelbar geltendes Recht« waren oder zumindest relativ starke Gestaltungsaufträge für den Gesetzgeber bzw. Auslegungsaufträge für die Justiz, blieb während der gesamten Dauer der Republik unentschieden und umstritten.[28] Dass die Republik viele der sozialrechtlichen Garantien nicht in die Verfassungswirklichkeit übertragen konnte, lag nicht am Grundrechtskonzept der Verfassung, sondern an der geringen und im weiteren Verlaufe abnehmenden Fähigkeit der Legislative, die umrisshaft vorgezeichnete Sozialverfassung zu realisieren.[29] Gab es z. B. im Hinblick auf die »guten Sitten« und das Wucherverbot des Art. 152 WRV eine etablierte Rechtsprechung auf der Grundlage von § 138 BGB, so fehlten konkrete Maßstäbe für die Sozialbindung des Eigentums weitestgehend. Für den Mittelstandsschutz des Art. 164 WRV mangelte es der Republik an Geld; die Rationalisierungs- und Konzentrationswelle in der Industrie galt im Hinblick auf die Rückkehr auf den Weltmarkt eher als Vorteil. So blieben die meisten Verfassungsaufträge unerfüllt. Die klassischen Freiheitsrechte wirkten eher zugunsten der Beibehaltung des Status quo, da die Schutzrechte gegen den Staat aus dem historischen Verständnis in der Rechtsprechung dominant blieben und von den Gegnern der Republik auch als Schutz gegen die Reformansprüche der Linken politisch benutzt wurden. Dennoch hatte sich ein Bruch im Verfassungsverständnis vollzogen. Die Verfassung war nicht mehr nur im Sinne des positi-

---

28 Gusy, Reichsverfassung (wie Anm. 10), S. 350; Huber, Verfassungsgeschichte (wie Anm. 11), Bd. 6, S. 1031 f. (»aktuelles Recht«); Werner Abelshauser: Die Weimarer Republik – Ein Wohlfahrtsstaat?, in: ders. (Hrsg.): Die Weimarer Republik als Wohlfahrtsstaat. Zum Verhältnis von Wirtschafts- und Sozialpolitik in der Industriegesellschaft, Stuttgart 1987, S. 9–31, hier S. 11; Detlev J. K. Peukert: Die Weimarer Republik. Krisenjahre der Klassischen Moderne, Frankfurt a. M. 1987, S. 135–137. Vgl. unten Anm. 59.

29 Gusy, Reichsverfassung (wie Anm. 10), S. 285. Die Mitwirkung der Rechtsprechung war noch geringer.

vistischen Verfassungsdenkens eines Georg Jellinek ein reines Organisationsinstitut, sondern sie enthielt jetzt mit dem Katalog der sozialen Grundrechte Verfassungsaufträge, die den Umbau der Gesellschaft als Staatsziele einforderten, die die »Rechtsordnung« des Staates und seiner »Lebenswirklichkeit« bildeten, die den Ausgang eines »Integrationsprozesses«, so Rudolf Smend 1928, hätten bilden können.[30]

II. Kriegsfolgenbewältigung und Sozialpolitik

Die sozialen Grundrechte waren deutlich mehr als nur »eine Reihe von deklamatorischen Bekenntnissen«.[31] Ihre Aufnahme in die Verfassung war nicht nur ein Versuch des ängstlich-legalistischen »Schließens« der Revolution. Es war zum einen die Konsequenz aus der Entscheidung für eine demokratische und gegen eine sozialistische Republik. Es war zum zweiten Ausdruck der Entscheidung für eine industriekapitalistische Wirtschaftsordnung, in der der Staat durch eher minimalinvasive Eingriffe für »Gerechtigkeit« bei der Verteilung der Güter sorgte, ohne einen »Staatssozialismus« zu etablieren. Das reflektierte zum dritten den – zumindest semantischen, teils emotionalen – Konsens über einen Nachkriegs-»Sozialismus« als Ausdruck der Moralisierung der Arbeitsbeziehungen, als nationale Solidarität in der »Volksgemeinschaft«[32] im Zeichen der volkswirtschaftlichen Verarmung durch Krieg und Reparationen, als Abwehrmittel gegen die bolschewistische Variante von Revolution und Sozialismus. Dahinter stand bei der SPD – und jenseits dieser Partei auch bei Friedrich Naumann oder Walter Schücking (DDP) – der Wille, eine den industriekapitalistischen Wirtschafts- und Gesellungsformen angemessene Sozialordnung zu etablieren. Das erforderte einen

---

30 Völtzer, Sozialstaatsgedanke (wie Anm. 2), S. 283 f.
31 Winkler, Revolution (wie Anm. 4), S. 239.
32 Gunther Mai: Kapitalismuskritik, Sozialismusdebatte und das Krieg-Frieden-Problem nach den beiden Niederlagen 1918 und 1945, in: Lernen aus dem Krieg? Deutsche Nachkriegszeiten 1918/1945. Beiträge zur historischen Friedensforschung, hrsg. von Gottfried Niedhart und Dieter Riesenberger, München 1992, S. 241–261 und S. 417–422; ders.: »Verteidigungskrieg« und »Volksgemeinschaft«. Staatliche Selbstbehauptung, nationale Solidarität und soziale Befreiung in Deutschland in der Zeit des Ersten Weltkriegs (1900–1925), in: Der Erste Weltkrieg. Wirklichkeit, Wahrnehmung, Analyse, im Auftrag des Militärgeschichtlichen Forschungsamts hrsg. von Wolfgang Michalka, München/Zürich 1994, S. 583–602.

doppelten Bruch: einmal mit der Dominanz agrarischer Wertmuster[33] und zum anderen mit dem bürgerlich-liberalen Denken des 19. Jahrhunderts. Der neue Stellenwert der Sozialpolitik zeigte sich darin, dass sie (fast vollständig) aus dem Innenministerium ausgegliedert und einem neu gegründeten Reichsarbeitsministerium mit einem eigenen Behördenunterbau (Reichsversicherungsamt, Reichsarbeitsverwaltung) übertragen wurde. Die »Sozialreform« hatte sich längst zur Sozialpolitik erweitert, die bereits im Begriff war, sich zur Gesellschaftspolitik zu entwickeln. Es ging nicht mehr allein um die Abwehr von Gefahren für Staat und Gesellschaft, die durch Massenarmut und Klassenkämpfe drohten, sondern um die Steuerung der gesellschaftlichen Entwicklung.

Ein solcher Umbau konnte zunächst auf die Unterstützung des liberalen Flügels der Unternehmer rechnen sowie auf die der eher technokratisch orientierten Militärs – also der beiden Kräfte, die mit der Kriegssozialpolitik die Öffnung zur Arbeiterbewegung vollzogen hatten und die in der Demobilmachung diese Kooperation fortzusetzen bereit waren.[34] Es hatten sich indes auch während des Krieges die Gegenkräfte formiert. Der rechte Flügel der Unternehmer verweigerte die Gleichberechtigung der Arbeiterschaft, starke altkonservative Kreise die politische Gleichberechtigung, während der radikalen Linken die Sozialpolitik Verrat an der revolutionären Idee war.[35] Die Kriegssozialpolitik blieb letztlich eine vom Kriegsrecht und den Militärbehörden verordnete und erzwungene, deren rechtliche (und politische) Grundlagen zu einem großen Teil an den Krieg gebunden blieben und mit dessen Ende ausliefen.

Dennoch war der Krieg zum »großen Schrittmacher der Sozialpolitik« geworden, wie es Ludwig Preller formulierte.[36] »Nahezu alles, was zu den typischen sozialen Errungenschaften der Weimarer Republik zu zählen

33 Gunther Mai: Die Agrarische Transition. Agrarische Gesellschaften in Europa und die Herausforderungen der industriellen Moderne im 19. und 20. Jahrhundert, in: Geschichte und Gesellschaft 33 (2007), S. 471–514.
34 Gunther Mai: Arbeitsmarktregulierung oder Sozialpolitik? Die personelle Demobilmachung in Deutschland 1918–1920/24, in: Die Anpassung an die Inflation, hrsg. von Gerald D. Feldman, Carl-Ludwig Holtfrerich, Gerhard A. Ritter und Peter-Christian Witt, Berlin 1986, S. 202–236. Ein breiter Überblick über die Maßnahmen im Krieg und in der Demobilmachung bei Eckart Reidegeld: Staatliche Sozialpolitik in Deutschland, Opladen 1996, S. 289–365.
35 Ludwig Preller: Sozialpolitik in der Weimarer Republik, Nachdruck Kronberg/Düsseldorf 1978, S. 81–85.
36 Preller, Sozialpolitik (wie Anm. 35), S. 85.

ist und in den Jahren 1918 bis 1920 Gesetzeskraft erlangte, läßt sich in den Grundlagen auf die Praxis der Kriegszeit zurückführen.«[37] Aber man wird Ernst Francke von der »Gesellschaft für Soziale Reform« nur bedingt zustimmen, dass es im Grunde der Revolution nicht bedurft hätte, die sozialpolitischen Gesetze von 1918 bis 1920 zu schaffen.[38] Nicht umsonst ergänzte der Rat der Volksbeauftragten am 12. November 1918 die Aufhebung des Belagerungszustandes und des Gesetzes über den Vaterländischen Hilfsdienst, auf denen die Kriegssozialpolitik geruht hatte, mit einer Reihe von sozialpolitischen Festlegungen (»mit Gesetzeskraft«) zu Maximalarbeitstag, Gesindeordnung, Arbeiterschutz, Sozialversicherung, Wohnungswesen und Erwerbslosenfürsorge.[39] Und nicht umsonst hatte sich das Reich in Art. 7 und 9 WRV das alleinige Recht für die Gesetzgebung im gesamten Bereich der Fürsorge von den Armen über die Mütter, Kinder und Jugendlichen bis zu den Kriegsteilnehmern und ihren Hinterbliebenen sowie die Wohlfahrtspflege gesichert, dazu die entsprechende Kompetenz für »das Arbeitsrecht, die Versicherung und den Schutz der Arbeiter und Angestellten sowie den Arbeitsnachweis«.

Der Staat, der sich vor 1914 eher nur im Prinzip für die Folgen des Wirtschaftsprozesses verantwortlich betrachtet hatte, übernahm jetzt auch in der Praxis diese Verantwortung.[40] Dazu gehörte die Arbeitsbeschaffung, die in der Phase von Revolution und Demobilmachung durch eine

---

37 Abelshauser, Wohlfahrtsstaat? (wie Anm. 28), S. 15.
38 Zit. nach Preller, Sozialpolitik (wie Anm. 35), S. 207. Francke sah 1921 die Verfassungsbestimmungen als Verwirklichung der Vorkriegsziele der Gesellschaft. Zur Bedeutung der »Gesellschaft für soziale Reform«, der 1916 die freien Gewerkschaften und bis 1927 die wichtigsten Verbände von Arbeitnehmern und Arbeitgebern beitraten, vgl. ebd., S. 206. Die Gesellschaft sah sich nach den Worten ihres Vorsitzenden Hans Hermann von Berlepsch im Januar 1919 als »Brücke« über die Klassengegensätze hinweg.
39 Gerhard A. Ritter/Susanne Miller (Hrsg.): Die deutsche Revolution 1918–1919. Dokumente, Frankfurt a. M. 1968, S. 96 f. Nicht umsonst behandelt Ernst Rudolf Huber: Deutsche Verfassungsgeschichte seit 1789, Bd. 5: Weltkrieg, Revolution und Reichsgründung 1914–1919, Stuttgart u. a. 1978, S. 739–741, den Aufruf unter der Überschrift »Der Ausbau des Sozialstaats«. Der Ankündigung weiterer sozialpolitischer Reformen folgten noch im Dezember 1918 und im Januar 1919 verschiedene Verordnungen zur Arbeitszeit, zu den Arbeitsnachweisen, zum Kündigungsschutz, zur Erwerbslosenfürsorge, zur Ausdehnung der Versicherungspflicht sowie zur Behebung der Wohnungsnot. Der Aufruf enthielt auch erste Grundrechte, die von der Nationalversammlung bestätigt wurden; Gusy, Reichsverfassung (wie Anm. 10), S. 272 f.
40 Abelshauser, Wohlfahrtsstaat? (wie Anm. 28), S. 16.

(letztlich zu zurückhaltende) Strategie des deficit spending kurzzeitig betrieben und durch staatliche Beschäftigungsprogramme (Bahn, Post) oder Notstandsarbeiten ergänzt wurde. Doch die Demobilmachungsverordnungen, mit denen die Kriegssozialpolitik fortgeschrieben, aber auch erweitert wurde, waren ebenfalls nur auf eine Übergangsphase begrenzt. In der doppelten Unübersichtlichkeit von Revolution und Nachkrieg, überschattet von Reparation und Inflation, von ökonomischer Stagnation und Wechsel zur Bürgerblock-Regierung entbrannte die Diskussion, ob und wie die ausnahmerechtlichen Maßnahmen in die reguläre Gesetzgebung übergeleitet werden könnten. Dazu gehörte auch der anspruchsvolle Verfassungsauftrag, ein »Gesetzbuch der Arbeit« zu erarbeiten.[41] Ein solches Werk wäre schwierig genug gewesen. Aber schon seine Anfänge gerieten in die immer erbitterter geführte Diskussion über das Verhältnis von Wirtschafts- und Sozialpolitik hinein. Die Arbeitszeitfrage, der Angriff auf den »schematischen« Achtstundentag seitens der Arbeitgeber, wurde zum Ausgangspunkt und zum Hebel, »die klassengebundene Sozialpolitik der Weimarer Verfassung« insgesamt in Frage zu stellen zugunsten der »Leistungsfähigkeit der individualistischen Wirtschaftsordnung«.[42] Daraus wurde rasch die radikal formulierte Alternative Wirtschafts- *oder* Sozialpolitik, die vor allem in der Weltwirtschaftskrise in dem erbitterten »Kampf um den Sozialetat« ausgetragen wurde.[43]

Im Grunde hatten die Arbeitgeber längst unter betriebs- wie volkswirtschaftlichen Aspekten erkannt, dass die Sozialpolitik, einschließlich der Arbeitslosenversicherung, ein »notwendiges Korrelat der kapitalis-

---

41 Es wurde eine Sachverständigenkommission eingesetzt, die jedoch ihre Tätigkeit 1923 einstellte. Später gab es noch Teilentwürfe seitens des Reichsarbeitsministeriums; Gusy, Reichsverfassung (wie Anm. 10), S. 356. In anderen Fällen schwieg die Verfassung aufgrund unvereinbarer Positionen, etwa im Hinblick auf die »negative Koalitionsfreiheit«, das Streikrecht oder die Aussperrungen.
42 Preller, Sozialpolitik (wie Anm. 35), S. 209 f. und S. 212 f.; Winkler, Revolution (wie Anm. 4), S. 393–399 und S. 625–632.
43 Preller, Sozialpolitik (wie Anm. 35), S. 388; Manfred G. Schmidt: Sozialpolitik in Deutschland. Historische Entwicklung und internationaler Vergleich, Opladen ²1998, S. 52–60; Reinhard Neebe: Großindustrie, Staat und NSDAP 1930–1933. Paul Silverberg und der Reichsverband der deutschen Industrie in der Krise der Weimarer Republik, Göttingen 1981, bes. S. 99–102 zur »Gemeinsamen Erklärung deutscher Wirtschaftsverbände« von 1931, die den »Generalangriff« nicht nur auf die Regierung Brüning, sondern die Republik insgesamt einleitete.

tischen Wirtschaft«⁴⁴ war und der Auslagerung von Kosten auf die Allgemeinheit diente. Ihr Widerstand richtete sich zwar auch gegen die finanziellen Belastungen einer solchen Sozialpolitik, im Kern ging es aber um die damit verbundenen Machtverschiebungen sozialer, kultureller und politischer Art. Diese Verschiebungen waren das Ergebnis des Krieges, der die eigentliche Revolution war. Der Widerstand der Agrarier, die in Deutschland noch immer etwa ein Drittel der Bevölkerung ausmachten, entfachte die Debatte »Industrie- oder Agrarstaat« neu, die mehr eine Wertedebatte als eine Verteilungsfrage war. Doch die 1918 neu gewonnene Hegemonie des industriellen Segmentes der Gesellschaft war instabil, weil Arbeitgeber wie Arbeitnehmer weiter in Kategorien des Klassenkampfes dachten und handelten. Solange beide die Sozial- wie die Lohnpolitik als Instrumente des Klassenkampfes und nicht als strukturelle Ausprägung einer industriell-urbanen Ordnung akzeptierten, wurden diese Konflikte fast unvermeidlich zu der Grundsatzentscheidung für oder gegen die Republik. Die Parität des Stinnes-Legien-Abkommens vom November 1918 war für die Industrie nur eine »Hagelversicherung« gegen die Revolution gewesen. Die Arbeitgeber beharrten, auch in den guten Phasen, auf dem Primat der Wirtschaft, der erst recht in Krisenzeiten greifen musste; die Gewerkschaften forderten den Primat der sozialen Sicherung und der auskömmlichen Lebenshaltung ein, ebenfalls gerade in Krisenzeiten. Da die Lohnquote in Deutschland von 47,5 Prozent 1913 auf 58,6 Prozent 1925 stieg – in allen entwickelten Industriegesellschaften nahm sie gegenüber dem Vorkrieg um etwa 10 Prozentpunkte zu –, wurde die Lohn- und Sozialpolitik zur alles entscheidenden Machtfrage im Hinblick auf die begleitende Umverteilung sozialer und kultureller Hegemonie.⁴⁵

Das Reich war längst eine Gesellschaft lohn- oder gehaltsabhängiger Erwerbspersonen geworden, deren Mehrheit bereits um 1900 in Städten wohnte und in gewerblich-industriellen Betrieben beschäftigt war, d. h. von einer Selbstversorgung weitgehend abgeschnitten und auf Geldeinkommen angewiesen. Damit wuchs automatisch die Zahl der Pflichtversicherten (1919 48 Prozent der Erwerbspersonen); das wirtschaftliche Wachstum und die gute Konjunktur hatten bis 1913 die Ausdehnung

---

44 »Der Arbeitgeber« vom 15. Dezember 1929.
45 Vgl. allgemein Gunther Mai: Europa 1918–1939. Mentalitäten, Lebensweisen, Politik zwischen den Weltkriegen, Stuttgart u. a. 2001, S. 68–72 und S. 120–132; ders.: Die Weimarer Republik, München 2009, S. 61–83.

von Leistungen und Empfängerkreis ermöglicht.[46] 1911 erhielt die wachsende Zahl der Angestellten ein eigenes Versicherungssystem; und da im gleichen Jahr die Hinterbliebenenrente eingeführt wurde (obwohl auch diese zwischen Arbeitern und Angestellten deutliche Unterschiede machte), bedeutete das gleichwohl einen deutlichen Schritt zur prinzipiellen Änderung des Charakters der sozialen Sicherung: Die »sociale Frage« löste sich weiter von der »Arbeiterfrage«. In diese Richtung bewirkte der Krieg einen weiteren, großen Schub. Erstmals übernahm der Staat jetzt Verantwortung in der Beseitigung der Folgen von Arbeitslosigkeit; die Wochenhilfe wurde der Krankenversicherung hinzugefügt; die Altersgrenze für Arbeiterrenten von 70 Jahren wurde der der Angestelltenrente von 65 Jahren angeglichen.[47] Erst recht trat der Staat für die direkten Kriegsfolgen ein: Er versorgte die Verwundeten, die dauerhaft Kriegsbeschädigten, die Witwen und Waisen, also die Kriegsopfer auf der einen Seite, er sorgte für den »Ersatz« der Kriegsverluste, also für die künftigen Generationen der Arbeitskräfte und Soldaten auf der anderen Seite.[48]

Die leiblichen Schäden bedeuteten fast immer auch Einkommensverluste; da die Schäden sich nicht nach sozialen Kriterien zuordnen ließen, stand eine Entschädigungsleistung »jedem Deutschen« zu – und zwar als Anspruch gegen den Staat. Zu kompensieren waren ebenfalls ohne Ansehen der Person und der Herkunft die Vermögensschäden, die durch Zivilinternierung, Vertreibung aus den Kolonien oder abzutretenden Gebieten und begleitende Enteignung entstanden waren. Vor allem aber war die Sorge für die künftigen Generationen sehr viel aufwändiger und verlangte nach neuen Instrumentarien. Über den Mutterschutz und die Säuglingspflege hinaus wurden nicht nur Familiensubventionen wie Kindergeld, Kinderzuschläge zum Lohn oder Steuervergünstigungen eingeführt, die unabhängig vom sozialen Status geleistet wurden, sondern es mussten parallel immaterielle Anreize zur Steigerung der Geburtenrate gegeben bzw. Schwangerschaftsverhütung und Abtreibung verhindert werden. Verstärkt durch Vorstellungen der Eugenik trat neben die »Ausmerzung« des »lebensunwerten Lebens«, wie es schon vor 1914 hieß, die pflegende Betreuung der »Aufzucht«. Das reichte von einer zunehmend präventiv ausgerichteten Medizin und einer

---

46 Schmidt, Sozialpolitik (wie Anm. 43), S. 36 f.
47 Schmidt, Sozialpolitik (wie Anm. 43), S. 42.
48 Stolleis, Sozialpolitik bis 1945 (wie Anm. 22), S. 270–275 zum Kriegsfolgenrecht.

erweiterten medizinischen Infrastruktur über allgemeine Hygiene und Ernährung bis zum gesunden Wohnen und zum Sport, von der besseren schulischen Ausbildung bis zur Berufsqualifizierung.[49]

Hier erweiterte sich Sozialpolitik zur Gesellschaftspolitik, wandelte sich von der kurativen Bekämpfung von Missständen zur präventiven Gesamtsteuerung. Durch Krieg und Inflation waren nicht nur mehr Menschen, sondern ganz neue Bevölkerungsgruppen von der Hilfe des Staates abhängig geworden. Zwischen 1913 und 1924 vervierfachte sich die Zahl der Bedürftigen, der Bedarf an staatlicher Unterstützung pro Kopf stieg auf das Achtfache.[50] Das war eine der Hauptursachen für die allmähliche Erweiterung der Sozialversicherung von einer Arbeiter- zu einer Volksversicherung. Und nicht zuletzt war die Zahl der dauerhaft Arbeitslosen viel zu groß geworden, als dass man dieses Problem noch mit dem Armen- und Fürsorgewesen hätte bewältigen können. Der Gleichheitsgrundsatz nach Art. 109 WRV gewann in diesem Kontext eine immer stärkere Bedeutung, konnte doch die traditionelle Fürsorge nach dem Prinzip der Bedürftigkeitsprüfung nicht neben dem Rechtsanspruch der Kriegsfolgenfürsorge bestehen bleiben. Die Angleichung gelang begrenzt und mit Verzögerung mit der Reichsverordnung über die Fürsorgepflicht 1924, mit der sich eine Tendenz zur Verzahnung aller Sozialleistungen nach relativ einheitlichen Kriterien abzuzeichnen begann.[51] Entsprechend stark stieg der Anteil an Renten, Pensionen und sonstigen Transferleistungen (von 3,2 auf 9,6 Prozent). Das hatte Konsequenzen für die Staatsquote, die von 17,7 Prozent 1910 auf 25 Prozent 1925 anstieg (1929: 30,6 Prozent), bzw. für den Anteil der Sozialausgaben an den Staatsausgaben. Die Ausgaben pro Einwohner wiesen 1913–1925 beim Wohnungsbau (1913=100) mit 2525, Gesundheitswesen und Soziales mit 388, und Sozialversicherung mit 190 bzw. der gesamte soziale

---

49 Hier ergab sich eine Brücke zur völkischen Rechten, die Sozialpolitik jedoch nicht als Schutz des schwachen und bedürftigen Einzelnen sah, sondern vom Gesamtinteresse der organisch gefassten Gemeinschaft her betrachtete. Dennoch ergaben sich zum einen Gemeinsamkeiten im Hinblick auf die Notwendigkeit einer umfassenden Sozialpolitik, zum anderen im Hinblick auf die Instrumentarien.
50 Stolleis, Sozialpolitik bis 1945 (wie Anm. 22), S. 277.
51 Ebd., S. 277–283. Parallel, teils vorauseilend entstand das Jugendwohlfahrtsgesetz 1922. Es gab in beiden Fällen Umsetzungsdefizite, zugleich aber einen deutlichen Zug zur Professionalisierung der Fürsorgearbeit bei staatlichen wie verbandlichen Trägern. Zu den sich daraus ergebenden Normierungs- und Bürokratisierungsproblemen vgl. Peukert, Weimarer Republik (wie Anm. 28), S. 136 f.

Bereich mit 316 die höchsten Steigerungsraten auf.[52] Wenn die durchschnittliche Lebenserwartung von 1910 bis 1932/34 um 13 bzw. 12 Jahre auf 60 Jahre bei Männern und 62 Jahre bei Frauen stieg[53], so war das ein Zeichen für den Erfolg des modernen Sozialstaates.

III. Entwicklungsperspektiven

Zieht man eine Bilanz für die Entwicklung der Sozialpolitik bis 1923, d. h. für die Umsetzung der Verfassungsversprechen in reguläre Gesetzgebung, so fällt das Urteil ambivalent aus, aber positiver als oft zu vernehmen. Es kam zu einer deutlichen Ausweitung der Leistungen und des Empfängerkreises der Sozialversicherungen, vor allem bei der Kranken- und Invaliditätsversicherung. Die Erwerbslosenfürsorge wurde von der Armenfürsorge getrennt, der Staat übernahm Verantwortung für die Beschaffung von Arbeitsgelegenheit durch Arbeitsvermittlung und Arbeitsbeschaffung. Kriegsteilnehmer und Schwerbeschädigte (1920) mussten bevorzugt eingestellt werden, Betriebsräte in Betrieben mit mehr als 20 Beschäftigten nahmen erweitert Einfluss auf die Entlassungen (1920), erhielten Einsicht in die Bilanzen (1921) und konnten auch in den Aufsichtsräten Einzug halten (1922). Die Gewerkschaften wurden als die »berufenen Vertreter der Arbeiterschaft« anerkannt, das Tarifvertragswesen verankert (1918) und die staatliche Schlichtung von Arbeitsstreitigkeiten (1923) eingeführt. Zwar gab es kein neues Sozial- und Arbeitsrecht aus einem Guss, aber das war auch kaum zu erwarten. Dazu waren die rechtlichen und institutionellen Vorfestlegungen der letzten 30 Jahre zu fest in die politische und die rechtliche Praxis eingeschrieben. Freilich scheiterten die großen Struktureingriffe: die Sozialisierung von Betrieben (Art. 156), die ohnehin keine von den maßgeblichen Parteien der Nationalversammlung wollte, und die Arbeiter- und Wirtschaftsräte (Art. 165) als Organe eines institutionalisierten volksgemeinschaftlichen Korporativismus. Beides wäre kein Hindernis für eine reformistische Sozialpolitik gewesen, die in Deutschland defensiver betrieben wurde als parallel etwa in Großbritannien, während Frankreich den Übergang zu einer familienbezogenen Sozialpolitik intensiver vollzog. Glaubten die Sieger, sich dies in Erwartung deutscher Reparatio-

---

52 Abelshauser, Wohlfahrtsstaat? (wie Anm. 28), S. 16 ff. und S. 27.
53 Mai, Europa (wie Anm. 45), S. 73.

nen leisten zu können, blieb dem Kriegsverlierer Deutschland ebenfalls keine andere Wahl, als sich den Kriegsfolgeschäden zu stellen – und das nicht nur als Revolutionsprophylaxe, sondern auch als Ausdruck nationaler Verpflichtung zunächst gegenüber den Kriegsopfern, dann als Ausdruck nationaler Solidarität mit den Bedürftigen.

An den Kosten der Sozialpolitik ist die Republik nicht gescheitert. Trotz höherer Löhne, Sozialbeiträge und Steuern erreichte das Reich 1928 wieder das Volkseinkommen von 1913. Die Umverteilungseffekte waren auch Folge des weiteren Ausbaus des Industriestaates. Historisch-strukturell dürften die Umverteilungseffekte von Krieg und Inflation weit tief greifender gewesen sein, doch wurden auch diese der Republik und nicht dem Kaiserreich aufs Konto geschrieben. Freilich haben diese Kosten wie vor allem die damit verbundenen politischen Umverteilungsentscheidungen die Republik be- und überlastet. Damit stand sie in Europa nicht allein, denn alle entwickelten Industriegesellschaften Mittel- und Nordwesteuropas hatten mit dem krisenhaften Übergang von einer agrarischen zu einer industriekapitalistischen Gesellschaft zu kämpfen. Das englische Beispiel in der Weltwirtschaftskrise zeigte, dass man trotz des drohenden Staatsbankrotts sowohl eine expandierende Sozialpolitik wie auch eine expansive Lohnpolitik im Konsens regeln konnte (allerdings nachdem den Gewerkschaften im Generalstreik 1926 das Rückgrat gebrochen worden war).

Der SPD als der eigentlich berufenen Partei gelang es nicht wirklich, einen eigenen geschlossenen Entwurf eines »sozialen Rechtsstaates« zu entwickeln. Es war der ADGB, der auf seinem Breslauer Kongress 1925 mit dem Programmwort »Wirtschaftsdemokratie« einen Leitbegriff vorstellte, der dann einer Kommission übergeben wurde, der neben Sinzheimer auch Rudolf Hilferding und Fritz Naphtali angehörten; letzterer trug 1928 auf dem Hamburger Kongress einen konzeptionellen Entwurf vor. Dieser Begriff der »Wirtschaftsdemokratie« reichte sehr viel weiter und war viel stärker eigenes Programm als der des »organisierten Kapitalismus« Hilferdings, während »Gemeinwirtschaft« zu vielfältig besetzt war.[54] Die »Wirtschaftsdemokratie« zielte jedoch stärker auf Mitbestimmung als auf Sozialpolitik. Bezeichnenderweise hatte Hermann Heller mit seinem Konzept der »sozialen Demokratie« in der Weimarer Republik noch den geringsten Einfluss auf die Politik der SPD. Er forderte 1926 die »rechtsstaatliche Vergesetzlichung der Wirtschaft«, eine »ge-

---

54 Kaufmann, Begriff (wie Anm. 1), S. 53.

rechte Ordnung des Wirtschaftslebens«, die den Klassenkampf jedoch nicht überwand.[55] Erst Eduard Heimann legte 1929 eine die wissenschaftliche und politische Diskussion nachhaltig beeinflussende »Theorie der Sozialpolitik« vor, die zugleich eine »soziale Theorie des Kapitalismus« sein wollte und Sozialpolitik als ein historisches, nämlich an den Kapitalismus gebundenes Phänomen begriff.[56]

Die Weimarer Republik hatte vom Kaiserreich einen Bestand administrativer, rechtlicher und politischer Ressourcen geerbt: die Sozialversicherungen, die sozialpolitische Zuständigkeit des Staates und die »militärische Sozialpolitik« des Weltkrieges, dazu – nicht zu unterschätzen – die sachkundige Bürokratie in staatlichen Verwaltungen und Versicherungen.[57] Die Weimarer Verfassung wies dem Sozialstaat drei Aufgaben zu: die Gewährleistung von sozialer Sicherheit, sozialer Gerechtigkeit und sozialem Frieden. Sie ging davon aus, dass erst durch die Grundsicherung die »bürgerlichen Freiheitsrechte« für die Armen überhaupt erreichbar würden. Die Konzepte »Sozialstaat« und »Rechtsstaat« bedingten sich daher gegenseitig, ja verschmolzen in der Idee des »sozialen Rechtsstaates«.[58] Es dauerte jedoch bis 1930, bis die Staatsrechtslehre bzw. die Arbeitsrechtslehre diesen Zusammenhang positiv formulierten, indem der Gerechtigkeitsgrundsatz des Art. 151 WRV mit dem Gleichheitsgrundsatz des Art. 109 WRV in Beziehung gesetzt wurde – nicht im liberalen Sinne der Rechts- und Chancengleichheit, nicht im marxistischen Sinne der materiellen Gleichheit, sondern im Sinne des »Prinzips

---

55 Kaufmann, Begriff (wie Anm. 1), S. 56, weist darauf hin, dass der Begriff »sozialer Rechtsstaat« bei Heller selbst kaum vorkommt, obwohl er sich heute mit ihm verbindet, wohl aber gelegentlich »sozialistischer Rechtsstaat« und auch »demokratisch-sozialer Wohlfahrtsstaat«.
56 Kaufmann, Begriff (wie Anm. 1), S. 65–68.
57 Schmidt, Sozialpolitik (wie Anm. 43), S. 47. 1911 hatte das Kaiserreich mit der Reichsversicherungsordnung die bestehenden Regelungen in einem Gesetzbuch zusammengefasst und durch einen einleitenden Allgemeinen Teil verklammert. Es waren aber nicht die Versicherungen unter einem Dach zusammengefasst worden, wie auch diskutiert worden war; Stolleis, Sozialpolitik bis 1945 (wie Anm. 22), S. 263.
58 Den Begriff entwickelte Heller erst um 1930 als »Ausdehnung des materiellen Rechtsstaatsgedankens auf die Arbeits- und Güterordnung«; zitiert nach Völtzer, Sozialstaatsgedanke (wie Anm. 2), S. 300. Durch die Herbeiführung des sozialen Friedens auf dieser Grundlage hoffte er, den Zerfall der Republik abwenden zu können.

einer angemessenen Verteilung der Güter und Rechte«.[59] Doch trafen diese Überlegungen jetzt auf den entschlossenen Willen, nicht nur die Arbeiterschaft und die Arbeiterbewegung zu entmachten zugunsten der neuen, alten »Wirtschaftsfreiheit«, sondern auch die Republik und die sie tragende Verfassung insgesamt zu beseitigen. Das bedeutete nicht das Ende der Sozialpolitik und des Sozialstaates. Auch das Dritte Reich baute den von der Republik ererbten Fundus institutioneller und rechtlicher Regelungen weiter aus. Aber dessen Sozialpolitik zielte auf die Optimierung einer rassisch definierten Gemeinschaft; sie postulierte nicht die Solidarität dieser Gemeinschaft mit dem Recht des Einzelnen, sondern betonte die Pflicht des Einzelnen gegenüber der Gemeinschaft. Mit der Republik scheiterte daher vorerst der Versuch, den demokratischen Rechtsstaat als Sozialstaat zu fundieren, der der Idee Rechnung trug, dass politische Teilhabe auch einer materiellen Teilhabe bedarf, dass die »Gewährleistung eines menschenwürdigen Daseins« die Voraussetzung für die Wahrnehmung aller Freiheitsrechte ist.

---

59 So der Kölner Professor Heinrich Lehmann: Artikel 151 Abs. I. Ordnung des Wirtschaftslebens, in: Hans Carl Nipperdey: Die Grundrechte und Grundpflichten der Reichsverfassung. Kommentar zum zweiten Teil der Reichsverfassung. Bd. 3, Berlin 1930 [Nachdruck 1975], S. 125–149, hier S. 137 ff. Lehmann versuchte, die Dynamik der Verfassungsbestimmungen nachzuweisen, um eine schrittweise Annäherung von Gerechtigkeitspostulat in Art. 151 und Gleichheitsgrundsatz in Art. 109 WRV zu ermöglichen. Es gehe nicht um »völlige mechanische Gleichstellung«, sondern um »möglichst weitgehende Gleichberechtigung«, um eine Verknüpfung liberaler und sozialdemokratischer Prinzipien. Das Prinzip der Wirtschaftsfreiheit anerkenne die Ungleichheit in der Verteilung der Güter, das Gerechtigkeitsideal enthalte dagegen »das Prinzip einer angemessenen Verteilung der Güter und Rechte«. Insofern suche die Verfassung an mehreren Stellen »den Gedanken *relativer, verhältnismäßiger Gleichheit* zu verwirklichen«. Unabhängig von seiner Leistung bzw. Leistungsfähigkeit müsse jedem Einzelnen »ein Mindestmaß von Rechten und Anteilsberechtigung« zuerkannt werden. Doch gebe diese Formel keine Auskunft darüber, wie die Größenordnung der Freiheitsrechte bzw. der Mindestbedürfnisse bestimmt werden, welches der beiden Dogmen Vorrang habe. Das sei eine Frage der politischen Entscheidungen bzw. Mehrheiten, wobei die Verfassung aber ein radikales Entweder-Oder ausschließe (Hervorhebung im Original). Vgl. Völtzer, Sozialstaatsgedanke (wie Anm. 2), S. 292.

Karl Christian Führer

Arbeitsbeziehungen – Achtstundentag – Arbeitslosenversicherung. Ausbau und Rückbau von Fundamenten der sozialen Demokratie in den 1920er Jahren

I. Grenzen des »sozialen Kaisertums«: Die Lücken im sozialpolitischen System des wilhelminischen Kaiserreichs

Historiker sprechen gern erst einmal über die Vorgeschichte, bevor sie auf ihr eigentliches Thema kommen. Dies geschieht auch hier. Der historische Rückgriff erfolgt aber nicht, um einer Konvention zu genügen, sondern weil er in diesem Fall inhaltlich entscheidend ist. Die sozialen Neuerungen der Weimarer Republik gewinnen ihre Bedeutung, wenn man auf die Zeit zurückschaut, in der sie fehlten. Das heißt hier: zurück in eine Gesellschaft ohne eine soziale Absicherung für Arbeitslose, ohne rechtliche Sicherheit für Gewerkschaften und ohne eine bindende Wirkung von Tarifverträgen. All dies fehlte im wilhelminischen Kaiserreich.

Zwar war die 1871 gegründete Monarchie – durchaus mit Recht – seit der Einführung der gesetzlichen Sozialversicherungen (Unfall-, Kranken- und Rentenversicherung) in den 1880er Jahren sehr stolz auf ihr Wesen als »soziales Kaisertum«.[1] Später folgten noch eine spezielle Rentenversicherung für besser bezahlte Angestellte, die deren gehobene soziale Stellung auch im Alter sichern sollte, und eine Versicherungskasse für Witwen und Waisen.[2] Eine gravierende Lücke im sozialen Sicherungssystem aber blieb bestehen: Das Kaiserreich kannte weder eine Arbeitslosenversicherung noch andere Formen einer öffentlichen Unterstüt-

---

1 Als treffenden Überblick vgl. etwa Gerhard A. Ritter: Sozialversicherung in Deutschland und England. Entstehung und Grundzüge im Vergleich, München 1983.
2 Ebd., S. 55–59. Zu den gravierenden praktischen Problemen der Angestelltenversicherung, den geweckten Hoffnungen zu entsprechen, vgl. Karl Christian Führer: Untergang und Neuanfang. Die Rentenversicherungen für Arbeiter und für Angestellte im Jahrzehnt der »Großen Inflation« 1914–1924. Ein Vergleich, in: Stefan Fisch/Ulrike Haerendel (Hrsg.): Geschichte und Gegenwart der Rentenversicherung in Deutschland, Berlin 2000, S. 247–269.

zung für Erwerbslose. Diese Leerstelle ist durchaus erstaunlich, denn schließlich fehlte den staatlich verordneten Zwangsversicherungen damit ein stabiles Fundament. Deren Beiträge, Ansprüche und Leistungen ergaben sich alle aus dem Arbeitsverhältnis des abhängig beschäftigten Arbeiters (bzw. des Angestellten) mit seinem Arbeitgeber. Ein Erwerbsloser fiel für die Dauer seiner Arbeitslosigkeit zwangsläufig aus dem System heraus – mit allen negativen Folgen, die das kurzfristig (etwa im Fall von Krankheit) und auch langfristig (vor allem für die Höhe des erworbenen Rentenanspruchs) hatte.

Kurz gesagt fehlte die Arbeitslosenversicherung, weil es in dieser Frage keinerlei Einigkeit zwischen den opponierenden sozialen Gruppen und politischen Kräften gab.[3] War Arbeitslosigkeit überhaupt ein gravierendes Problem? Darauf gab es keine exakte Antwort, weil niemand die Erwerbslosen umfassend und flächendeckend zählte. War eine Arbeitslosenversicherung nicht eine Einladung an alle Arbeitsscheuen, es sich auf Kosten der Allgemeinheit bequem zu machen? Diese Sorge trieb vor allem bürgerliche Kreise um und die Arbeitgeber taten alles, um diese Angst zu nähren. Ein führender Industrievertreter erklärte im Jahr 1903: »Die Arbeitslosigkeit ist zunächst gar kein Übel, im Gegenteil, von der großen Mehrheit der Menschen wird die Arbeit als das Übel und die Arbeitslosigkeit als der wünschenswerte Zustand empfunden, und wenn man vor den materiellen Rückschlägen, welche die Arbeitslosigkeit im Gefolge zu haben pflegt, einigermaßen geschützt ist, so wird sich der größere Teil der Bevölkerung geradezu danach drängen, den Segen dieser Versicherung zu genießen.«[4]

Zudem war klar, dass eine Arbeitslosenversicherung massiv in das freie Spiel der Kräfte auf dem Arbeitsmarkt eingreifen würde. Durfte sich der Staat hier einmischen? Stärkte er damit nicht automatisch die Position der Gewerkschaften und damit vor allem die Sozialdemokratie, d. h. die »vaterlandslosen Gesellen«, die das System des Kaiserreichs grundlegend ablehnten? Auf alle diese Fragen gab es ganz unterschiedliche Antworten. Vollends blockiert wurde die Sache der Arbeitslosenversicherung, weil ausgerechnet die Sozialdemokraten als wichtigste

---

3 Karl Christian Führer: Arbeitslosigkeit und die Entstehung der Arbeitslosenversicherung in Deutschland 1902–1927, Berlin 1990, S. 9–118.
4 Protokoll der Arbeitsnachweiskonferenz zu Hamburg, den 22. August 1903. Redigiert von Willy G. H. von Reiswitz, Generalsekretär des Arbeitgeber-Verbandes Hamburg-Altona, Hamburg 1904, S. 54 f.

Vertreter der Arbeiterschaft eine staatliche Versicherung für den Fall der Erwerbslosigkeit nach dem Vorbild der gesetzlichen Rentenversicherung strikt ablehnten.[5]

Mit einer solchen Versicherung, so die Furcht, gewinne der wilhelminische Staat die Möglichkeit, einen Arbeitslosen zur Annahme jeder offenen Stelle zu zwingen. Das aber sei nichts anderes als ein Mittel, die Erfolge der Gewerkschaften zu untergraben und deshalb »eine Unterdrückungsmaßregel gegen die Gewerkschaften«.[6] Pathetisch warnte die sozialdemokratische Presse, eine staatliche Arbeitslosenversicherung bedeute nichts anderes, als »dem Todfeind erst das Schlächtermesser in die Hand zu geben und dann den Kampf mit ihm aufzunehmen«.[7] Dieses Gegen- und Durcheinander bedeutete Stagnation: Die Frage der Arbeitslosenversicherung wurde im Kaiserreich zwar intensiv diskutiert; Fortschritte aber gab es dabei nicht. Ein Fachmann meinte 1902 resigniert: »Es giebt [!] eben doch unlösbare Probleme im sozialen Leben. Die Arbeitslosenversicherung ist ein Ideal. Ideale aber sind im praktischen Leben nicht immer durchführbar.«[8]

Für die Arbeitslosen, die es selbstverständlich gab, bedeutete das vor allem eins: Sie blieben ohne jede öffentliche Unterstützung. Zwar gab es eine kommunale Armenpflege, aber die zahlte nur bei »unverschuldeter Not«, und das durchweg bürgerliche Personal dieser Einrichtungen hielt Arbeitslosigkeit fast immer für selbstverschuldet. ›Wer wirklich will, der findet auch Arbeit‹ – dieser Satz ist uns ja auch heute noch vertraut.[9] Arbeitslose waren deshalb im Kaiserreich im Wortsinne eine industrielle Reservearmee oder auch (so ein zeitgenössisches Zitat) die »bleierne Kette des Proletariats«: Sie unterboten in ihrem Drang nach Wiedereinstellung die beschäftigten Kollegen und Kolleginnen und gefährdeten damit Lohnzuwächse und bessere Arbeitsbedingungen für alle. Die soziale Entwicklung bis 1914 ähnelte daher der sprichwörtlichen Spring-

---

5 Führer, Arbeitslosigkeit (wie Anm. 3), S. 51–69.
6 »Holzarbeiter-Zeitung« vom 13. Februar 1898.
7 »Hamburger Echo« vom 21. September 1904.
8 So der Leipziger Nationalökonom Wilhelm Stieda in: Dritte Verbandsversammlung [des Verbandes deutscher Arbeitsnachweise] und Arbeitsnachweiskonferenz am 9., 10., 11. Oktober 1902 in Berlin (Schriften des Verbandes deutscher Arbeitsnachweise Nr. 4), Berlin 1903, S. 179.
9 Führer, Arbeitslosigkeit (wie Anm. 3), S. 22–25.

prozession: zwei Schritte vor in Zeiten guter Konjunktur, ein Schritt oder auch zwei Schritte zurück in den Abschwungsphasen.[10]

Seit den 1890er Jahren versuchten die Gewerkschaften dieses Problem zu lösen, indem sie ihre Mitglieder in Zeiten der Arbeitslosigkeit unterstützten. Diese gewerkschaftlichen Hilfen waren die einzige funktionierende Hilfe für Erwerbslose.[11] Für das Verhältnis von Angebot und Nachfrage auf dem Arbeitsmarkt aber hatte das nur geringe Bedeutung, denn selbst 1914 waren ja nur rund drei Millionen von den mehr als 20 Millionen lohnabhängigen Arbeitern und Arbeiterinnen gewerkschaftlich organisiert (die letzte Zahl einschließlich der etwa fünf Millionen Landarbeiter, denen das Kaiserreich die Organisationsfreiheit grundsätzlich verwehrte).[12] Dennoch entwickelten die sozialdemokratischen Gewerkschaften – mit 2,5 Millionen Mitgliedern die stärkste Gewerkschaftsbewegung – die Vorstellung, die Arbeitslosenversicherung dürfe (entweder ganz grundsätzlich oder auch nur vorübergehend, als Vorbereitung auf eine spätere staatlich kontrollierte Versicherung) nur über die Gewerkschaften erfolgen: Mit finanziellen Zuschüssen sollte der Staat die gewerkschaftliche Hilfe verbessern und ausweiten. Das nannte sich »Genter System«, weil in der belgischen Stadt Gent ein ähnliches Modell praktiziert wurde. Für Deutschland aber war mit dieser Forderung der Stillstand in der Frage der Arbeitslosenversicherung vollends zementiert: Ausgerechnet der wilhelminische Obrigkeitsstaat sollte Gelder an die sozialdemokratischen »Reichsfeinde« geben? Diese Forderung hatte weder bei der Reichsregierung noch im Reichstag politisch eine Chance.[13]

Die ungelöste Frage der Arbeitslosenversicherung verweist damit auch auf ein weiteres gravierendes sozialpolitisches Problem in der wilhelminischen Gesellschaft: Vor 1918 gab es in Deutschland für Arbeiter und Arbeiterinnen keine juristisch wirklich abgesicherte Organisationsfreiheit, weil der wilhelminische Staat die Selbstorganisation einfacher Leute stets mit Misstrauen betrachtete. Wichtige Arbeitergruppen – die

---

10 Ebd., S. 20–36. Die Formulierung von der »bleiernen Kette« von Heinrich Herkner, Arbeitslosigkeit, in: Socialpolitisches Centralblatt 1 (1891), S. 128.
11 Klaus Schönhoven: Expansion und Konzentration. Studien zur Entwicklung der freien Gewerkschaften im wilhelminischen Deutschland 1890 bis 1914, Stuttgart 1980, S. 152 ff.
12 Hans-Ulrich Wehler: Deutsche Gesellschaftsgeschichte, Bd. 3: Von der »Deutschen Doppelrevolution« bis zum Beginn des Ersten Weltkrieges, München 1995, S. 772 ff. und S. 1045 ff.
13 Führer, Arbeitslosigkeit (wie Anm. 3), S. 56–69.

Landarbeiter und das städtische Gesinde – durften überhaupt keine Gewerkschaftsverbände gründen; allen anderen Arbeitern wurde das Recht auf Selbstorganisation nur indirekt gewährt. Der Staat untersagte in der Gewerbeordnung zwar Maßnahmen gegen eine kollektive Interessenvertretung von Arbeitern in Industrie, Gewerbe und Handel. Aber das war etwas anderes als ein Grundrecht auf Selbstorganisation; Rechtssicherheit sah anders aus. 1878 bis 1890 unterdrückte der Staat die sozialdemokratischen Gewerkschaften durch das »Sozialistengesetz« und auch nach Aufhebung dieser autoritären Regelungen blieben die Arbeiterverbände gefährdet. Die Polizei und die Gerichte behinderten wiederholt und wie selbstverständlich Streikaktionen als Störungen der »öffentlichen Ordnung«; in vielen Fabriken gab es »Schwarze Listen«, die Gewerkschaftsaktivisten fernhielten; die Drohung eines neuen »Sozialistengesetzes« hing fast beständig über der Arbeiterbewegung.[14]

Ähnliche Unsicherheit herrschte bei den Tarifverträgen. Zwar gelang es den Gewerkschaften in einigen wenigen Branchen, solche kollektiven Abmachungen über Löhne und Arbeitsbedingungen abzuschließen. Den Arbeitgebern aber stand es letztlich frei, sich daran zu halten oder auch nicht, denn kein Arbeiter und keine Gewerkschaft konnte Rechte aus so einem Vertrag vor Gericht einklagen. Allerdings lehnte die Mehrheit der Arbeitgeber kollektive Arbeitsverträge ohnehin strikt ab. In weiten Bereichen der deutschen Wirtschaft herrschte auch noch 1914 das Recht der Unternehmer: Gerade in industriellen Großbetrieben gab es keine Tarifverträge und vielfach noch nicht einmal Gewerkschaftsmitglieder.[15]

II. Die sozialen Errungenschaften der Novemberrevolution

Anders wurde das alles erst im Jahr 1918. Der Krieg war zu diesem Zeitpunkt – wie in vielen anderen Bereichen auch – der Dreh- und Angelpunkt. Die Neuerungen vom Herbst 1918 hatten sich seit dem August

14 Immer noch grundlegend: Klaus Saul: Staat, Industrie, Arbeiterbewegung im Kaiserreich. Zur Innen- und Sozialpolitik des Wilhelminischen Deutschland 1903 bis 1914, Düsseldorf 1974.
15 Als wichtige Ausnahme ist nur die Baubranche zu nennen. Nach einem heftigen Arbeitskampf konnten die Gewerkschaften hier den Arbeitgebern im Jahr 1910 den Abschluss eines ersten reichsweit einheitlichen Rahmentarifvertrages abtrotzen; vgl. Heribert Kohl: Auf Vertrauen bauen. 125 Jahre Baugewerkschaft, Köln 1993, S. 36–38.

1914 vielfältig vorbereitet; aber darauf kann hier nicht eingegangen werden – und es ist eigentlich auch nicht notwendig, denn der entscheidende Sprung oder Ruck kommt erst, als der Krieg verloren ist, als die Demobilmachung und das Ende der Kriegswirtschaft droht, als das politische System des Kaiserreichs abgewirtschaftet hat. In dieser Situation gewann die Mehrheits-Sozialdemokratie erstmals entscheidende politische Gestaltungsmacht; in dieser Situation waren sogar die mächtigsten Unternehmen, die sich bislang als »Herr im Hause« verstanden hatten, erstmals zur Kooperation mit den Gewerkschaften bereit.[16]

Den Deutschen bescherte das zum einem eine öffentliche Unterstützung für Erwerbslose: Sie wurde am 13. November 1918 vom Rat der Volksbeauftragten eingeführt, den die Novemberrevolution kurz zuvor mit diktatorischer Macht ausgestattet hatte. Die Erwerbslosenfürsorge war keine Arbeitslosenversicherung (denn die ließ sich so rasch nicht aus dem Boden stampfen), sondern eine Unterstützung aus Steuermitteln, die nur bei sozialer Bedürftigkeit gezahlt wurde.[17] Der entscheidende sozialpolitische Schritt aber war damit gemacht: Die Allgemeinheit trug Verantwortung für das Schicksal der Erwerbslosen; sie hatte deren Not zu lindern; sie hatte im Interesse sozialer Stabilität den Druck der industriellen Reservearmee auf die Löhne und Arbeitsbedingungen der Beschäftigten zu dämpfen. Dieses sozialstaatliche Grundprinzip war im Kaiserreich nicht konsensfähig gewesen; mit der Macht des Faktischen wurde es nach 1918 rasch nicht mehr revidierbar.

Allerdings lässt sich über die konkrete Ausgestaltung dieses Grundprinzips trefflich streiten. Das zeigen aktuell die lang anhaltenden Debatten über »Hartz IV«; das erfuhren sehr rasch auch die Zeitgenossen der Weimarer Republik. Die Arbeitslosenversicherung als Ergänzung oder Vollendung der anderen Sozialversicherungen entstand erst im Juli 1927, fast ein Jahrzehnt später als die steuerfinanzierte Erwerbslosenfürsorge, die doch nur als eine Übergangs- und Notlösung entstanden war. Die Einführung der Versicherung verzögerte sich so lange, weil fast alle ihre Details heftigen Streit auslösten: Wer sollte empfangsberechtigt sein? Wie lange sollte die Unterstützung gezahlt werden und wie hoch sollte sie überhaupt sein? Was konnte man tun, um die Arbeitslo-

---

16 Vgl. als Einstieg in die Entwicklungen der Kriegsjahre etwa Karl Christian Führer: Carl Legien 1861 bis 1920. Ein Gewerkschafter im Kampf um ein »möglichst gutes Leben« für alle Arbeiter, Essen 2009, S. 169–230.
17 Führer, Arbeitslosigkeit (wie Anm. 3), S. 136–143.

sen möglichst rasch wieder in Arbeit zu bringen? In wessen Händen lag die Verwaltung und Führung der neuen Versicherung? Die nach verwickelten und höchst kontroversen Fachdebatten 1927 fast wider Erwarten doch noch entstandene Arbeitslosenversicherung kann hier nicht im Detail vorgestellt werden. Nur so viel sei gesagt: Angesichts der enormen sozialen und politischen Streitfragen war das Gesetz von 1927 eine überzeugende und geschlossen konzipierte Lösung: Die Versicherung wurde von Arbeitgebern und Arbeitnehmern paritätisch finanziert und paritätisch verwaltet; sie war eng mit den staatlichen Arbeitsnachweisen verzahnt, weil Unterstützung und Arbeitsvermittlung Hand in Hand gehen sollten. In sozialer Hinsicht schuf die Versicherung lediglich eine Grundsicherung. Die Unterstützung orientierte sich am letzten Lohn des Erwerbslosen, mutete Besserbezahlten aber massive Einbußen zu. Wer hoch bezahlt gewesen war, bekam nur 35 Prozent seines letzten Lohnes, während Geringverdiener immerhin 60 Prozent erhielten. Gezahlt wurde für alle maximal ein halbes Jahr; danach kamen andere, steuerfinanzierte Unterstützungen, die grundsätzlich nur bei Bedürftigkeit gezahlt wurden und auch Familienangehörige des Erwerbslosen in die Pflicht nahmen.[18] Es lässt sich fraglos darüber streiten, wie das sozialpolitisch zu bewerten ist. Wichtiger aber ist es, noch einmal zu betonen, wie bedeutsam das soziale Grundprinzip war (und ist), das die Weimarer Republik sowohl geschaffen als auch – mit dem Versicherungsgesetz – dauerhaft verankert hat. Das Schicksal des Arbeitslosen wurde mit der Novemberrevolution erstmals zur Sache der Allgemeinheit. Das ist dabei der entscheidende Punkt: Der Arbeitslose wurde nicht mehr – wie im Kaiserreich – vollständig allein gelassen.[19]

Anders als die Einführung der Erwerbslosenfürsorge sind die sozialen Errungenschaften der Novemberrevolution und der Weimarer Republik auf dem Feld der Arbeitsbeziehungen und bei der Arbeitszeit in der allgemeinen historischen Erinnerung auch heute noch präsent: Im »Stinnes-

---

18 Zu den Details vgl. Führer, Arbeitslosigkeit (wie Anm. 3), S. 170 ff.
19 Das Gesetz, so wie es 1927 verabschiedet wurde, hätte gut funktionieren können – wenn die wirtschaftliche Entwicklung in halbwegs normalen Bahnen verlaufen wäre. Die 1929 einsetzende Weltwirtschaftskrise aber war alles andere als normal. Einen so massiven wirtschaftlichen Niedergang hatte nur zwei Jahre zuvor niemand geahnt. Somit wurde auch die neue Versicherung erheblich deformiert. Vgl. dazu Christian Berringer: Sozialpolitik in der Weltwirtschaftskrise. Die Arbeitslosenversicherungspolitik in Deutschland und Großbritannien im Vergleich 1928–1934, Berlin 1999.

Legien«-Abkommen vom 15. November 1918 akzeptierten die Arbeitgeber die Gewerkschaften als die »berufenen« Repräsentanten der Arbeiter; zugleich wurde die Arbeitszeit in Deutschland bei vollem Lohnausgleich allgemein auf acht Stunden pro Werktag gesenkt (allerdings waren das damals noch sechs Tage der Woche). Auch diese beiden Abmachungen sind für die deutsche Geschichte von überragender Bedeutung.

Der Achtstundentag war in sozialer Hinsicht die wichtigste Errungenschaft der November-Revolution. Seit 1890 hatten die Gewerkschaften diese Verkürzung der Arbeitszeit gefordert. Gerade im Weltkrieg ging die Entwicklung aber in die entgegengesetzte Richtung: Zehn Stunden täglich waren zumal in den Rüstungsbetrieben üblich; Bergarbeiter verbrachten sogar bis zu 16 Stunden unter Tage am Arbeitsplatz.[20] Mit der Normierung der acht Stunden als Normalarbeitstag bei gleichbleibendem Lohn wurde der Wechsel vom Krieg zum Frieden und von der Monarchie zur Demokratie unmittelbar und sofort im Alltagsleben spürbar. Die Arbeitgeber sprangen mit diesem Zugeständnis ganz gewaltig über ihren Schatten. Sie taten das selbstverständlich nicht aus neu entdeckter sozialer Verantwortung, sondern aus Kalkül: Soziale Stabilität in der schwierigen Phase der militärischen und wirtschaftlichen Demobilmachung galt ihnen als wichtig, zumal das Beispiel Russlands im Oktober 1917 gezeigt hatte, wie haltlos ein politisch-soziales System im Fall einer militärischen Niederlage ins Rutschen geraten konnte. Selbst ehemalige Scharfmacher im Unternehmerlager waren deshalb im Herbst 1918 plötzlich bereit, für diese Stabilität zu zahlen.

Das gleiche Interesse bewog die Unternehmer auch, ihren bisherigen Kampf gegen die Gewerkschaften einzustellen und sie als gleichberechtigte Verhandlungspartner anzuerkennen. Kooperation lautete das neue Zauberwort, auch weil der von der Niederlage erschütterte Staat als zu schwach galt, die wirtschaftliche Umstellung auf den Frieden zügig zu organisieren. Damit akzeptierten die Unternehmer auch das Prinzip, die Arbeitsbedingungen kollektiv und verbindlich in Tarifverträgen zu regeln. Die Weimarer Republik hat alle diese Neuerungen wie auch die allgemeine Koalitionsfreiheit wenig später auch gesetzlich kodifiziert. Entstanden aber sind sie durch freie Absprachen der Tarifparteien.[21]

20 Karin Hartewig: Das unberechenbare Jahrzehnt. Bergarbeiter und ihre Familien im Ruhrgebiet 1914–1924, München 1993, S. 108 f.
21 Vgl. etwa Gerald D. Feldman: Hugo Stinnes, Biographie eines Industriellen 1870–1924, München 1998, S. 504–511; ders.: Das deutsche Unternehmertum zwischen

Hinzu kamen weitere Zugeständnisse der Unternehmer sowohl an die Arbeiter als auch an die Gewerkschaften. Sozial höchst bedeutsam war die Selbstverpflichtung der Arbeitgeber, jeden heimkehrenden Soldaten unverzüglich wieder auf der Arbeitsstelle zu beschäftigten, die der Veteran vor seinem Kriegsdienst inne gehabt hatte. Stillschweigend einigten sich Gewerkschaften und Unternehmer mit dieser Bestimmung darauf, die Wandlungen, die sich auf dem deutschen Arbeitsmarkt seit 1914 vollzogen hatten, so rasch wie möglich wieder rückgängig zu machen: Die vielen Frauen, die im Krieg auf Arbeitsplätze in der Industrie gewechselt waren, mussten zugunsten der zurückkehrenden Männer auf ihre oft gut bezahlte Beschäftigung verzichten, um die demobilisierten Soldaten rasch wieder zu integrieren.[22]

Die Gewerkschaften gewannen mit dem Stinnes-Legien-Abkommen die Anerkennung als gleichberechtigte Verhandlungspartner und »berufene Vertretung der Arbeiterschaft«, die vielen Unternehmern bislang als erster Schritt in den sozialistischen Zukunftsstaat gegolten hatte. Im Vorgriff auf Entscheidungen des Gesetzgebers erklärte der Vertrag die immer noch geltende Gewerbeordnung des Kaiserreichs für obsolet: Wie die Gewerkschaften es stets verlangt hatten, wurde die Koalitionsfreiheit der Arbeitnehmer nun grundsätzlich gesichert. Zudem erfüllten die Arbeitgeber die ebenfalls schon traditionsreiche gewerkschaftliche Forderung, die verdeckt von den Unternehmern finanzierten und gelenkten wirtschaftsfriedlichen »Werkvereine« müssten sich selbst überlassen werden. Solche Pseudo-Gewerkschaften gab es vor allem in Großbetrieben der Schwerindustrie, wo sie im Kampf um die unangefochtene Macht des Unternehmers als »Herr im Hause« nützliche Dienste geleistet hatten.[23] Darüber hinaus sicherte das Abkommen die betrieblichen Arbeiterausschüsse, die mit dem Hilfsdienstgesetz von 1916 ent-

---

Krieg und Revolution: Die Entstehung des Stinnes-Legien-Abkommens, in: ders.: Vom Weltkrieg zur Weltwirtschaftskrise. Studien zur deutschen Wirtschafts- und Sozialgeschichte 1914–1933, Göttingen 1984, S. 100–127; Ulla Plener: Theodor Leipart. Persönlichkeit, Handlungsmotive, Wirken, Bilanz – Ein Lebensbild mit Dokumenten (1867–1947), 2 Bde., Berlin 2000, Bd. 1, S. 151–161.

22 Zu dieser geschlechterpolitischen Dimension der Demobilisierung vgl. genauer: Susanne Rouette: Sozialpolitik als Geschlechterpolitik. Die Regulierung der Frauenarbeit nach dem Ersten Weltkrieg, Frankfurt a. M. 1993.

23 Vgl. genauer zu diesen Organisationen, die im allgemeinen Sprachgebrauch als »gelbe Gewerkschaften« bezeichnet wurden, immer noch: Klaus Mattheier: Die Gelben. Nationale Arbeiter zwischen Wirtschaftsfrieden und Streik, Bochum 1978.

standen waren, auch für die Nachkriegszeit, in der die Dienstpflicht der Arbeitnehmer verschwinden musste. Damit bekannten sich die Arbeitgeber grundsätzlich zu dem Gedanken, Vertreter der Belegschaft an Entscheidungen über betriebliche Angelegenheiten zu beteiligen. Schließlich und endlich skizzierte der Vertrag vom 15. November 1918 in groben Zügen auch noch Institutionen, die auf paritätischer Grundlage eine wichtige Rolle im deutschen Wirtschaftsleben spielen sollten: Sowohl ein »Zentralausschuß« (später erhielt die Institution den Namen »Zentralarbeitsgemeinschaft«) als auch parallele Einrichtungen auf Branchenebene sollten Fragen der Demobilisierung, der »Aufrechterhaltung des Wirtschaftslebens« und der »Sicherung der Existenzmöglichkeit der Arbeiterschaft« beraten und entscheiden.[24]

Mit dem Stinnes-Legien-Abkommen erlebten die deutschen Arbeitgeber ungefähr das, was den Sozialdemokraten am 4. August 1914 mit der Bewilligung der Kriegskredite widerfahren war: Unter dem Druck höchst widriger Umstände gaben sie Grundsätze auf, die ihnen bislang als hehr und heilig gegolten hatten. Ähnlich wie für die Sozialdemokratie bei Beginn des Krieges, so ging es auch für die Unternehmerschaft vier Jahre später vor allem darum, als politischer Akteur im Spiel zu bleiben. Die weitreichenden politischen und sozialen Zugeständnisse, die dafür gemacht wurden, zeigen, wie bedroht die Elite der Wirtschaftsführer sich nach dem 9. November 1918 fühlte. Im Vergleich wiegt ihr Canossa-Gang historisch wohl sogar weitaus mehr als der sozialdemokratische Beschluss, die Kriegskredite zu bewilligen, denn seine Bedeutung für die weitere Entwicklung in Deutschland nach dem Ende des Krieges kann kaum hoch genug veranschlagt werden (während die Politik des 4. August 1914 vor allem für die Sozialdemokratie wichtig war, denn der Krieg wäre auch ohne Zustimmung der Sozialdemokraten geführt und finanziert worden).

Das Abkommen wurde nach den Worten von Carl Legien, dem Vorsitzenden der Generalkommission der sozialdemokratischen Gewerkschaften, geschlossen, um »Arbeitslosigkeit, Elend und Not zu vermeiden«.[25] Zwar findet sich in der Literatur immer wieder die Angabe, im Frühjahr

---

24 Der vollständige Text der Vereinbarung ist abgedruckt bei Michael Schneider: Kleine Geschichte der Gewerkschaften. Ihre Entwicklung in Deutschland von den Anfängen bis heute, Bonn ²2000, S. 514 f.
25 Die Gewerkschaften in Weltkrieg und Revolution 1914–1919. Bearb. von Klaus Schönhoven, Köln 1985 (Quellen zur Geschichte der deutschen Gewerkschaftsbewegung im 20. Jahrhundert, Bd. 1), S. 543.

1919 habe es in Deutschland 6,6 Millionen Arbeitslose gegeben. Diese Zahl, die eine dramatische Notlage andeutet, ist jedoch schlicht falsch. Sie wurde aufgrund eines plumpen Missverständnisses 1933 von einem (durchaus renommierten) Statistiker in die Welt gesetzt und geistert seitdem durch die Geschichtsschreibung.[26] Tatsächlich lag die Zahl der Arbeitslosen selbst auf dem Höhepunkt der Demobilisierungskrise wohl eher bei 1,5 Millionen; schon im Sommer 1919 deutet die fortlaufende Zählung der öffentlich unterstützten Erwerbslosen auf eine weitgehende Normalisierung der Arbeitsmärkte hin.[27] Die rund sechs Millionen Männer, die noch im Oktober 1918 Militärdienst geleistet hatten, waren somit schon nach wenigen Monaten in ihrer großen Mehrzahl wirtschaftlich re-integriert; auch die Umstellung der Industrie von der Kriegs- auf die Friedensproduktion war weitgehend abgeschlossen.[28]

Sicher ging dieser Erfolg auch auf das Konto der Demobilmachungsämter, die mit weitreichenden Vollmachten ausgestattet waren. Ohne die grundlegenden Weichenstellungen durch die Abmachung vom 15. November 1918 wäre der Prozess, den wirtschaftlichen Neuanfang zu organisieren, aber mit Sicherheit nicht so reibungslos verlaufen. Wichtig ist hierbei vor allem die Tatsache, dass mit dem Abkommen so etwas wie soziale Stabilität in einer Zeit entstand, die ansonsten nur von Unsicherheit gekennzeichnet war. Die Wiedereinstellungsgarantie für alle Veteranen und der unmittelbar realisierte Wohlstandsgewinn durch deutlich verkürzte Arbeitszeiten bei vollem Lohnausgleich für alle Beschäftigten halfen entscheidend, die aufgeladene Stimmung in der Bevölkerung zu besänftigen. Mittelfristig entfaltete zudem der Siegeszug

---

26 Eine der neueren Nennungen der Zahl (mit weiteren Belegstellen) vgl. in Michael Ruck: Zwischen Demobilisierung und Hyperinflation. Gewerkschaftliche Arbeitsmarktpolitik nach dem Ersten Weltkrieg, in: Ursula Bitzegeio/Anja Kruke/Meik Woyke (Hrsg.): Solidargemeinschaft und Erinnerungskultur im 20. Jahrhundert. Beiträge zu Gewerkschaften, Nationalsozialismus und Geschichtspolitik, Bonn 2009, S. 127–148, hier S. 129. Wer die lange Zitatkette bis an ihren Anfang verfolgt, stößt jedoch auf Rolf Wagenführ: Die Industriewirtschaft. Entwicklungstendenzen der deutschen und internationalen Industrieproduktion, Berlin 1933, S. 24, sowie auf Georg Gradnauer/Robert Schmidt: Die deutsche Volkswirtschaft, Berlin 1921, S. 193. Wagenführ hat in seiner Publikation die von Gradnauer/Schmidt vermerkte Angabe, Anfang 1919 seien 6,6 Prozent der Gewerkschaftsmitglieder erwerbslos gewesen, in 6,6 Millionen Arbeitslose verwandelt.

27 Führer, Arbeitslosigkeit (wie Anm. 3), S. 146 f.

28 Vgl. im Überblick etwa: Richard Bessel: Germany after the First World War, Oxford 1993, S. 69–124.

des Tarifvertrages, den das Abkommen begründet hat, seine Wirkungen: In den Verhandlungen zwischen Arbeitgebern und Gewerkschaften, die 1919 erstmals in allen Branchen und Berufsgruppen stattfanden, setzten die Vertreter der Arbeitnehmer mehrheitlich erhebliche Lohn- und Gehaltsverbesserungen durch. Wenn die Revolution hier zu einer flächendeckenden Lohnbewegung wurde, dann war dies nur möglich, weil das Stinnes-Legien-Abkommen den Tarifvertrag zur Selbstverständlichkeit gemacht hatte.[29]

Jürgen Kocka hat diese Wirkungen der Abmachung in seinem wichtigen Buch »Klassengesellschaft im Krieg« bereits im Jahr 1973 auf eine treffende Formel gebracht: Die Vereinbarung vom 15. November sei im Winter 1918/19 das »wohl stärkste Bollwerk gegen weitergehende revolutionäre Veränderungen« der deutschen Gesellschaft gewesen.[30] Seinerzeit, im »Roten Jahrzehnt« (Gerd Koenen) der bundesdeutschen Geschichte, das auch die Historiografie stark prägte, war das kritisch gemeint. Kocka hatte zwar nichts mit der marxistischen Geschichtsschreibung gemein, die für den November 1918 (wie auch für den August 1914) immer vom ›Verrat‹ der Gewerkschaftsführer sprach; einen kritischen Akzent setzte er mit seiner Formulierung aber dennoch.

Ich halte Kockas Wort vom »Bollwerk« für sehr zutreffend – nur sollte man es mittlerweile ohne Vorbehalte in einem positiven Sinne verwenden. Kontrafaktische Überlegungen zum Lauf der Geschichte sind zwar zwangsläufig immer fragwürdig; ohne die beschriebenen sozial pazifizierenden Wirkungen des Stinnes-Legien-Abkommens hätte die anfangs nur schwache linksradikale Agitation für eine »Räterepublik« und für sofortige Maßnahmen zum sozialistischen Umbau der deutschen Gesellschaft in der ohnehin schon schwierigen Nachkriegszeit aber sicher deutlich bessere Entfaltungsmöglichkeiten gefunden. Damit wäre zwingend auch die Demokratie in Gefahr geraten, denn in der stark bürgerlich geprägten deutschen Gesellschaft gab es ohne Frage auch im Winter 1918/19 keine Mehrheit für die Ansicht, das Ende der Monarchie und des alten Obrigkeitsstaates müsse zwangsläufig den Übergang zum Sozialismus bedeuten. Die Vertreter der radikalen Linken standen bereit, dieses

---

29 Die Feststellung, die Revolution verwandle sich in eine allgemeine Lohnbewegung, traf Wilhelm Harder, Vorsitzender der Gewerkschaft der Buchbinder, schon auf der Vorständekonferenz am 1./2. Februar 1919; vgl.: Gewerkschaften in Weltkrieg und Revolution (wie Anm. 25), S. 627.
30 Jürgen Kocka: Klassengesellschaft im Krieg. Deutsche Sozialgeschichte 1914–1918, 2. durchgesehene und ergänzte Aufl., Göttingen 1978 (erstmals 1973), S. 137.

Problem auf ihre Art zu lösen: »Wir fordern die restlose Beseitigung der liberalen Demokratie. Wir wollen die proletarische Demokratie, wir wollen jeden kapitalistischen Einfluß auf unser Wirtschaftsleben ausschalten« – so hat Richard Müller, einer der profiliertesten Vertreter der revolutionären Gewerkschafter, es im Sommer 1919 formuliert.[31]

Für die Mehrheitssozialdemokraten in den Gewerkschaften waren die bürgerlichen Freiheiten hingegen nicht teilbar. Von einer »proletarischen Demokratie«, die in der sozial hochgradig differenzierten deutschen Gesellschaft zwingend die elementaren Rechte weiter Bevölkerungskreise außer Kraft setzen musste, wollten sie nichts wissen. Diese Position hat Carl Legien am 4. Januar 1919 in einer Rede in Kiel beispielhaft und unmissverständlich so formuliert: »Eine Diktatur ist zu verwerfen, woher sie auch kommen mag. Lange genug haben wir gelitten unter der Diktatur des Junkertums. Wir sind Demokraten, nicht nur Sozialdemokraten. Der Wille des Volkes hat zu entscheiden.«[32]

Die Diskrepanz zwischen diesen Worten und dem Statement von Richard Müller zeigt die wahre historische Bedeutung des Stinnes-Legien-Abkommens: Darin war von der Demokratie zwar überhaupt nicht die Rede; dennoch hat die Vereinbarung die Voraussetzungen geschaffen, um die staatsbürgerlichen Freiheiten für alle Deutschen unbeschadet durch die schwierige und konfliktgeladene Zeit des sozialen und politischen Übergangs vom Krieg zum Frieden und von der Monarchie zur Republik zu bringen. Damit aber hat das »Bollwerk« die Deutschen wohl vor den Schrecken des Bürgerkrieges bewahrt (das für diese soziale Pazifizierung auch ein Preis zu zahlen war, weil sie die Inflation weiter vorantrieb, steht auf einem anderen Blatt). Die Entscheidung der Gewerkschaften vom Herbst 1918, das Angebot der Unternehmer zur Machtteilhabe anzunehmen, sollte deshalb keineswegs zu den vieldiskutierten ›Versäumnissen‹ der Sozialdemokraten im Winter 1918/19 gerechnet werden. Mit ihr bewährten sich die Gewerkschaften nicht nur als Bewegung, die das konkrete Wohlergehen der Arbeiter über fragwürdige

---

31 Protokoll der Verhandlungen des zehnten Kongresses der Gewerkschaften Deutschlands. Abgehalten zu Nürnberg vom 30. Juni bis 5. Juli 1919; Protokoll der Verhandlungen der fünften Konferenz der Arbeitersekretäre, abgehalten zu Nürnberg am 27. Juni 1919, Berlin 1919, S. 452.
32 Zit. nach: Gerhard Beier: Carl Legien, die Gewerkschaften und die Kieler Revolution, in: Mitteilungen der Gesellschaft für Kieler Stadtgeschichte 67 (1980), S. 189–210, hier S. 193.

soziale Experimente stellte, sondern gerade auch als verantwortungsbewusst handelnde demokratische Kraft.

Die oben benutzte Formulierung vom »Stinnes-Legien-Abkommen« als einem »Canossa-Gang« der Unternehmer mag so klingen, als seien die Erfolge den Arbeitern und Gewerkschaften im Herbst 1918 nur durch das Einknicken der Arbeitgeber in den Schoss gefallen. Das stimmt so nicht: Es gab auch einen aktiven Anteil der Arbeiterschaft und der Gewerkschaften an dieser Wende (wenngleich die Tatsache der militärischen Niederlage als bewegendes Element kaum überschätzt werden kann). Dieser aktive Anteil hat zwei Seiten. Zum einen meine ich die Streiks gegen den Krieg in den Jahren 1917/18 mit ihrem Höhepunkt im Januar 1918. Diese ohne Unterstützung der Gewerkschaften entstandenen Proteste demonstrierten auch noch dem hartleibigsten Arbeitgeber, wie fragil seine Macht war, wenn unter den Arbeitern Wut und Empörung herrschten.[33]

Die andere Seite wird oft übersehen oder vergessen: Die Gewerkschaften gewannen im Herbst 1918 auch deshalb die Anerkennung der Unternehmer, weil die Arbeiterverbände im Krieg nach einer schweren Krise in den Jahren 1914 bis 1916 zunehmend stärker wurden. Paradoxerweise protestierten die Industriearbeiter und -arbeiterinnen ja nicht nur in wilden Streiks gegen den Krieg; gleichzeitig strömten sie auch in die Gewerkschaftsverbände, deren Leitungen mehrheitlich die kaiserliche Kriegspolitik bejahten. Ende 1916 waren wegen der Einberufungen von den 2,5 Millionen Mitgliedern der sozialdemokratischen Gewerkschaften nur noch ganze 900.000 übrig. Bis zum Herbst 1918 aber schnellte diese Zahl wieder auf 2,8 Millionen nach oben.[34] Ohne diese Stärkung gerade der sozialdemokratischen Arbeiterverbände (ganz unabhängig von deren jeweiliger Haltung zum »Burgfrieden« und zur Kriegspolitik) in der letzten Phase des Krieges hätte es das »Stinnes-Legien«-Abkommen nicht gegeben.

---

33 Ottokar Luban: Die Massenstreiks für Frieden und Demokratie im Ersten Weltkrieg, in: Chaja Boebel/Lothar Wentzel (Hrsg.): Streiken gegen den Krieg. Die Bedeutung der Massenstreiks in der Metallindustrie vom Januar 1918, Hamburg 2008, S. 11–26; Führer, Legien (wie Anm. 16), S. 203–214.
34 Führer, Legien (wie Anm. 16), S. 218.

III. Gefährdete Fortschritte: Die sozialen Errungenschaften der Novemberrevolution in der stabilisierten Weimarer Republik

In der historischen Forschung werden die endlich erreichte Gleichberechtigung der Gewerkschaften und der Achtstundentag oft mit einem großen »Aber« versehen: Zwar handle es sich um wichtige Erfolge, sie seien aber nicht von Dauer gewesen, denn es habe sich ja auf Seiten der Arbeitgeber lediglich um taktische Zugeständnisse gehandelt.[35] Dem kann man kaum widersprechen. Schon in der Endphase der Inflation in den Jahren 1922/23 meinten prominente Unternehmer (vor allem in der Schwerindustrie), die Zeit der gleichberechtigten Verhandlungen mit Gewerkschaftsvertretern sei vorbei. Das grandiose Konzept einer »Zentralarbeitsgemeinschaft«, die einen festen institutionellen Rahmen für die Zusammenarbeit der Tarifpartner in allen Branchen bieten sollte, scheiterte kläglich an der Interesselosigkeit der Arbeitgeber und auch einiger wichtiger Gewerkschaften. Mit Ende der Inflation verabschiedeten sich die Unternehmer dann auch vom Achtstundentag als Norm. Konfrontation statt Kooperation war nun die Parole.[36]

Das bürgerliche Kabinett Marx leistete hier Schützenhilfe und gestattete im Dezember 1923 weitgehende Abweichungen von dem zuvor verbindlich festgelegten Achtstundentag. Schon ein halbes Jahr später arbeiteten mehr als 50 Prozent der deutschen Arbeiter und Arbeiterinnen wieder länger als 48 Wochenstunden. Dieses Resultat reflektierte entscheidend eine neue Schwäche der Gewerkschaften: Sie verloren mit Ende der Inflation stark an Mitgliedern; zugleich erschwerte die nun erstmals wirklich massiv auftretende Arbeitslosigkeit den Kampf gegen soziale Verschlechterungen.[37]

Das eben erwähnte »Aber« beim Blick auf die Erfolge von 1918 halte ich dennoch für falsch. Es setzt einen falschen Akzent, denn keine der an den Neuerungen von 1918 beteiligten Seiten verstand diese Regelungen als Basis eines ewigen Friedens. Es gibt in der historischen For-

---

35 Vgl. etwa Detlev J. K. Peukert: Die Weimarer Republik. Krisenjahre der Klassischen Moderne, Frankfurt a. M. 1987, S. 113 f.
36 Zum Scheitern der »Zentralarbeitsgemeinschaft« vgl. Gerald D. Feldman/Irmgard Steinisch: Industrie und Gewerkschaften 1918–1924. Die überforderte Zentralarbeitsgemeinschaft, Stuttgart 1985.
37 Heinrich August Winkler: Von der Revolution zur Stabilisierung. Arbeiter und Arbeiterbewegung in der Weimarer Republik 1918 bis 1924, 2. völlig durchgesehene und korrigierte Aufl., Berlin/Bonn 1985, S. 626 ff., S. 684 und S. 712.

schung eine lange Tradition, der Sozialdemokratie »Etatismus« vorzuwerfen: Die Bewegung habe immer nach dem Staat gerufen und auf den Staat vertraut. Das erscheint mir aber als verfehlt. Wenn die sozialdemokratischen Gewerkschaftsführer in ihrer langen Arbeit für die Sache der Arbeiter im Kaiserreich etwas gelernt hatten, dann dies: Alle Erfolge der Gewerkschaften mussten durch organisatorische Stärke erkämpft und gesichert werden; ein Ruhekissen gab es für sie grundsätzlich nicht. Staatliche Reglementierungen, die den Streit mit den Arbeitgebern ordneten, konnten hilfreich sein; die Stärke der Arbeiterbewegung aber galt als verlässlicher. Der Vorsitzende der Generalkommission Carl Legien hatte ganz in diesem Sinne bereits im Jahr 1900 erklärt, Tarifverträge und ähnliche frei ausgehandelte Abmachungen mit den Unternehmern seien nicht mehr als ein befristeter Waffenstillstand: Solche Abkommen wurden nach seinem Urteil »nur dann abgeschlossen, wenn die Organisationen der Vertragsschließenden gleich stark sind, die Chancen eines Kampfes für beide Parteien nicht mit annähernder Sicherheit abgewogen werden können. Der Kampf wird aber sofort ausbrechen, wenn nach Ablauf des vereinbarten Tarifs die eine oder andere Partei sich stark genug glaubt, um bessere Bedingungen dictieren oder mehr erreichen zu können, als die Gegenpartei zuzugestehen geneigt ist«.[38] Als Mantra zieht sich der Aufruf zur Selbstorganisation der Arbeiter deshalb durch die gesamte gewerkschaftliche Agitation im Kaiserreich und in der Weimarer Republik. Carl Legien – hätte er zu diesem Zeitpunkt noch gelebt – wäre sicher der letzte gewesen, den die Kehrtwende der Unternehmer in den Jahren 1922/23 verwundert hätte.

Bei den Arbeitgebern gehörte taktisches Kalkül ohnehin zu den Grundtugenden und -fähigkeiten. Gerade für sie war es selbstverständlich, dass eine Abmachung wie das Stinnes-Legien-Abkommen nur Ausdruck der aktuellen Situation war. Der passten sie sich flexibel an – ansonsten aber hofften sie, die Karten würden wohl bald wieder neu gemischt werden. Dass die Karten dann in der Tat schon 1922/23 wieder neu gemischt wurden, ist also kein Manko des Stinnes-Legien-Abkommens und es lässt sich hier auch nicht von einem Versäumnis der Sozialdemokraten und der Gewerkschaften sprechen. Vielmehr handelt es sich eigentlich um eine historische Selbstverständlichkeit: Neue Situationen bringen feste Strukturen in Bewegung und sie lassen scheinbar stabile Mauern ein-

---

38 Carl Legien: Ziele und Mittel der deutschen Gewerkschaftsbewegung, in: Sozialistische Monatshefte 4 (1900), S. 109–116, hier S. 113.

stürzen. Beim Urteil über die sozialen Errungenschaften der Weimarer Republik sollten die Historiker vor allem eine ganz simple Tatsache ernster nehmen, als sie das bisher getan haben: Deutschland hatte einen Krieg verloren. Notwendigerweise erschwerte das eine Verbesserung der sozialen Situation ganz erheblich, denn sozialpolitische Wohltaten müssen volkswirtschaftlich erarbeitet werden. Der Achtstundentag war ein exzeptionelles Zugeständnis in exzeptioneller Zeit. Daher ist es nicht überraschend, dass die Unternehmer dieses Zugeständnis möglichst rasch wieder einkassieren wollten. Dies gilt zumal für die Vertreter der Schwerindustrie, die mehrheitlich stets zu den Scharfmachern unter den Unternehmern gehört hatten.[39]

Umso bedeutsamer ist eine oft übersehene Tatsache: Auch in den Jahren nach 1923/24 wandten sich keineswegs alle Arbeitgeber gegen eine Kooperation mit den Gewerkschaften. Zwei wirtschaftlich bedeutsame Branchen – die Chemieindustrie und die Bauwirtschaft – blieben vielmehr auf dem Kurs von 1918. Die Bauwirtschaft regelte ihre Tarifstreitigkeiten bis in die Jahre der Weltwirtschaftskrise hinein erfolgreich selbst; auch der Verband der Chemieindustrie hielt nichts von einem sozialpolitischen Konfrontationskurs.[40] Auch in dieser Hinsicht gab es in den mittleren Jahren der Weimarer Republik also noch keine eindeutige Weichenstellung für ihre weitere Geschichte. Der Achtstundentag als das wichtigste Symbol der revolutionären Erfolge ist hier ein guter Gradmesser: 1928 war es den Gewerkschaften gelungen, die 48-Stundenwoche (oder sogar noch kürzere Arbeitszeiten) wieder für mehr als 70 Prozent aller Beschäftigten zu sichern.[41] Angesichts der schwierigen wirtschaftlichen Lage Deutschlands selbst in diesen Jahren der relativen

---

39 Bernd Weisbrod: Schwerindustrie in der Weimarer Republik. Interessenpolitik zwischen Stabilisierung und Krise, Wuppertal 1978; Thomas Welskopp: Arbeit und Macht im Hüttenwerk. Arbeits- und industrielle Beziehungen in der deutschen und amerikanischen Eisen- und Stahlindustrie von den 1860er bis zu den 1930er Jahren, Bonn 1994.
40 Werner Plumpe: Betriebliche Mitbestimmung in der Weimarer Republik. Fallstudien zum Ruhrbergbau und zur Chemischen Industrie, München 1999; Karl Christian Führer: Von der Selbstbestimmung der Tarifparteien zur staatlichen Verantwortung für die Lohnbildung. Das tarifliche Schlichtungswesen des Baugewerbes in der Weimarer Republik 1924–1932, in: ders. (Hrsg.): Tarifbeziehungen und Tarifpolitik in Deutschland im historischen Wandel, Bonn 2004, S. 64–113.
41 Heinrich August Winkler: Der Schein der Normalität. Arbeiter und Arbeiterbewegung in der Weimarer Republik 1924 bis 1930, Berlin/Bonn 1988, S. 61.

Prosperität ist das ein bemerkenswertes Ergebnis. Erst die Krise ab 1929 hat die Gewichte dann eindeutig zuungunsten der Arbeiter verschoben.

Zu erwähnen bleibt eine wichtige Weichenstellung: Im Oktober 1923 hat das bürgerliche Kabinett Stresemann mit Duldung der SPD die Regeln für Auseinandersetzungen zwischen Arbeitgebern und Gewerkschaften entscheidend verändert. Per Notverordnung, also ohne parlamentarische Zustimmung, schuf die Reichsregierung die Möglichkeit zur Zwangsschlichtung: Wenn die streitenden Parteien sich nicht einigten, konnte der Staat einen neuen Tarifvertrag diktieren und per Dekret in Kraft setzen. Das war ursprünglich als Notlösung gedacht, wenn Arbeitskämpfe »lebenswichtige« Betriebe wie Strom- und Gaswerke lahmlegten. Es wurde aber auf Dauer und als Handlungsmöglichkeit für alle Streitfälle eingeführt. Der Staat handelte hier ungerufen und gegen den Widerstand der Arbeitgeber wie der Gewerkschaften.[42]

Aktuell hatte das zunächst nur geringe praktische Bedeutung. Auf Dauer aber erwies sich diese Verordnung vom 30. Oktober 1923 als hochproblematisch. Sie zog eine Politisierung von Arbeitskämpfen nach sich und führte den Staat eben nicht als Schiedsrichter, sondern als wichtigen Akteur in die Arena des Arbeitsmarktes.[43] Hier liegt ohne Frage einer der Ursprünge der unversöhnlichen Streitigkeiten, die das soziale Klima der späten Weimarer Republik vergifteten. Die kurze Phase der relativen wirtschaftlichen Erholung nach 1924 hat das zunächst verdeckt. Dennoch hat die Weimarer Republik als soziale Demokratie sich gerade mit dieser Maßnahme selbst in Gefahr gebracht.

In der Gesamtschau erweist sich die Weimarer Republik jedoch auch noch gegen Ende der 1920er Jahre, kurz vor Beginn der Weltwirtschaftskrise (die von den Zeitgenossen erst nach etlicher Zeit als epochales Ereignis wahrgenommen wurde), als funktionierende soziale Demokra-

---

42 Michael Ruck: Institutionelle Bedingungen gewerkschaftlichen Handelns und Konfliktverhaltens nach der Novemberrevolution: von der autonomen Regelung der Arbeitsbeziehungen zur Schlichtungsverordnung vom Oktober 1923, in: Karl Christian Führer/Jürgen Mittag/Axel Schildt/Klaus Tenfelde (Hrsg.): Revolution und Arbeiterbewegung in Deutschland 1918–1920 (erscheint Essen 2012).

43 Hans Mommsen: Das Dilemma Tarifpolitik. Die Politisierung der industriellen Arbeitsbeziehungen in der Weimarer Republik, in: Karsten Rudolph/Christl Wickert (Hrsg.): Geschichte als Möglichkeit. Über die Chancen von Demokratie. Festschrift für Helga Grebing, Essen 1995, S. 211–223; Johannes Bähr: Staatliche Schlichtung in der Weimarer Republik. Tarifpolitik, Korporatismus und industrieller Konflikt zwischen Inflation und Deflation 1919–1932, Berlin 1989.

tie. Dies gilt zumal, wenn man die neu eingeführte Arbeitslosenversicherung (die in solchen Bilanzen meist ignoriert oder vergessen wird) als eine Einrichtung würdigt, die nicht nur eine empfindliche Lücke im sozialen Sicherungssystem schloss, sondern auch eine wichtige neue Instanz schuf, in der Vertreter von Arbeitgebern und Arbeitnehmern paritätisch miteinander kooperieren mussten. Ein massiver Rückbau der im November 1918 errungenen sozialen Erfolge der Novemberrevolution hatte nicht stattgefunden, obwohl die Inflation und die schwere Stabilisierungskrise von 1923/24 das soziale Gefüge des Landes schwer in Mitleidenschaft gezogen hatten, obwohl der Kapitalmangel nach dem dramatischen Währungsschnitt vom Herbst 1923 die Entwicklungschancen der deutschen Wirtschaft stark behinderte.

Dennoch existierten Risse, Konfliktherde und Sollbruchstellen. Insbesondere die stark geschwundene Kompromissbereitschaft der wirtschafts- und sozialpolitisch einflussreichen Schwerindustriellen und das verfehlt konstruierte System der staatlichen Zwangsschlichtung sind hier zu nennen. Ein halbwegs normaler Konjunkturverlauf hätte die Dinge aber wohl zumindest in der Schwebe gehalten, wenn nicht sogar zu weiterer Normalisierung und Stabilisierung beigetragen. Die eigentliche Tragödie der Weimarer Republik begann daher erst mit dem Jahr 1929 und dem weitgehenden Zusammenbruch der Weltwirtschaft. Die damit verbundene Verschärfung der sozialen Konflikte hat die soziale Demokratie der Weimarer Republik nicht bewältigt.

Dirk Schumann

Bewährung in der Krise oder völlige Zerstörung? Die Erosion des Sozialstaates in der Endphase der Weimarer Republik und der Übergang in die Diktatur

Die im Titel des Aufsatzes gestellte Frage lässt sich zunächst recht einfach beantworten, nämlich mit einem doppelten Nein. Der Sozialstaat bewährte sich nicht in der Krise seit 1929, weil die Präsidialkabinette der letzten Weimarer Jahre ihn explizit schrumpfen lassen wollten und dabei Ziele verfolgten, die über die bloße Sicherung der Staatsfinanzen hinausreichten. Der Sozialstaat wurde aber auch nicht völlig zerstört, weil die Grundstruktur der deutschen Sozialversicherung über die Krise hinweg und auch unter dem NS-Regime erhalten blieb, so dass nach 1945 kein fundamentaler Neuaufbau erforderlich war. Eine knappe Charakterisierung der Veränderungen des deutschen Sozialstaates in der Zeit zwischen 1930 und 1934 könnte deshalb etwa so lauten: Einer weitgehenden, aber nicht vollständigen Kontinuität des Funktionskerns stand ein weitreichender Prozess sozialer Exklusion und politischer Delegitimierung gegenüber, der sich allenfalls partiell mit ökonomischen Zwängen erklären ließ.

Der Begriff des Sozialstaates (und der damit verbundene, weniger emphatische, der Sozialpolitik) lässt sich enger oder weiter fassen und ist jeweils historisch zu konkretisieren.[1] Eine engere Definition zielt auf die Absicherung gegen fundamentale Lebensrisiken wie Alter, Krankheit, Arbeitslosigkeit und Invalidität und die Garantie eines materiellen Existenzminimums. Eine weitere Definition schließt Maßnahmen zur Verringerung sozialer Ungleichheit ein. Dazu gehören auch, besonders im deutschen Fall, staatliche Eingriffe in die Arbeitsbeziehungen, neben Arbeitsschutzbestimmungen etwa Regelungen der betrieblichen Mitbe-

---

1 Volker Hentschel: Geschichte der deutschen Sozialpolitik (1880–1980). Soziale Sicherung und kollektives Arbeitsrecht, Frankfurt a. M. 1983, S. 8. Ich danke Luis Aue und Anja Thuns für ihre Hilfe bei der Fertigstellung dieses Aufsatzes.

stimmung und der Rolle des Staates bei Tarifkonflikten.[2] Die Weimarer Republik definierte sich in ihrer Verfassung, ohne den Begriff explizit zu verwenden, dezidiert als Sozialstaat durch eine Reihe von Artikeln, die etwa eine Verantwortung des Staates für kinderreiche Familien und Kriegsteilnehmer postulierten, ein umfassendes Sozialversicherungswesen in Aussicht stellten und die grundsätzliche Pflicht des Staates zur Sicherstellung der materiellen Grundbedürfnisse jedes Bürgers festlegten.[3] Wie Ludwig Preller zu Recht bemerkt hat, zielte die Weimarer Sozialpolitik damit auf weit mehr als eine Lösung der »Arbeiterfrage« in der kapitalistischen Wirtschaftsordnung.[4] Zugleich begründeten die programmatischen Bestimmungen der Verfassung aber Ansprüche und Erwartungen, die sich nur bedingt einlösen ließen[5] und durch die Politik Brünings und Papens auch dezidiert enttäuscht wurden. Das musste zur Erschütterung des Vertrauens in die Republik beitragen. Denn welcher Bewertung auch immer die sozialpolitische Leistungsfähigkeit von Wirtschaft und Staat in der Weimarer Republik im Einzelnen unterzogen werden mag: Dass die Sozialpolitik nach der Niederlage und Revolution und angesichts der geringen Möglichkeiten zu außenpolitischem Prestigegewinn eine wesentliche Legitimationsgrundlage der neuen Demokratie bildete, ist nicht zu übersehen.[6]

Im Folgenden soll der Reduktion des Weimarer Sozialstaates in sechs Schritten nachgegangen und die eingangs formulierte These näher entfaltet werden. Die ersten fünf beziehen sich auf den Zeitraum der Präsidialkabinette, also die Zeit zwischen der Ernennung Heinrich Brünings zum Reichskanzler Ende März 1930 und der Entlassung Kurt von Schleichers Ende Januar 1933. Zunächst ist ein Blick auf den finanziellen Handlungsspielraum des Staates in der Krise unabdingbar (I.). Das ist bekannt-

---

2 Manfred G. Schmidt: Sozialpolitik in Deutschland. Historische Entwicklung und internationaler Vergleich, Wiesbaden ³2005, S. 14–17; Gerhard A. Ritter: Der Sozialstaat. Entstehung und Entwicklung im internationalen Vergleich, München ³2010, S. 14–18.
3 Werner Abelshauser: Die Weimarer Republik – ein Wohlfahrtsstaat?, in: ders. (Hrsg.): Die Weimarer Republik als Wohlfahrtsstaat. Zum Verhältnis von Wirtschafts- und Sozialpolitik in der Industriegesellschaft, Stuttgart 1987, S. 9–31, hier S. 10 f.
4 Ludwig Preller: Sozialpolitik in der Weimarer Republik, Düsseldorf ²1978, S. XVII f.
5 Darauf hat schon Detlev J. K. Peukert in: Die Weimarer Republik. Krisenjahre der klassischen Moderne, Frankfurt a. M. ⁹2001, S. 132–137, hingewiesen.
6 Das konzediert auch Knut Borchardt: A Decade of Debate about Brüning's Economic Policy, in: Jürgen Baron von Kruedener (Hrsg.): Economic Crisis and Political Collapse. The Weimar Republic 1924–1933, New York u. a. 1990, S. 99–151, hier S. 150 f.

lich eine höchst kontroverse Frage, die unter anderem in eine sehr spezifische wirtschaftshistorische Debatte hineinführt und hier nur in den wesentlichen Aspekten diskutiert werden kann. Danach geht es um die politischen Intentionen, Strategien und konkreten Schritte, die sich auf den Sozialstaat richteten (II.), und anschließend um den dadurch bewirkten Leistungsabbau und seine Konsequenzen am Beispiel des Umgangs mit den Arbeitslosen (III.). Die folgenden Überlegungen stellen die Ausgangsfrage in den größeren Rahmen der Entwicklung des modernen Sozialstaates überhaupt (IV.). Detlev Peukert hat hier eine Grundspannung gesehen zwischen der Ausweitung von Leistungen und Verbesserung von Lebenschancen einerseits und der damit unausweichlich einhergehenden Aussonderung derjenigen andererseits, die sich jeglichem heilenden und fördernden Zugriff zu entziehen und der Gesellschaft keinen Nutzen mehr zu bringen schienen.[7] In einer solchen Perspektive würde sich eine Untersuchung der Krisenbewährung auf ein Oberflächenphänomen richten, wäre also, pointiert formuliert, nicht wirklich relevant. Eine – hier nur ansatzweise mögliche – Auseinandersetzung mit dieser Position wird am Beispiel der Jugendfürsorge versucht. Daran schließt sich ein Fazit der skizzierten Entwicklungen bis zum Ende der Weimarer Republik an (V.). Der letzte Abschnitt widmet sich der Kontinuität und Diskontinuität der Sozialpolitik in der Anfangsphase des NS-Regimes, d. h. der Zeit bis zum Juli 1934, als mithilfe der auch förmlichen Beseitigung der Selbstverwaltung in der Sozialversicherung eine erste Zäsur der NS-Sozialpolitik erreicht wurde (VI.).

I.

Die Probleme, die sich für die öffentlichen Haushalte in der Weltwirtschaftskrise stellten, sind mit den folgenden Zahlen angedeutet: 1929, also vor Ausbruch der großen Krise, hatten sich die Ausgaben der öffentlichen Hand (Reich, Länder und Gemeinden zusammen) gegenüber dem Vorkriegsstand (1913) real verdoppelt. Die Sozialausgaben (ohne Ausgaben für das Bildungswesen) aber hatten sich pro Kopf verfünffacht und machten jetzt die Hälfte aller öffentlichen Ausgaben aus; 1913

---

[7] Vgl. Detlev J. K. Peukert: Grenzen der Sozialdisziplinierung. Aufstieg und Krise der deutschen Jugendfürsorge von 1878–1932, Köln 1986.

war das nur ein Fünftel gewesen.⁸ Die Nettoneuverschuldung des öffentlichen Sektors, die im Jahr 1928 noch 641 Millionen Reichsmark betragen hatte, belief sich für das Jahr 1929 schon auf 2,2 Milliarden und für 1930 auf 2,3 Milliarden Reichsmark.⁹ Nun haben solche Zahlen für sich allein nur eine sehr begrenzte Aussagekraft. Aber sie machen zumindest deutlich, in welchem Ausmaß die öffentlichen Haushalte mit dem Problem wachsender Schulden konfrontiert waren.

Zum Problem des finanziellen und damit auch sozialpolitischen Handlungsspielraums der Reichsregierung gibt es eine seit langem geführte, sehr kontroverse, bislang nicht eindeutig entschiedene und vermutlich auch nicht definitiv entscheidbare Forschungskontroverse, die mit dem Namen des Münchener Wirtschaftshistorikers Knut Borchardt verbunden ist. Borchardt wandte sich 1978/79 gegen die damals weithin geteilte Ansicht, ein Mangel an Einsicht in die ökonomischen Zusammenhänge und an politischer Gestaltungskraft habe die zentralen Akteure, vornehmlich Reichskanzler Brüning und Reichsbankpräsident Luther, daran gehindert, ihren prozyklischen Deflationskurs aufzugeben und durch eine antizyklische Politik zu ersetzen, die die Wirtschaftskrise früher hätte überwinden und damit die Nationalsozialisten von der Macht fernhalten können. Dagegen sah Borchardt die Regierung in einer Zwangslage, die letztlich keinen anderen Kurs zuließ. Zum einen seien die von den Zeitgenossen diskutierten Konjunkturprogramme zu gering ausgelegt gewesen, als dass sie die Arbeitslosenzahl in Deutschland nennenswert hätten senken können. Zum anderen, und das war sein Hauptargument, hätten sich die dazu notwendigen Finanzmittel gar nicht aufbringen lassen: Die Aufnahme von Krediten im Ausland wäre mit nicht erfüllbaren politischen Auflagen verbunden gewesen, und eine Geldschöpfung durch die Reichsbank hätte deren Verpflichtung zur Sicherung der Geldwertstabilität verletzt, damit Inflationsängste im In- und Ausland geschürt und wäre zudem als Verstoß gegen die Bestimmungen des Young-Plans gewertet worden.¹⁰

---

8 Abelshauser, Weimarer Republik – Wohlfahrtsstaat (wie Anm. 3), S. 15. Vgl. Ursula Büttner: Weimar. Die überforderte Republik, 1918–1933. Leistung und Versagen in Staat, Gesellschaft, Wirtschaft und Kultur, Stuttgart 2008, Tabelle S. 828.

9 Vgl. Albrecht Ritschl: Deutschlands Krise und Konjunktur 1924–1934. Binnenkonjunktur, Auslandsverschuldung und Reparationsproblem zwischen Dawes-Plan und Transfersperre, Berlin 2002, Anhang, Tabelle A.12.

10 Knut Borchardt: Zwangslagen und Handlungsspielräume in der großen Wirtschaftskrise der frühen dreißiger Jahre. Zur Revision des überlieferten Geschichtsbildes,

Auf die Frage des Zeitpunkts und der Wirksamkeit von Arbeitsbeschaffungsmaßnahmen wird im Zusammenhang mit den sozialpolitischen Maßnahmen Brünings noch zurückzukommen sein. Zunächst ist Borchardts zentrales Argument von der faktischen Unmöglichkeit der Beschaffung finanzieller Mittel für solche Programme zu erörtern, auf die sich die jüngere Diskussion zu seiner These konzentriert hat. Einen wichtigen Bezugspunkt der Debatte bildet die prekäre Haushaltslage des Reichs, das sich zwischen 1929 und 1932 mehrfach am Rande des Staatsbankrotts befand und sich aus dieser Lage nicht durch die Aufnahme neuer Kredite befreien konnte, weil der Markt im Inland und vor allem im Ausland kaum bereit war, deutsche Staatsanleihen aufzunehmen.[11] Auslandskredite für kommerzielle Zwecke flossen nach der Vereinbarung des Young-Plans ebenfalls nur noch spärlich, was, abgesehen von der ausbrechenden Wirtschaftskrise, daran lag, dass unter dem Young-Plan im Gegensatz zum Dawes-Plan Reparationskredite vorrangig bedient wurden und nicht die kommerziellen Kredite, die nach 1924 in zu großer Zahl nach Deutschland geflossen waren. Albrecht Ritschl hat neben den Schwierigkeiten der Kreditbeschaffung große Probleme bei der Bedienung der Auslandsschulden gesehen und daraus den Schluss gezogen, dass eine Inflationspolitik zur Ankurbelung der Binnenwirtschaft angesichts der damit verbundenen Abwertung der Mark die US-amerikanischen Gläubiger Deutschlands vor den Kopf gestoßen hätte, auf deren Wohlwollen nicht zuletzt im Hinblick auf künftige Kredite

---

in: ders. (Hrsg.): Wachstum, Krisen, Handlungsspielräume in der Wirtschaftspolitik. Studien zur Wirtschaftsgeschichte des 19. und 20. Jahrhunderts, Göttingen 1982, S. 165–183. Zu diesem Aspekt gibt es eine gute Zusammenfassung in Theo Balderston: Economics and Politics in the Weimar Republic, Cambridge 2002, S. 93 f.; vgl. auch Borchardt, Brüning's Economic Policy (wie Anm. 6), S. 100 f. Borchardts drittes Argument, zu hohe Löhne, die nicht zuletzt auf die staatliche Zwangsschlichtung zurückgingen, hätten zu einer »Krise vor der Krise« geführt, die Unternehmerseite deshalb auf eine Stärkung ihrer Position im Verteilungskampf dringen lassen und somit ebenfalls eine rasche Überwindung der Weltwirtschaftskrise verhindert, ist hier nicht zu diskutieren. Sein Gewicht in der Debatte ist schwächer geworden. Siehe dazu vor allem Theo Balderston: The Origins and Course of the German Economic Crisis. November 1923 to May 1932, Berlin 1993, besonders S. 400–406, und Richard Tilly/Norbert Huck: Die deutsche Wirtschaft in der Krise, 1925–1934, in: Christoph Buchheim (Hrsg.): Zerissene Zwischenkriegszeit. Wirtschaftshistorische Beiträge. Knut Borchardt zum 65. Geburtstag, Baden-Baden 1994, S. 45–95, besonders S. 94.

11 Balderston, Economics and Politics (wie Anm. 10), S. 95 f.; Borchardt, Brüning's Economic Policy (wie Anm. 6), S. 112–117.

man angewiesen gewesen sei. Eine Revision der Reparationsbelastungen habe deshalb nur sehr vorsichtig angestrebt werden können. Brüning habe also nicht deshalb Deflationspolitik betrieben, so Ritschl, »um eine Revision zu erzwingen, sondern umgekehrt, weil und solange sie nicht zu erzwingen war.«[12] Dem ist allerdings entgegenzuhalten, dass die Bereitschaft der US-amerikanischen Finanzwelt zur Vergabe neuer Auslandskredite angesichts der tiefen Wirtschaftskrise im eigenen Land im weiteren Verlauf der 1930er Jahre deutlich zurückging. Die Notwendigkeit einer Rücksichtnahme auf das wichtigste Gläubigerland erweist sich zumindest ex post also nicht als stichhaltiges Argument.[13] Auch Theo Balderston hat in der »currency nervousness« der ausländischen Gläubiger den Hauptgrund dafür gesehen, warum die Reichsbank keine inflationäre Geldschöpfung betrieb, und darüber hinaus auf die politische Instabilität der deutschen Regierung als Ursache für das Misstrauen der Märkte ihr gegenüber hingewiesen. Eine Reflationierung unter Aufgabe des Goldstandards und verbunden mit Devisenkontrollen, die nach der Bankenkrise vom Sommer 1931 eingeführt worden waren, wäre zwar denkbar und innenpolitisch wohl durchsetzbar, aber auch mit dem Risiko verbunden gewesen, dass die ausländischen Gläubiger die deutsche Fähigkeit zur Bedienung der Auslandsschulden in Zweifel gezogen hätten, zumal keine Garantie für die Wirksamkeit solcher Kontrollen bestand.[14]

12 Albrecht Ritschl: Knut Borchardts Interpretation der Weimarer Wirtschaft. Zur Geschichte und Wirkung einer wirtschaftsgeschichtlichen Kontroverse, in: Jürgen Elvert/Susanne Krauß (Hrsg.): Historische Debatten und Kontroversen im 19. und 20. Jahrhundert. Jubiläumstagung der Ranke-Gesellschaft in Essen 2001, Stuttgart 2003, S. 234–244, Zitat S. 242; vgl. Albrecht Ritschl: Deutschlands Krise und Konjunktur 1924–1934. Binnenkonjunktur, Auslandsverschuldung und Reparationsproblem zwischen Dawes-Plan und Transfersperre, Berlin 2002. Carl-Ludwig Holtfrerich: Alternativen zu Brünings Wirtschaftspolitik in der Weltwirtschaftskrise?, in: Historische Zeitschrift 235 (1982) 3, S. 605–663, hier 629 f., hat freilich auf das grundsätzliche Interesse privater Kreditgeber im Ausland an einer Beendigung der Reparationen hingewiesen.
13 Balderston, Economics and Politics (wie Anm. 10), S. 97.
14 Ebd., S. 97 f.; vgl. ders., Origins and Course (wie Anm. 10), besonders S. 408–412. Auf die Bedeutung des Instruments der Devisenkontrollen verweist Ursula Büttner: Politische Alternativen zum Brüningschen Deflationskurs. Ein Beitrag zur Diskussion über »ökonomische Zwangslagen« in der Endphase von Weimar, in: Vierteljahrshefte für Zeitgeschichte 37 (1989) 2, S. 209–251, hier S. 221 f.

Wie die ausländischen Märkte tatsächlich auf eine Markabwertung reagiert hätten, bleibt eine hypothetische Frage. Und weil man solche kontrafaktischen Argumente weder beweisen noch widerlegen kann, lässt sich die Frage nach den fiskalischen Spielräumen des Reiches in der Krise auch nicht wirklich beantworten, wie Balderston zu Recht hervorgehoben hat.[15] Festzuhalten bleibt jedenfalls, dass die auf den Reichshaushalt wirkenden Zwänge nach den neuesten Forschungen eher größer als kleiner erscheinen und deutlicher als früher auf die Haltung des Auslands bezogen werden, vor allem auf die der USA. Ein Ende der Reparationen anzustreben und dabei gegenüber dem Ausland fiskalische Seriosität zu demonstrieren, hatte demnach gute ökonomische Gründe für sich, ohne dass damit aber jegliches politische Handeln schon präjudiziert gewesen wäre.

II.

Nach dem Sturz der Großen Koalition und der Ernennung Heinrich Brünings zum Kanzler eines Präsidialkabinetts Ende März 1930 musste die Reichsregierung nur noch sehr bedingt auf parlamentarische Mehrheiten Rücksicht nehmen. Immerhin besaß der Reichstag dadurch noch ein gewisses Verhinderungspotential, dass er mit Stimmenmehrheit die Aufhebung von Notverordnungen verlangen konnte. Gleichzeitig vermochte Brüning als Zentrumspolitiker gewissen Druck auf die Sozialdemokratie auszuüben, indem er damit drohte, seine Partei werde die gemeinsame Koalitionsregierung in Preußen verlassen, damit Ministerpräsident Otto Braun stürzen und der SPD so den wichtigsten verbliebenen politischen Einfluss nehmen.

Die erste zentrale Notverordnung der Regierung Brüning wurde am 26. Juli 1930 erlassen, nach höchst kontroverser Debatte. Sie sah neben Steuererhöhungen und der problematischen »Osthilfe« unter anderem Leistungseinschränkungen bei der Krankenversicherung und der Arbeitslosenversicherung vor. Eine Notverordnung vom 1. Dezember 1930 brachte gewisse Reduktionen dieser Belastungen auf Druck der Brünings Kurs tolerierenden SPD, enthielt aber auch Kürzungen der Bezüge von Beamten und Angestellten des öffentlichen Dienstes. Zahlreiche weitere Kürzungsmaßnahmen, die in erster Linie die Arbeitslosenversicherung

---

15 Balderston, Economics and Politics (wie Anm. 10), S. 98.

betrafen, erfolgten am 5. Juni 1931 durch die »Zweite Verordnung des Reichspräsidenten zur Sicherung von Wirtschaft und Finanzen«. Die Arbeitslosenversicherung wurde zudem aus dem Reichshaushalt herausgelöst, erhielt also keine Zuschüsse mehr. Mit der Gründung des Freiwilligen Arbeitsdienstes (FAD) (zusätzlich zur prinzipiellen Ausweitung der Pflichtarbeit auf alle Arbeitslosen) wurde zudem ein neues, im Kern disziplinierendes und militarisierendes Element in die Sozialpolitik eingeführt. Gewisse Konzessionen an die SPD bei der Unterstützung für die Arbeitslosen enthielt wiederum die Notverordnung vom 6. Oktober 1931, zugleich aber auch weitere Kürzungsmaßnahmen bei den Beamten und im Wohnungsbau. Gravierende Kürzungsmaßnahmen folgten in der Notverordnung vom 8. Dezember 1931. Sie sah zwar einerseits allgemeine Preissenkungen um zehn Prozent vor, richtete dazu das Amt eines Reichspreiskommissars ein und verfügte auch eine Mietsenkung. Andererseits aber nahm sie eine Lohnsenkung prinzipiell auf den Stand von 1927 vor (bei maximalen Kürzungen von zehn Prozent) und griff damit massiv in das Tarifrecht ein, auch wenn es grundsätzlich in Kraft blieb. Weitere Kürzungen betrafen die Beamtenbesoldung und -versorgung sowie die Kranken- und Unfallversicherung.[16]

Welche Triebkräfte standen hinter dieser Kürzungspolitik? Was Brünings eigene Motive angeht, besteht weiterhin Unklarheit darüber, ob er in der Krise ein klares wirtschaftspolitisches Konzept verfolgte. Sicher scheint, dass neben der Sanierung des Haushalts die Beseitigung der Reparationen für ihn hohe und mit der Verschärfung der Wirtschaftskrise zunehmende Priorität besaß. Zugleich befürchtete er eine neuerliche Inflation bei einer kreditfinanzierten Arbeitsmarktpolitik. Das determinierte aber nicht jeden einzelnen Schritt seiner Politik. Sozialpolitik musste, wie er in einer Regierungserklärung am 13. Oktober 1931 ausführte, den finanziellen und wirtschaftlichen Notwendigkeiten entsprechen, eine sehr allgemeine Aussage, die er immerhin durch ein Bekenntnis zum Tarifgedanken ergänzte, allerdings mit dem Zusatz, die Tarifpolitik müsse größere »Elastizität« zeigen. Dass die Bewahrung des Sozialstaates ein herausragendes Motiv in Brünings Politik gewesen sei, jenseits seiner

---

16 Eckart Reidegeld: Staatliche Sozialpolitik in Deutschland, Bd. II: Sozialpolitik in Demokratie und Diktatur 1919–1945, Wiesbaden 2006, S. 268–290.

katholischen Grundüberzeugungen und pragmatischer Überlegungen zum Verhältnis zur SPD, ist jedenfalls nicht erkennbar.[17] Kein Zweifel kann jedoch darüber bestehen, dass die Arbeitgeber über eindeutige Vorstellungen von einer Revision des Sozialstaates verfügten und dies auch öffentlich bei verschiedenen Gelegenheiten sehr deutlich artikulierten. So verlangten sie in einer Denkschrift im Vorfeld der ersten wichtigen Notverordnung vom 26. Juli 1930 eine Generalrevision der Krankenversicherung. Ausgehend von der Klage über deren vermeintlich übermäßige Inanspruchnahme forderten sie unter anderem eine Selbstbeteiligung der Versicherten, Leistungseinschränkungen insbesondere bei Bagatellfällen, eine Stärkung der Ärzte gegenüber den Kassen und größeren Einfluss der Unternehmer. Diese Punkte waren dann auch tatsächlich in der Notverordnung enthalten.[18] Im Mittelpunkt der unternehmerischen Forderungen stand jedoch das Tarifrecht: Die staatliche Zwangsschlichtung sollte beendet und, so wollte es jedenfalls die Schwerindustrie, letztlich auch die Tarifbindung abgeschafft werden. So weit wollte Brüning nicht gehen. Weil er sich einer eindeutigen Parteinahme für die Arbeitgeberseite verweigerte und eine gewisse Rücksichtnahme auf die SPD nicht gänzlich aufgeben wollte, kündigte ihm die Arbeitgeberseite schließlich die Gefolgschaft auf und trug damit zu seinem Sturz bei.[19]

Dass Brünings haushaltspolitischer Kurs rigider Ausgabenkürzungen (bei gleichzeitigen Preissenkungen) alternativlos war, ist, wie festgestellt, von Knut Borchardt und seinen Anhängern behauptet worden. Die haushaltspolitischen und außenwirtschaftlichen Gründe dafür sind, wie angedeutet, durchaus beachtenswert. Deutlich geworden ist in der For-

---

17 Dazu im Einzelnen die nicht immer klare Argumentation von Herbert Hömig: Brüning. Kanzler in der Krise der Republik. Eine Weimarer Biographie, Paderborn u. a. 2000, besonders S. 250–252, S. 406 und S. 459–468, und Philipp Heyde: Das Ende der Reparationen. Deutschland, Frankreich und der Young-Plan 1929–1932, Paderborn 1998, besonders S. 80–83, S. 103–111, S. 277 und S. 466–468, der die Instrumentalisierung der Reparationspolitik zur innenpolitischen Absicherung der Sparpolitik betont. Brünings Memoiren sind bekanntlich keine zuverlässige Quelle.
18 Reidegeld, Staatliche Sozialpolitik II (wie Anm. 16), S. 269 und S. 273.
19 Bernd Weisbrod: Die Befreiung von den »Tariffesseln«. Deflationspolitik als Krisenstrategie der Unternehmer in der Ära Brüning, in: Geschichte und Gesellschaft 11 (1985) 3, S. 295–325. Zur einschlägigen Denkschrift vom 29. September 1931 siehe auch Rainer Meister: Die große Depression. Zwangslagen und Handlungsspielräume der Wirtschafts- und Finanzpolitik in Deutschland 1929–1932, Regensburg 1991, S. 243 f.; Reidegeld, Staatliche Sozialpolitik II (wie Anm. 16), S. 284–286.

schung aber auch, etwa durch die Arbeiten von Ursula Büttner, dass seit dem Sommer 1931 zahlreiche Stimmen nicht nur von Gewerkschaftsseite sondern auch von namhaften Wirtschaftsexperten und aus dem Unternehmerlager eine Wende hin zu einer aktiven Beschäftigungspolitik forderten. So entwickelte zunächst Wilhelm Lautenbach, Oberregierungsrat im Reichswirtschaftsministerium, unter Berufung auf John Maynard Keynes ein Programm zur Konjunkturbelebung, bei dem die öffentliche Hand kreditfinanzierte Aufträge im Volumen von etwa drei Milliarden RM vergeben sollte, gedeckt durch auf die Reichsbahn gezogene Wechsel. Während die Mehrheit der Wirtschaftswissenschaftler dieses Programm zunächst noch ablehnte, meldeten sich im Winter 1931/32 mit Wilhelm Röpke und Joseph Schumpeter prominente Unterstützer zu Wort. Neben Finanzstaatssekretär Hans Schäffer regten Anfang 1932 dann auch die Reichsminister Hermann Warmbold, Hermann Dietrich und Adam Stegerwald einen anderen Kurs an. Der Leiter des Statistischen Reichsamts Ernst Wagemann schlug im Januar 1932 eine partielle Aufhebung der Deckungsvorschriften für die Reichsmark vor, um Spielraum für eine Ausweitung des Kreditvolumens um drei Milliarden RM zu eröffnen. Auch wenn die Mehrheit der Unternehmer weiterhin auf strikte Kostensenkungen als Mittel zur wirtschaftlichen Wiederbelebung setzten, forderten im Sommer 1931 einzelne prominente Unternehmer wie Paul Silverberg und Max Warburg sowie die Verbandsführungen des Reichsverbands der Deutschen Industrie und des Deutschen Industrie- und Handelstages eine partielle Aufgabe der Deflationspolitik zur Förderung allerdings nur privater Investitionen. Zumindest hier hätte Brüning ansetzen können, um eine Abkehr von der Deflationspolitik einzuleiten. Auf einen Mangel an gesellschaftlicher Unterstützung für eine andere Politik konnte er sich jedenfalls nicht berufen. Wenn Brüning und Reichsbankchef Luther Konzepte einer aktiveren Beschäftigungspolitik nicht verfolgen wollten, so taten sie dies vor allem deshalb (wie sie es in Reaktion auf den Wagemann-Plan intern auch klar artikulierten), weil die Umsetzung solcher Konzepte ihre außen- und innenpolitischen Ziele – die Beendigung der Reparationen sowie eine Verwaltungsreform und eine Senkung von Löhnen und Sozialleistungen – konterkariert hätte.[20] Ob die vorgeschlagenen Programme die Arbeitslosen-

---

20 Büttner, Politische Alternativen (wie Anm. 14), besonders S. 227–248; siehe auch Gottfried Plumpe: Wirtschaftspolitik in der Weltwirtschaftskrise. Realität und Alternativen, in: Geschichte und Gesellschaft 11 (1985) 3, S. 326–358; besonders auf

zahlen in nennenswertem Umfang gesenkt hätten, ist, wie Borchardt betont hat, in der Tat fraglich. Das sagt allerdings nichts über ihre mögliche psychologisch-politische Wirkung aus. Grundsätzlich bestand jedenfalls die Chance, schneller zu einer wirtschaftlichen Erholung zu kommen und den Sozialabbau früher zu beenden. Brüning besaß größeren Handlungsspielraum, als er nachträglich behauptete, doch er wollte ihn nicht nutzen.[21]

Sehr viel deutlicher als bei Brüning sind die Triebkräfte hinter der Sozialpolitik der nachfolgenden Regierung unter Reichskanzler Franz von Papen auszumachen, die schon in der im Rundfunk verlesenen Regierungserklärung vom 4. Juni 1932 keine Zweifel an ihren Absichten hinterließ. Die Nachkriegsregierungen hätten, so führte Papen aus, »durch einen sich ständig steigernden Staatssozialismus [...] den Staat zu einer Art Wohlfahrtsstaat zu machen versucht und damit die moralischen Kräfte der Nation geschwächt.«[22] Hier ging es nun eindeutig um einen Rückbau des Systems der sozialen Sicherung. Am 14. Juni 1932 folgte eine Notverordnung, die neben neuen drastischen Kürzungen in allen Sozialversicherungszweigen bei der Hilfe für die Arbeitslosen das Bedürftigkeitsprinzip einführte und zugleich erste Mittel für ein Arbeitsbeschaffungsprogramm vorsah. Steuervergünstigungen für Unternehmen und die Möglichkeit, bei Neueinstellungen vom Tariflohn einseitig abzuweichen, zudem eine Generalermächtigung der Regierung für die Umgestaltung des gesamten Sozialsystems enthielten die Notverordnungen vom 4. und 5. September. Ihnen folgte kurz vor den Novemberwahlen eine Notverordnung, die, als Wahlgeschenk, gewisse Leistungsverbesserungen gewährte, ohne aber die grundsätzlichen Eingriffe zu-

---

den Seiten 348–357 unterstreicht Plumpe den gegebenen Handlungsspielraum und die politischen Motive, die Brüning an seinem Kurs festhalten ließen.

21 Borchardt selbst betont das Fehlen eines politischen Konsenses für eine andere Wirtschaftspolitik; vgl. Borchardt, Brüning's Economic Policy (wie Anm. 6), S. 126 und 149. Dem ist freilich entgegengehalten worden, dass angesichts der gesellschaftlichen Grundstimmung eine klar artikulierte und energisch betriebene Kurskorrektur Brünings hinreichende Unterstützung der im Präsidialsystem ohnehin schwächeren Parteien gefunden hätte; vgl. Holtfrerich, Brünings Wirtschaftspolitik (wie Anm. 12), besonders S. 615–629.

22 Kundgebung der Reichsregierung vom 4. Juni 1932, in: Herbert Michaelis/Ernst Schraepler (Hrsg.): Ursachen und Folgen. Vom deutschen Zusammenbruch 1918 und 1945 bis zur staatlichen Neuordnung Deutschlands in der Gegenwart, Bd. 8: Die Weimarer Republik. Das Ende des parlamentarischen Systems. Brüning – Papen – Schleicher, 1930–1933, Berlin 1963, S. 547 ff.

rückzunehmen. Nach Papens Sturz machte sein Nachfolger Kurt von Schleicher, um ein besseres Verhältnis zur Arbeiterbewegung im Rahmen seiner »Querfrontpolitik« bemüht, die »Generalermächtigung« Papens rückgängig, übrigens mit parlamentarischer Unterstützung, und stellte die Tarifbindung wieder her. Zudem legte er ein Arbeitsbeschaffungsprogramm mit einem Volumen von 600 Millionen Reichsmark auf, das aber erst nach der Ernennung Hitlers zum Reichskanzler anlaufen konnte.[23] Hier kündigte sich eine Akzentverschiebung, aber kein grundlegender Kurswechsel gegenüber der bisherigen Kürzungspolitik an.

III.

Was die gerade angeführten gesetzlichen Maßnahmen für die Betroffenen bedeuteten – d. h. für die Empfänger von Sozialleistungen und für die Gemeinden (und freien Wohlfahrtsverbände), die in der Krise besondere Lasten zu tragen hatten, weil das Reich Aufgaben zu ihnen verschob – soll im Folgenden anhand des Umgangs mit den Arbeitslosen als der in der Krise wichtigsten Empfängergruppe verdeutlicht werden. Vom Juli 1930 bis zum Juni 1932 wurden die Unterstützungssätze der Arbeitslosenversicherung um insgesamt 50 Prozent gegenüber dem Stand bei Erlass des »Gesetz über Arbeitsvermittlung und Arbeitslosenversicherung vom 16. Juli 1927« gesenkt. Arbeitslosenunterstützung wurde seit Oktober 1931 nur noch 20 (statt 26) Wochen gewährt, Krisenunterstützung ab diesem Zeitpunkt für 38 Wochen. Die Wartezeiten verdoppelten sich auf bis zu 21 Tage (je nach Alter und Familienstand). Jugendliche unter 17 Jahren erhielten Leistungen seit dem Juli 1930 nur noch dann, wenn sie keine familienrechtlichen Unterhaltsansprüche besaßen (ein Jahr später wurde die Grenze sogar auf 21 Jahre erhöht, also bis zum Eintritt der Volljährigkeit). Ansprüche von Ehefrauen wurden im Juni 1931 »auf Fälle nachgewiesener Bedürftigkeit beschränkt.« Die Papensche Notverordnung vom 14. Juni 1932 schließlich begrenzte den Rechtsanspruch auf Arbeitslosenunterstützung auf nur noch sechs Wochen nach Eintritt der Arbeitslosigkeit; danach wurde nur noch bei Bedürftigkeit

23 Reidegeld, Staatliche Sozialpolitik II (wie Anm. 16), S. 291–306.

weitergezahlt.[24] Hier wurde das Versicherungsprinzip vom Fürsorgeprinzip unterhöhlt.

Diese Kürzungsmaßnahmen, zusammen mit der sich verschärfenden Wirtschaftskrise und Massenarbeitslosigkeit, drückten einen immer größeren Teil der Arbeitslosen auf den Status von Wohlfahrtserwerbslosen herab und legten den Gemeinden größte Belastungen auf. Waren im Januar 1931 noch 2,5 Millionen Arbeitslose Empfänger von Arbeitslosenunterstützung, gegenüber 0,8 Millionen Empfängern von Wohlfahrtserwerbslosenunterstützung, hatte sich das Verhältnis im Januar 1933 umgekehrt: Den nur noch 0,9 Millionen Empfängern von Arbeitslosenunterstützung standen 2,4 Millionen Wohlfahrtserwerbslose gegenüber, für die die Gemeinden die gewaltige Summe von 1,23 Milliarden Reichsmark aufwenden mussten. Christoph Sachße und Florian Tennstedt nennen diesen politisch induzierten Abstieg einen »Prozess sukzessiver Diskriminierung und Entrechtung. Von Versicherten mit unbedingtem Rechtsanspruch wurden sie [die Arbeitslosen – D. S.] zu Fürsorgeempfängern abgestuft, die – neben gekürzten Leistungen – auch noch die entwürdigenden Prozeduren der Bedürftigkeitsprüfung und das institutionalisierte Misstrauen der Ämter hinnehmen mussten. Aus freien Arbeitern waren wieder gewaltunterworfene Arme geworden.«[25]

Die Gemeinden wurden nicht zuletzt wegen Reduktions- und Verschiebepolitik bei den Arbeitslosen zu den Brennpunkten des Sozialstaates in den Jahren der Weltwirtschaftskrise. Die Leistungen, die sie gewährten, gewannen immer mehr an Bedeutung und damit auch die Entscheidungen, die sie über Unterstützungssätze trafen. Jeder sechste deutsche Einwohner war im September 1932 auf öffentliche Fürsorge angewiesen.[26] Am Beispiel Münchens hat Wilfried Rudloff detailliert gezeigt, wie eine Großstadt mit den neuen Belastungen umging und zu welchen Verwerfungen das führte. Zentraler Orientierungspunkt des kommunalen Wohlfahrtswesens in der Krise war nicht mehr die Not der Unterstützungsempfänger, sondern die städtische Kassenlage. Dieser Wandel kam etwa darin zum Ausdruck, dass 1929 die Stadt erstmals männliche Fahndungsbeamte anstellte, die, ausgerüstet mit Fahrrädern,

---

24 Christoph Sachße/Florian Tennstedt: Geschichte der Armenfürsorge in Deutschland, Bd. 3: Der Wohlfahrtsstaat im Nationalsozialismus, Stuttgart 1992, S. 66 f.
25 Ebd., S. 66–68, Zitate S. 67 und S. 68.
26 Wilfried Rudloff: Die Wohlfahrtsstadt. Kommunale Ernährungs-, Fürsorge- und Wohnungspolitik am Beispiel Münchens 1910–1933, Bd. 2, Göttingen 1998, S. 902.

den Lebenswandel »verdächtiger« Fürsorgeempfänger genauer Beobachtung unterzogen. Diese Form der Kontrolle entwickelte sich dann häufig, so Rudloff, »zur moralischen Verhaltensüberwachung, bei der jede Diskrepanz zum Bild des niedergedrückten Arbeitslosen als ein Verdachtsmoment protokolliert wurde.«[27] Was an Leistungen ausgezahlt wurde, lag unter den offiziellen Richtsätzen, und das nicht nur in München: In den bayerischen Städten insgesamt wurden im April 1932 zwischen 10 und 25 Prozent des Richtsatzbetrages nicht ausgezahlt.[28] Hinzu kamen verschärfte Anrechnungsvorschriften; das betraf etwa Untermieten und Arbeitseinkommen älterer Leistungsempfänger.

Im April 1932 kam es dann zu einer Kürzung der Richtsätze um 5 bis 10 Prozent. Das war weniger als der Rückgang der Lebenshaltungskosten seit der letzten Festsetzung[29] um 14,5 Prozent. Allerdings gab es schon unter den Zeitgenossen keinen Konsens darüber, dass sich hier ein Deflationsgewinn ergeben hätte, denn die Mieten, ein substanzieller Bestandteil der Ausgaben gerade in ärmeren Haushalten, reagierten weniger elastisch als die übrigen Lebenshaltungskosten auf die Deflation. Einen Hinweis darauf, dass ein Vergleich der offiziellen Sätze mit dem Rückgang der Lebenshaltungskosten vermutlich ein zu positives Bild zeichnet, geben Zahlen zur Lage der Münchner Sozial- und Kleinrentner, also der gehobenen Fürsorgeklientel: Wenn man hier die tatsächlich ausgezahlten Unterstützungen für 1929/30 mit denen von 1932/33 vergleicht, ergibt sich ein Rückgang um 28 Prozent (bei den Kleinrentnern) und 50 Prozent (bei den Sozialrentnern), im letzten Fall insbesondere wegen neuer Anrechnungsmodalitäten.[30] Dass die Vorstellung von Deflationsgewinnen unrealistisch ist, geht zudem aus Äußerungen der Verantwortlichen in der Stadt und bei den Wohlfahrtsverbänden hervor. Selbst Wohlfahrtsreferent Friedrich Hilble, der Vertreter eines strikten Sparkurses, musste im April 1932 einräumen, die Gemeinde sei nicht mehr in der Lage, »den Notbedarf zu decken; wir können in der Hauptsache nur einen Teil dessen geben, was man zum notwendigen Lebensbedarf braucht.«[31]

---

27 Ebd., S. 915 f.
28 Ebd., S. 917.
29 Ihr Zeitpunkt ist unklar; Details zur Festsetzung generell ebd., S. 625 f.
30 Ebd., S. 922, dort Anm. 171.
31 Ebd., S. 924.

Die Fürsorgeempfänger benötigten deshalb ergänzende Hilfsangebote, wie sie etwa die Großbrauereien, Gastwirte oder Klöster in Form von besonderen Küchen bereitstellten. Das Rote Kreuz sah sich in seinem Bericht für 1931/32 schon gezwungen »vielfach an Stelle der amtlichen Fürsorge einzuspringen, um die Bedürftigen vor dem Verhungern zu bewahren [...].«[32] Auf dem Land stellten sich die Verhältnisse nicht grundsätzlich anders dar. Wie Katrin Marx-Jaskulski für den Kreis Wittlich an der Mosel herausgearbeitet hat, waren auch hier die Gemeindekassen von der Zahl der Unterstützungsempfänger, in erster Linie der Wohlfahrtserwerbslosen, völlig überfordert. Auch hier wurde die Kassenlage zum Orientierungspunkt und auch hier verschärfte sich der kontrollierende und nach Ausschlusskriterien suchende Blick, der nicht zuletzt die individuelle »Arbeitswilligkeit« zentral stellte. Die Ausgabe von verbilligtem Frischfleisch und Briketts sollte die Lücken kompensieren helfen, die die Reduktion der Fürsorgeleistungen schlug.[33] Der Sozialstaat befand sich, so kann man diese Befunde zusammenfassen, in einer schweren materiellen- und darüber hinaus in einer Legitimationskrise, wie auch die wachsende, sich nicht selten auch handgreiflich entladende Wut der Unterstützungsempfänger in den Wohlfahrtsämtern erkennen ließ.[34]

IV.

Jugendfürsorge und Jugendwohlfahrt waren Herzstücke des Weimarer Sozialstaates, jedenfalls sollten sie es sein, wenn man die Intentionen des Reichsjugendwohlfahrtsgesetzes (RJWG) von 1922 (und des Jugendgerichtsgesetzes vom folgenden Jahr) zugrunde legt. Im Anschluss an Art. 120 und 122 der Weimarer Verfassung postulierte das RJWG ein Recht jedes Kindes auf Erziehung zur »leiblichen, seelischen und gesellschaftlichen Tüchtigkeit.«[35] Das Jugendgerichtsgesetz legte den Vorrang

---

32 Ebd., S. 925.
33 Katrin Marx-Jaskulski: Armut und Fürsorge auf dem Land. Vom Ende des 19. Jahrhunderts bis 1933, Göttingen 2008, S. 372–376.
34 David Crew: Germans on Welfare. From Weimar to Hitler, New York u. a. 1998, S. 147–165.
35 Zur Ambivalenz des Erziehungsziels der Tüchtigkeit siehe Sven Steinacker: Der Staat als Erzieher. Jugendpolitik und Jugendfürsorge im Rheinland vom Kaiserreich bis zum Ende des Nazismus, Stuttgart 2007, S. 153 f. Zitat aus: Verordnung

der Erziehung vor der Strafe fest. Ein weitreichendes Interventionsrecht des Staates sollte dazu dienen, Erziehungsdefizite dysfunktionaler Familien auszugleichen. Die staatlich angeordnete Ersatzerziehung vollzog sich dann vor allem in Heimen in öffentlicher und freier, in erster Linie aber in konfessioneller Trägerschaft, die bereits seit der Jahrhundertwende diese Funktion ausübten. Außerdem sollte die flächendeckende Einrichtung von Jugendämtern Maßnahmen der Fürsorge und Jugendgerichtshilfe koordinieren und umfassende jugendpflegerische Aktivitäten ermöglichen. Schon im Gefolge der Inflation ließen sich die ehrgeizigen Ziele der Gesetzgebung freilich nicht verwirklichen. Vor allem blieb die Etablierung von Jugendämtern Stückwerk. Unter der Regierung Papen markierten dann zwei Notverordnungen vom 4. und 28. November 1932 einen deutlichen Rückbau der Fürsorgeerziehung. Sie sahen die Entlassung solcher Zöglinge aus der Fürsorgeerziehung vor, die als »unerziehbar« eingestuft wurden. Ursprünglich war geplant, diese Zöglinge in Arbeitshäuser zu überweisen, was aber am Widerspruch der Länder wegen Mittelknappheit scheiterte.[36]

Detlev Peukert sah darin mehr als nur eine kriseninduzierte, den Abbauintentionen Papens folgende Maßnahme. Für ihn repräsentierte sie auch eine Entwicklungstendenz, die sich selbst in den reformpädagogisch inspirierten Bemühungen zu einer Reform der Heimerziehung niederschlug, wie denen von Karl Wilker in Berlin-Lichtenberg. Sein Versuch, die alltägliche Praxis einer primär auf die Disziplinierung ihrer Zöglinge ausgerichteten Aufbewahranstalt dadurch zu verändern, dass er ein enges, von liebevoller Zuwendung geprägtes Verhältnis zwischen Erziehern und Zöglingen herzustellen unternahm, führte dazu, dass die Erzieher gerade durch diese Nähe ein schärferes Profil ihrer Zöglinge entwarfen. Damit schufen sie dann auch eine Kategorie der trotz aller Bemühungen »unerziehbar« erscheinenden und deshalb von ihren Erziehungsbemühungen auszuschließenden Zöglinge.[37] Vor dem Hintergrund deutlich geschrumpfter Haushaltsmittel in der Weltwirtschaftskrise legte eine solch differenzierte und zudem auf nicht korrigierbare angeborene Anlagen bezogene Kategorisierung dann die physische Aus-

über das Inkrafttreten des Reichsgesetzes zur Jugendwohlfahrt vom 14.2.1924 (RGBl. I 1924, S. 110), zitiert nach: ebd., S. 152.
36 Peukert, Grenzen (wie Anm. 7), S. 134–139; Marcus Gräser: Der blockierte Wohlfahrtsstaat. Unterschichtjugend und Jugendfürsorge in der Weimarer Republik, Göttingen 1995, S. 37–52.
37 Peukert, Grenzen (wie Anm. 7), S. 199–296.

grenzung der »Unerziehbaren« aus den Heimen nahe und bereitete dem Nachdenken über ihre vollständige »Ausmerzung« in der NS-Diktatur die Bahn. Die unheilvolle Symbiose von Helfen und Aussondern im modernen Sozialstaat wurde hier, so Peukert, exemplarisch deutlich.[38]

Neuere Forschungen, insbesondere von Marcus Gräser, haben jedoch Zweifel genährt, ob eine solche Perspektive der Entwicklung der Weimarer Fürsorgeerziehung tatsächlich gerecht wird. Sie haben betont, dass sich die Fürsorgeerziehung schon *vor* dem Ausbruch der Weltwirtschaftskrise in einer schweren Krise befand. Das hing vor allem mit einem rückwärts gewandten Ausbildungsprogramm und der mangelnden Qualifikation und Motivation der Erzieher zusammen, die sich reformpädagogischen Impulsen nicht wirklich öffnen wollten. Gerade die konfessionellen Heimträger widersetzten sich tiefgreifenden Veränderungen. Revolten der Heimzöglinge waren die spektakulärste Manifestation des Reformstaus. Als nach 1929 den Heimen weniger Finanzmittel zuflossen, sank die Reformbereitschaft jedoch weiter. Wenn jetzt Veränderungen angestrebt wurden, richteten sie sich auf die Aussonderung der besonders schwierigen Fälle. Das NS-Regime sollte mit seinen Jugendkonzentrationslagern dann diesen Weg bis zur mörderischen Konsequenz zu Ende gehen. Insgesamt, so hat Gräser betont, war der Weimarer Sozialstaat in der Jugendfürsorge nicht überfordert, sondern blockiert, weil sich das Beharrungsvermögen der etablierten Institutionen gegenüber dem Reformdruck von außen und innen als zu groß erwies. Nicht ein Zuviel, sondern ein Zuwenig an Modernität war dafür verantwortlich.[39]

V.

Wie sind nun die bisher vorgestellten Befunde im Hinblick auf die Ausgangsfrage zu bewerten? Wenn man, wie Ludwig Preller in seiner klassischen Darstellung der Weimarer Sozialpolitik, die sozialpolitischen Kernerrungenschaften in und nach der Revolution 1918 betont, nämlich das kollektive Tarifrecht und die Arbeitslosenversicherung, dann erlag der

---

38 Ebd., S. 307–309.
39 Gräser, Wohlfahrtsstaat (wie Anm. 36), S. 216–230; Vgl. Elizabeth Harvey: Youth and the Welfare State in Weimar Germany, Oxford 1993, S. 256–259. Eine vermittelnde Position bezieht Sven Steinacker, Staat als Erzieher (wie Anm. 35), S. 424 f., der die staatliche Ersatzerziehung im Sinn Gramscis als Praxis zur Herstellung von Hegemonie begreift.

Sozialstaat der Krise, oder vielmehr dem Generalangriff der Unternehmerseite, dem Brüning und Stegerwald noch hinhaltenden Widerstand entgegensetzten, Papen sich aber als williger Vollstrecker zur Verfügung stellte.[40] Etwas differenzierter fällt das Urteil aus, wenn man den Akzent auf die verschiedenen Zweige der Sozialversicherungen legt, insbesondere auf die schon länger etablierten. Volker Hentschel hat in seinem pointierten Überblick über hundert Jahre deutscher Sozialpolitik 1983 hervorgehoben, dass den Abbau von Leistungen ein Sinken der Preise begleitete und dies vor allem den Rentnern Gewinne beschert habe, freilich von einem sehr niedrigen Anfangsniveau aus. Außerdem sei der Anteil der Sozialausgaben am Sozialprodukt in der Krise gestiegen, nicht gefallen. Deshalb habe sich das System der sozialen Sicherung gegen die unmittelbaren Folgen der Wirtschaftskrise und gegen die politisch gewollten Kürzungen »auf fast verblüffende Weise bewährt.«[41]

Dieses Urteil kann nicht aufrechterhalten werden. Mit Manfred G. Schmidt lassen sich die ihm widersprechenden Befunde prägnant zusammenfassen. *Erstens* stiegen die realen, preisbereinigten Sozialausgaben in der Krise zwar leicht; da aber der Bedarf noch stärker zunahm, gingen sie pro Kopf eben doch zurück. *Zweitens* schrumpfte der Kreis der Sozialversicherten als Resultat der Massenarbeitslosigkeit und als Resultat politischer Entscheidungen; damit reduzierte sich auch der ihnen zustehende Leistungsumfang. *Drittens* erhielten die Arbeitslosen in der Krise keine adäquate Hilfe. Zwar wuchsen zwischen 1929 und 1932 die realen Leistungen der Arbeitslosenversicherung und der Arbeitslosenfürsorge zusammengerechnet um den Faktor 1,5, doch nahm im gleichen Zeitraum die Zahl der Arbeitslosen um den Faktor 2,5 zu. Hier wurden also Leistungen reduziert und Kosten verlagert, etwa auch in die Familie, ganz abgesehen von der bereits angesprochenen Stigmatisierung der Masse der Arbeitslosen als Fürsorgeempfänger. Neben diesen vorrangig materiellen Aspekten ist *viertens* zu bedenken, dass der Sozialstaat sich in der Krise auch deshalb nicht bewährte, weil er aufgrund der politischen Eingriffe, die seine Verlässlichkeit in Frage stellten und zunehmend als Rechtsbruch empfunden wurden, an Legitimität einbüßte. *Fünftens* schließlich zieht auch der internationale Vergleich das Bewährungsargument in Zweifel: Während in Deutschland der Versichertenkreis besonders stark schrumpfte, gingen hier gegen-

---

40 Vgl. Preller, Sozialpolitik (wie Anm. 4).
41 Hentschel, Sozialpolitik (wie Anm. 1), S. 130–135, Zitat S. 135.

über Ländern wie Dänemark und Großbritannien, die ähnlich hohe Arbeitslosenquoten aufwiesen, aber das sozialstaatliche Niveau hielten oder sogar noch ausbauten, auch die Leistungen deutlich zurück.[42] Nimmt man die Befunde zur Jugendfürsorge hinzu, so lässt sich *sechstens* festhalten, dass an die Stelle von Reformimpulsen Exklusionsmechanismen traten. Der deutsche Sozialstaat überstand also die Krise, aber auf seinen Funktionskern reduziert und um den Preis von sozialer Ausgrenzung, Stigmatisierung und Delegitimierung.

VI.

Diese Grundkonstellation verschärfte sich in der Etablierungsphase der NS-Diktatur 1933/34. Das neue Regime ließ zentrale Strukturen unangetastet, nahm aber auch massive Eingriffe vor, um Partizipationsrechte zu beseitigen und seine rassistisch-biologistische Gesellschaftsutopie Wirklichkeit werden zu lassen.

Ein kohärentes sozialpolitisches Konzept besaßen die Nationalsozialisten nicht. Im Parteiprogramm fanden sich neben der allgemeinen Formel von der Pflicht des Staates, für Erwerbs- und Lebensmöglichkeiten seiner Bürger zu sorgen, einzelne konkrete und potentiell auch konfligierende Forderungen wie die nach einem »großzügigen Ausbau der Altersversorgung«, der Sorge für einen »gesunden« Mittelstand oder einer Bodenreform. Weitere konkrete Forderungen waren – neben kreditfinanzierten Arbeitsbeschaffungsmaßnahmen im wirtschaftlichen Sofortprogramm von 1932 enthalten, etwa die nach einer Arbeitszeit-

---

42 Schmidt, Sozialpolitik (wie Anm. 2), S. 55 ff.; zu Großbritannien vgl. Christian Berringer: Sozialpolitik in der Weltwirtschaftskrise. Die Arbeitslosenversicherungspolitik in Deutschland und Großbritannien im Vergleich, 1928–1934, Berlin 1999. Für Frankreich betont Petra Weber: Gescheiterte Sozialpartnerschaft – Gefährdete Republik? Industrielle Beziehungen, Arbeitskämpfe und der Sozialstaat. Deutschland und Frankreich im Vergleich (1918–1933/39), München 2010, den Ausbau der Leistungen für Arbeitslose in der Krise, die angesichts des geringeren Industrialisierungsgrades freilich schwächer ausfielen als in Deutschland. Marcus Gräser: Wohlfahrtsgesellschaft und Wohlfahrtsstaat. Bürgerliche Sozialreform und Welfare State Building in den USA und Deutschland 1880–1940, Göttingen 2009, S. 383–400, hebt hervor, wie in den USA das im Zuge der Weltwirtschaftskrise offenbar werdende Scheitern einer privat und lokalistisch begrenzten Hilfe für Bedürftige den Sozialstaat, anders in Deutschland, als Mittel zur Lösung der Krise erscheinen ließ.

verkürzung oder einer Verbesserung der Kaufkraft der Arbeiter, die später jedoch ebenso wenig verfolgt wurden wie die nach einer Bodenreform.⁴³ An der allgemeinen Leitlinie der NS-Sozialpolitik konnte jedoch kein Zweifel bestehen. Nicht dem einzelnen Hilfsbedürftigen sondern der »Volksgemeinschaft« insgesamt und ihrer Leistungsfähigkeit war sie verpflichtet. Wie Erich Hilgenfeldt, Leiter der Nationalsozialistischen Volkswohlfahrt (NSV) und eine der Schlüsselfiguren der NS-Sozialpolitik, in unverhüllter Brutalität formulierte, musste es darum gehen, die »Wohlfahrtspflege« Weimarer Prägung durch »Volkswohlfahrt« und »Gesundheitsführung« zu ersetzen. Auf dem Weg dahin war alles »Ungeeignete« auszumerzen.⁴⁴

Im System der Sozialversicherung dominierte nach der NS-Machtübernahme die Kontinuität. Auch die NSDAP wollte zunächst an der hergebrachten Struktur festhalten, sie aber – und hier blieben die parteiinternen Vorstellungen diffus – ständisch umbauen oder aber auf den Nutzen für die »Volksgemeinschaft« neu ausrichten.⁴⁵ Pläne zum Aufbau einer Einheitsversicherung, die seit Ende 1933 von Robert Ley und seiner Deutschen Arbeitsfront (DAF) verfolgt wurden, scheiterten am gesammelten Widerstand der Unternehmer und der Bürokratie des Reichsarbeitsministeriums, deren Leitung in den Händen von Fachleuten aus der Weimarer Zeit blieb. Vor allem ihre Handschrift trugen zwei Gesetzeswerke, die den Bestand der von Bismarck begründeten Sozialversicherung gewährleisteten und zugleich nationalsozialistische Elemente in sie einbauten. Das »Sanierungsgesetz« vom 7. Dezember 1933 stellte die Rentenversicherung durch die Wiedereinführung des Anwartschaftsdeckungsverfahrens auf eine stabile Grundlage und legte, ganz im Sinn

---

43 Heinz Lampert: Staatliche Sozialpolitik im Dritten Reich, in: Karl-Dietrich Bracher/Manfred Funke/Hans-Adolf Jacobson (Hrsg.): Nationalsozialistische Diktatur 1933–1945. Ein Bilanz, Düsseldorf 1983, S. 177–206, hier S. 178 und S. 184; Parteiprogramm der NSDAP, in: Ernst Deuerlein (Hrsg.): Der Aufstieg der NSDAP in Augenzeugenberichten, München 1974, S. 108–112, hier S. 109 f.; Wirtschaftspolitisches Sofortprogramm der NSDAP. Ausgearbeitet von der Hauptabteilung 4 der Reichsorganisationsleitung der NSDAP, München 1932, S. 17; vgl. Michael Schneider: Unterm Hakenkreuz. Arbeiter und Arbeiterbewegung 1933–1939, Bonn 1999, S. 414.
44 Erich Hilgenfeldt: Aufgaben der NS-Volkswohlfahrt, in: Nationalsozialistischer Volksdienst 1 (1933/34), S. 1–6, zitiert nach Schneider, Hakenkreuz (wie Anm. 42), S. 415.
45 Karl Teppe: Zur Sozialpolitik des Dritten Reiches am Beispiel der Sozialversicherung, in: Archiv für Sozialgeschichte 17 (1977), S. 195–250, hier besonders S. 206–209.

des nationalsozialistischen Leistungsdenkens, eine Staffelung der Rentenhöhe fest, die die Bezieher höherer Einkommen deutlich besser stellte. Das »Aufbaugesetz« vom 5. Juli 1934 vereinheitlichte die Organisation und Verwaltung der Kranken- und Invalidenversicherung, um deren Leistungsfähigkeit zu sichern, und hielt dabei an der paritätischen Aufbringung der Beiträge fest. Genuin nationalsozialistisch war die Abschaffung der Selbstverwaltung, an deren Stelle das Führerprinzip trat. Neue »Beiräte« aus Vertretern der Versicherten und der Arbeitgeber sollten nur noch beratende Funktion haben. Die DAF konnte sich ein Vorschlagsrecht sichern; die Ernennung lag aber beim Reichsversicherungsamt.[46]

Die Verbindung von Kontinuität, expansivem Interventionismus und massiver Repression kennzeichnete den Kurs des NS-Regimes nach seiner Machtübernahme gegenüber dem Problem der Arbeitslosigkeit und auf dem Feld der Arbeitsbeziehungen. An die Arbeitsbeschaffungsprogramme der Regierungen Papen und Schleicher knüpfte es mit dem deutlich ausgeweiteten, kreditfinanzierten »Reinhardt-Programm« und einem Bündel weiterer, etwa steuerpolitischer Maßnahmen an, die bald schon auch der Wiederaufrüstung galten. Auch wenn die unmittelbare Wirkung der Arbeitsbeschaffungsmaßnahmen gering war, sanken die Arbeitslosenzahlen deutlich, nach amtlichen Angaben von 4,8 Millionen 1933 auf 2,7 im folgenden Jahr.[47] Das war jedoch nicht mit einer Revision der Kürzungspolitik bei der Arbeitslosenversicherung verbunden. Die Leistungen blieben auf dem im Juni 1932 festgelegten niedrigen Niveau, und auch die Beiträge wurden nicht wieder gesenkt. Die Arbeitslosenversicherung wurde so zur »Manövriermasse« und diente etwa zur Finanzierung von Arbeitsbeschaffungsmaßnahmen.[48] Der Freiwillige Arbeitsdienst wurde zum 1935 schließlich verpflichtenden Reichsarbeitsdienst umgeformt, mit verstärkter Disziplinierung und zunehmender

---

46 Schneider, Hakenkreuz (wie Anm. 43), S. 420–423; Teppe, Sozialpolitik des Dritten Reiches (wie Anm. 45), S. 209–224; Michael Prinz: »Sozialpolitik im Wandel der Staatspolitik«? Das dritte Reich und die Tradition bürgerlicher Sozialreform, in: Rüdiger von Bruch (Hrsg.): »Weder Kommunismus noch Kapitalismus«. Bürgerliche Sozialreform in Deutschland vom Vormärz bis zur Ära Adenauer, München 1985, S. 219–244, besonders S. 235, hat auf die geschickte Ausnutzung der polykratischen Struktur des Regimes und das Fehlen einer sozialpolitischen Expertenelite in der NSDAP hingewiesen.
47 Schneider, Hakenkreuz (wie Anm. 43), S. 255–265, die Zahlen zur Arbeitslosigkeit finden sich auf S. 283 f., mit einem Hinweis auf die Probleme der Statistik.
48 Teppe, Sozialpolitik des Dritten Reiches (wie Anm. 45), S. 211 f.

Orientierung auf die wieder einzuführende Wehrpflicht. Zur Krisenüberwindung leistete er einen vornehmlich symbolischen Beitrag, zumal er bis Mitte 1934 durch den radikalen Personalaustausch und finanzielle Probleme nur unzureichend funktionsfähig war.[49] Einen klaren Bruch mit der Weimarer Republik markierten die Zerschlagung der Gewerkschaften nach der loyalitätsheischenden Feier zum 1. Mai, der Lohnstopp und die Aufhebung des Betriebsratsgesetzes 1934. Die Arbeitnehmer verloren ihre mit der Revolution von 1918/19 erkämpfte Position und fanden sich in einer paternalistischen und zugleich vom Staat für die Zwecke der Rüstungswirtschaft lenkbaren Betriebsverfassung wieder.[50]

Zahlreiche den Sozialstaat betreffende Repressionsmaßnahmen des Regimes richteten sich darüber hinaus schon in seiner Anfangsphase gegen politische Gegner, als »asozial« eingestufte Fürsorgeempfänger und gegen Juden. Im Gefolge des Gesetzes zur so genannten »Wiederherstellung des Berufsbeamtentums« vom 7. April 1933 wurden viele Beschäftigte aus politischen oder rasseideologischen Gründen entlassen, so 30 Prozent aller AOK-Angestellten.[51] Bei den kommunalen Fürsorgebehörden verstärkte sich die Tendenz, Leistungsempfänger zu Pflichtarbeiten heranzuziehen und in anderer Weise zu disziplinieren, begünstigt durch den erzwungenen Personalwechsel an der Spitze der Wohlfahrtsbehörden, aber auch durch die Selbstgleichschaltung einzelner Behördenleiter wie des Münchener Amtschefs Hilble. Schon im September 1933 betrieb er die Einlieferung vermeintlich »Arbeitsscheuer« in das KZ Dachau.[52] Juden wurden, wie Wolf Gruner herausgearbeitet hat, nicht erst

49 Kiran Klaus Patel: »Soldaten der Arbeit«. Arbeitsdienste in Deutschland und den USA 1933–1945, Göttingen 2003, besonders S. 79–103 und S. 407–411. Der Reichsarbeitsdienst wurde im Übrigen aus dem regulären Reichshaushalt finanziert.
50 Lampert, Staatliche Sozialpolitik (wie Anm. 43), S. 189–192; dazu im Einzelnen Schneider, Hakenkreuz (wie Anm. 43), S. 91–106, S. 168–181 und S. 290–300.
51 Florian Tennstedt: Sozialgeschichte der Sozialversicherung, in: Maria Blohmke/Christian von Ferber/Karl Peter Kisker/Hans Schaefer (Hrsg.): Handbuch der Sozialmedizin, Bd. 3: Sozialmedizin in der Praxis, Stuttgart 1976, S. 385–492, hier S. 405 f.; Schmidt, Sozialpolitik (wie Anm. 2), S. 68 f.
52 Wolf Gruner: Öffentliche Wohlfahrt und Judenverfolgung. Wechselwirkungen lokaler und zentraler Politik im NS-Staat, 1933–1945, München 2002, S. 35–45. Zu den fürsorgepolitischen Maßnahmen des NS-Regimes in der Phase des »autoritären Wohlfahrtsstaats« bis 1938 insgesamt, unter Betonung der Kontinuitäten zur Endphase der Weimarer Republik, siehe: Sachße/Tennstedt, Der Wohlfahrtsstaat (wie Anm. 24), S. 81–197; Wolfgang Ayaß: »Asoziale« im Nationalsozialismus, Stuttgart 1995.

1938, sondern schon unmittelbar nach der Machtübernahme in vielfältiger Weise zur Zielscheibe von Repression und Diskriminierung im Bereich des Fürsorgewesens. Entlassungen jüdischer Ärzte und Beamter gingen über die Vorschriften des Gesetzes vom April 1933 hinaus, jüdische Fürsorgeeinrichtungen wurden behindert, die zahlreicher werdenden jüdischen Fürsorgeempfänger erhielten geringere Leistungen und wurden von den anderen abgesondert.[53] Die massivste und in ihrer Radikalität und Brutalität neuartige Form des sozialpolitischen Interventionismus schließlich erhielt ihre Basis in dem schon am 14. Juli 1933 erlassenen Gesetz zur sogenannten »Verhütung erbkranken Nachwuchses«, das Zwangssterilisierungen zu einer legitimen bevölkerungspolitischen Maßnahme erklärte.[54]

Sozialpolitik stand damit, ungeachtet manch späteren Leistungsausbaus, unter dem Primat der Pflege des gesunden arischen »Volkskörpers«. Wer sich »produktiv« in ihn einordnete, durfte auf staatliche Hilfe und Fürsorge vertrauen; wen der Staat aber als »minderwertig« definierte, wurde ausgegrenzt – bis hin zur physischen Vernichtung. Erworbene Leistungsansprüche galten nicht mehr ohne Ansehen der Person. Auch der Sozialstaat hatte unter der NS-Herrschaft aufgehört, ein Rechtsstaat zu sein.

---

53 Gruner, Öffentliche Wohlfahrt (wie Anm. 52), S. 46–67.
54 Hans-Walter Schmuhl: Rassenhygiene, Nationalsozialismus, Euthanasie. Von der Verhütung zur Vernichtung »lebensunwerten Lebens« 1890–1945, Göttingen 1987, S. 151–160.

Wolfram Pyta

Kommentar zur Sektion I

I.

Die Aufgabe eines nachträglichen Kommentars von Beiträgen ausgewiesener Experten zum Sozialstaat in der Weimarer Republik kann nicht darin bestehen, die Kernthesen dieser Beiträge ausführlich zu repetieren. Die folgenden Ausführungen sollen daher dazu dienen, anhand dieser gedankenreichen Vorlagen zwei Problemkreise zu markieren, in welche besagte Darlegungen eingeordnet werden können. Dabei greift der Verfasser gelegentlich auf weiterführende Literatur zurück, die aber keineswegs mit dem Anspruch auf Vollständigkeit angeführt wird.

Alle Beiträge bringen nachdrücklich zum Ausdruck, wie sehr sich die erste deutsche Demokratie, die Weimarer Republik, über ihre sozialstaatliche Leistungsbilanz legitimierte. Gunther Mai streicht heraus, dass der Erste Weltkrieg sich hier als sozialpolitischer Schrittmacher erwies. Dabei gilt es zu betonen, dass die legitimationsstiftende Funktion der Sozialpolitik im Rahmen des Weimarer Projektes des »Volksstaates« keineswegs ein rein sozialdemokratisches Projekt war. Friedrich Naumann von der DDP stand in seiner Partei nicht alleine da, als er in den Beratungen der Weimarer Nationalversammlung für Deutschland eine Art sozialpolitische Vorreiterrolle im Weltmaßstab reklamierte.

In übergeordneter Perspektive lässt sich die herausragende Stellung des Sozialstaats beim demokratischen Neuanfang des Jahres 1919 auch als parteiübergreifender Versuch ansehen, für Deutschland ein politisches Projekt zu reklamieren, welches eine universale Ausrichtung enthielt. Die demokratischen Reformer hatten schon im ausgehenden Kaiserreich mit Bitterkeit registriert, dass von Deutschland keine werbende Ausstrahlung selbst auf dessen unmittelbare Nachbarn ausging, weil sich das Reich hinter einer kulturellen Schutzmauer verbarrikadierte und sich mit den »Ideen von 1914« in trotziger Absage an die universale Botschaft der Ideen von 1789 erschöpfte. Eine werbende Wirkung ging –

wie etwa Hugo Preuß beklagte[1] – von dieser nationalen Egozentrik selbst auf die Deutschland kulturell nahestehenden Völker nicht aus; die bewusste Hinwendung zum Sozialstaat sollte dieses Übel heilen helfen. So nachvollziehbar diese Aufladung des Sozialstaats als exportfähiges deutsches Modell in der Situation des Frühjahrs 1919 auch war – bei nüchterner Betrachtung wird man die strukturellen Probleme nicht übersehen dürfen, welche sich die Weimarer Republik damit einhandelte. An erster Stelle ist ein prinzipielles Legitimationsproblem anzuführen: Eine freiheitliche Demokratie liefert sich dem Grad des ökonomischen Wachstums und den daraus erwachsenden sozialpolitischen Verteilungsspielräumen aus, wenn sie dem Sozialstaat die Hauptlegitimationslast aufbürdet. In der Weimarer Republik war die Verlockung naheliegend, den Sozialstaat mit einer solchen legitimationsspendenden Funktion aufzuladen, weil der Sozialstaat in Deutschland der Einführung einer Demokratie vorausgegangen war und daher seine Aktivierung zu demokratiepolitischen Zwecken auf der Hand lag. Historisch gesehen hatte Deutschland angesichts seiner politischen Selbstbezogenheit und seiner trotzigen Einigelung auch wenig mehr an Attraktionen zu bieten als das Sozialstaatsmodell.

Doch man tut gut daran, sich zu vergegenwärtigen, dass die demokratische Republik sich damit eine gewaltige Aufgabe auflud. Karl Christian Führer ruft uns in seinem Beitrag die oft übersehene Tatsache in Erinnerung, dass eine Einlösung der sozialpolitischen Verheißungen darauf hinauslief, trotz der unabsehbaren Folgelasten eines verlorenen Krieges den Sozialstaat in Deutschland auszuweiten. Dass dies bis zur Einführung der Arbeitslosenversicherung als vierter Säule des Sozialstaats im Jahre 1927 geschehen konnte, spricht für einen bis dahin herrschenden sozialpolitischen Grundkonsens in der deutschen Politik und nicht zuletzt auch für die sozial pazifizierenden Wirkungen einer Expansion des Sozialstaats.

Doch der Rückbau des Sozialstaats in den Krisenjahren der Republik, der allerdings vor dem Kern der sozialpolitischen Errungenschaften der Republik Halt machte, wirft die Frage auf, ob sich die Weimarer Republik

---

1 So der liberale Politiker und Gelehrte Hugo Preuß in einem am 10. November 1917 publizierten Beitrag »Freiheit und Macht«, abgedruckt in: Hugo Preuß: Politik und Gesellschaft, Tübingen 2007, S. 675–678; dazu jetzt auch Wolfram Pyta: Hugo Preuß und die Parlamentarisierung der Monarchie im Ersten Weltkrieg, in: Detlef Lehnert (Hrsg.): Hugo Preuß, Köln 2011, S. 257–277.

nicht sozialpolitisch übernahm, als sie ein so ehrgeiziges Projekt in Angriff nahm. An dieser Stelle kann eine Erörterung des Verhältnisses von Sozialstaat und Nationalstaat nicht ausgespart werden. Gerade die Genese des deutschen Sozialstaatsmodells zeugt davon, wie sehr spezifisch nationale Traditionen (nicht zuletzt auch nationalkulturelle Spezifika) in diesen Prozess eingeflossen sind. Der Sozialstaat in Deutschland war ein dezidiert nationales Projekt; ja man kann ihn insbesondere mit Blick auf Frankreich »als eine singuläre deutsche Erscheinung«[2] werten. Daher musste der Sozialstaat und mit ihm der spezifisch deutsche Weg demokratischer Legitimation in Mitleidenschaft gezogen werden, als sich im Verlaufe der Republik die Einschränkungen der finanzpolitischen Souveränität durch die Folgen des Versailler Vertrags immer gravierender bemerkbar machten. In der Forschung werden seit Jahrzehnten die Argumente hin- und hergewendet, ob die radikale Austeritätspolitik Brünings eine letztlich von außen auferlegte Konsequenz der Bewältigung der finanziellen Lasten des verlorenen Krieges war oder ob Brüning vermeintliche fiskalische Zwänge gegenüber dem Ausland als Vorwand nutzte, um die Fesseln des Versailler Vertrags offensiv abzustreifen und dem Deutschen Reich die Rückkehr zu nationaler Machtstaatlichkeit zu ermöglichen. Dirk Schumann bilanziert in seinem Beitrag die Erträge der jüngeren Forschung und weist dabei darauf hin, dass exogene Faktoren allem Anschein nach eine größere handlungslimitierende Rolle für die deutsche Politik spielten als früher angenommen wurde: »Festzuhalten bleibt jedenfalls, dass die auf den Reichshaushalt wirkenden Zwänge nach den neuesten Forschungen eher größer als kleiner erscheinen und deutlicher als früher auf die Haltung des Auslands bezogen werden, vor allem auf die der USA«.[3]

Man wird daher eine abgewogene Bilanz der Fähigkeit des Sozialstaats zur Legitimation demokratischer Herrschaft nur unter Verweis auf die exogenen Faktoren von Sozialstaatlichkeit wie auf außerdeutsche Erfahrungen ziehen können. Der Blick auf Großbritannien und insbesondere

---

2 Petra Weber: Gescheiterte Sozialpartnerschaft – Gefährdete Republik? Industrielle Beziehungen, Arbeitskämpfe und der Sozialstaat. Deutschland und Frankreich im Vergleich (1918–1933/39), München 2010, S. 1094; zu nationalen Spezifika des deutschen Sozialstaatsmodells vgl. auch Christoph Butterwegge: Krise und Zukunft des Sozialstaates, Opladen 2006, S. 28.
3 Dirk Schumann: Bewährung in der Krise oder völlige Zerstörung? Die Erosion des Sozialstaats in der Endphase der Weimarer Republik und der Übergang in die Diktatur, hier in diesem Band. S. 89.

auf das in mancherlei Hinsicht mit Deutschland wesentlich besser vergleichbarere Frankreich können den Eindruck vermitteln, dass krisenfeste, ökonomischen Gezeiten wesentlich weniger stark ausgelieferte Demokratien dort am besten gediehen, wo die politische Kultur auf der Ebene der normativen Einstellungen wie der symbolischen Repräsentationskraft demokratischer Institutionen ein Legitimitätspolster auch in Zeiten wirtschaftlicher Krisen und sozialpolitischer Verwerfungen bereithielt.[4] Das Beispiel Frankreich lehrt zudem, dass selbst die Arbeiterschaft nicht auf eine sozialstaatliche Expansion angewiesen war, um die Demokratie mit dem erforderlichen Maß an Legitimation zu versehen: »Niemand in Frankreich – und schon gar nicht die Arbeiter – knüpfte die Loyalität zur Republik an den Ausbau des Sozialstaates«.[5]

II.

Der cultural turn lädt geradezu dazu ein, auch dem Sozialstaat neue kulturhistorische Facetten abzugewinnen. Eine solche Perspektive verspricht vor allem in zweierlei Hinsicht heuristischen Ertrag: Der erste Zugriff thematisiert zeitkulturelle Aspekte, die in den Sozialstaatsdiskurs eingelagert sind; der zweite Ansatz fragt nach tiefsitzenden Dispositionen der politischen Soziokultur, die der Sozialstaatsdiskurs zu mobilisieren und zu ästhetischer Expression zu bringen vermag.

Sozialstaatsdenken trat in den Anfängen der Weimarer Republik nicht selten mit dem emphatischen Anspruch einer grundlegenden Vertiefung und Verfeinerung der Demokratie als Menschheitsaufgabe auf. Reichsminister Eduard David brachte eine weit verbreitete Erwartungshaltung auf den Punkt, wenn er am 4. März 1919 vor der Nationalversammlung in Weimar ausführte: »Wir haben kein Vorbild, hier betreten wir Neuland, und hier […] hat das deutsche Volk eine nationale Weltmission zu erfüllen. […] Möge sie [die Weimarer Nationalversammlung, d. Verf.] ein

---

4 Dazu Andreas Wirsching: Verfassung und Verfassungskultur in der Zwischenkriegszeit, in: Christoph Gusy (Hrsg.): Demokratie in der Krise: Europa in der Zwischenkriegszeit, Baden-Baden 2008, S. 371–389, vor allem S. 388 f.; allgemein zur kulturellen Fundierung von Demokratien vgl. Wolfram Pyta: Demokratiekultur: Zur Kulturgeschichte demokratischer Institutionen, in: Detlef Lehnert (Hrsg.): Demokratiekultur in Europa. Politische Repräsentation im 19. und 20. Jahrhundert, Köln 2011, S. 23–45.
5 Weber, Sozialpartnerschaft (wie Anm. 2), S. 843.

bahnbrechendes Werk schaffen, das dem ferneren Aufstieg der ganzen Menschheit dient!«[6] Sozialstaatsdenken besaß eine ausgeprägte temporale Dimension insofern, als sie einen Erwartungshorizont absteckte, der sich von der sozialen Ausgestaltung der Demokratie deren Kräftigung und Fundierung versprach. Reinhart Koselleck hat die Begriffe »Erfahrungsraum« und »Erwartungshorizont« als dynamische Kategorien zur Bestimmung historischer Zeitverarbeitung eingeführt[7], deren Hauptleistung darin besteht, dass der dadurch artikulierte Umgang mit Zeit Handlungsoptionen definiert, die für historische Akteure maßgeblich sind.

Im Falle des Sozialstaatsdiskurses in der Weimarer Republik lässt sich eine Konstellation registrieren, in welcher die Erfahrungswerte mit dem vordemokratischen Sozialstaat des Kaiserreichs zu einem Erwartungsüberschuss an die Adresse der jungen Demokratie führten. Wenn bereits der vordemokratische monarchische Staat beitragsfinanzierte Sozialversicherungen eingeführt und damit eine soziale Grundsicherung errichtet hatte, dann stand von einer Republik, die auf dem Prinzip der Volkssouveränität beruhte, zu erwarten, dass sie diese Ansätze weiterführen und perfektionieren würde. Die spannungsfreie Verschmelzung von »Erfahrungsraum« und »Erwartungshorizont« im Falle des Sozialstaatsdiskurses konfrontierte die junge Demokratie mit einem Übermaß an Erwartungen, denen sie eigentlich nur unter den Bedingungen eines beständigen Wirtschaftswachstums und der sich daraus eröffnenden sozialpolitischen Gestaltungsspielräume gerecht zu werden vermochte.[8]

Die Erfolgsgeschichte des Sozialstaats, die sich nicht zuletzt darin manifestiert, dass seine Fundamente die abrupten politischen Zäsuren der an solchen Einschnitten wahrlich nicht armen deutschen Geschichte – von den 1880er Jahren bis zur Wiedervereinigung im Jahre 1990 waren

---

6 Verhandlungen der verfassunggebenden Deutschen Nationalversammlung, Bd. 326, Berlin 1920, S. 501 f.
7 Reinhart Koselleck: »Erfahrungsraum« und »Erwartungshorizont« – zwei historische Kategorien, in: ders.: Vergangene Zukunft, Frankfurt a. M. 1984, S. 349–375.
8 Vgl. dazu grundlegend Thomas Mergel: Das parlamentarische System von Weimar und die Folgelasten des Ersten Weltkrieges, in: Andreas Wirsching (Hrsg.): Herausforderungen der parlamentarischen Demokratie, München 2007, S. 37–59, vor allem S. 53; zu den Erwartungsstrukturen siehe auch ders.: Führer, Volksgemeinschaft und Maschine. Politische Erwartungsstrukturen in der Weimarer Republik und im Nationalsozialismus 1918–1936, in: Wolfgang Hardtwig (Hrsg.): Politische Kulturgeschichte der Zwischenkriegszeit 1918–1939, Göttingen 2005, S. 91–127.

auf deutschem Boden fünf verschiedene politische Systeme anzutreffen – überdauerte, legt die Frage nach einer kulturellen Unterfütterung des Sozialstaats in Deutschland nahe. Diese Frage wird zwar hier und da in der Literatur eher am Rande angesprochen, scheint aber bislang nicht wirklich in monographischer Form vertieft worden zu sein. Immerhin liegt eine gewichtige Geschichte der Bundesrepublik Deutschland vor, die sich am Leitbegriff der »Sicherheit« orientiert[9], der zwar nicht bedeutungsgleich mit den Deutungsmustern ist, die in den Sozialstaat hineingelegt wurden und werden, aber doch Berührungsflächen aufweist. Die originelle Verknüpfung kulturell verfestigter Dispositionen und daraus abgeleiteter politischer Aktionen ist jedenfalls für die Geschichte des deutschen Sozialstaats noch zu schreiben. Am Anfang steht die Beobachtung, dass bereits die Begründung des Sozialstaats durch Bismarck von einer konservativ-paternalistischen, protestantisch grundierten Kultur der Fürsorge getragen wurde.[10] Wie aber lässt sich diese kulturelle Fundierung des Sozialstaats begrifflich präzise erfassen? Hier hält – wie so oft – die auf Karl Rohe zurückgehende, in der Geschichtswissenschaft erstaunlich wenig rezipierte politische Kulturforschung ein elaboriertes begriffliches Instrumentarium bereit.

Folgen wir den terminologischen Offerten, die Karl Rohe im Jahre 1990 in einem bahnbrechenden Aufsatz in der »Historischen Zeitschrift« entwickelte[11], dann bietet es sich an, eine Sozialstaatskultur anzusiedeln in dem Bereich, den Rohe »politische Soziokultur« nannte, nämlich in der sozialen Praxis gelebte und dort reproduzierte, fest verwurzelte politische Grundannahmen.[12] Damit eine Innovation wie der Sozialstaat lebensweltlich verankert wurde, bedurfte es gezielter politischer und diskursiver Anstrengungen der politischen Akteure über einen längeren Zeitraum. Solche, in der »politischen Deutungskultur« zu verortende Entwicklungen bedürften einer historisch-systematischen Analyse. Dabei muss auch der Ausdrucksseite der politischen Kultur ein angemessener Platz eingeräumt werden: »Politische Kultur ist politischer Sinn,

---

9 Eckart Conze: Die Suche nach Sicherheit. Eine Geschichte der Bundesrepublik Deutschland von 1949 bis in die Gegenwart, München 2009.
10 Entsprechende Befunde hat Butterwegge (wie Anm. 2), S. 44 f. zusammengetragen.
11 Karl Rohe: Politische Kultur und ihre Analyse. Probleme und Perspektiven der politischen Kulturforschung, in: Historische Zeitschrift 250 (1990), S. 321–346.
12 Ebd., S. 340 f.

der auch sinnenfällig werden muß«.[13] Auf diese Weise ist zugleich ein Forschungsprogramm markiert, das die genuin ästhetische Dimension des Sozialstaatsdiskurses in den Blick nimmt. Eine symbolische Aufladbarkeit des Sozialstaats, wie sie zumindest in der jüngsten deutschen Geschichte mit den Händen zu greifen ist, setzt eine ästhetisch vollzogene Aufwertung des Sozialstaats voraus. Hier ist eine neugierige, interdisziplinär ausgerichtete Kooperation mit Konzepten der Literaturwissenschaft als der Königsdisziplin der ästhetischen Wissenschaften unerlässlich, um die Dynamik zwischen ästhetischer Formatierung und politischer Weiterentwicklung des Sozialstaats einfangen zu können. Für die Kultur des Umgangs mit Geld (die man angelehnt an derzeitige Debatten im europäischen Raum Stabilitätskultur nennen könnte) liegt immerhin bereits eine allerdings kaum beachtete monographische Studie eines in den USA lehrenden Germanisten vor.[14]

13 Ebd., S. 337.
14 Bernd Widdig: Culture and Inflation in Weimar Germany, Berkeley 2001.

Michael Ruck

Expansion um jeden Preis?
Sozialreformen unter den Vorzeichen von Wirtschaftswunder und Wirtschaftswachstum in der Bundesrepublik[1]

1. Wiederherstellung und Ausbau des westdeutschen Sozialstaats

Die »alte« Bundesrepublik ist nach der »sozialrechtlichen Rekonstruktion«[2] in den Bereichen Sozialversicherung und Arbeitsbeziehungen sowie dem temporären Ausgleich gesellschaftlicher Kriegsfolgen Ende der 1940er, Anfang der 1950er Jahre[3] bald schon wieder auf säkularen Entwicklungspfad wohlfahrtsstaatlicher Expansion eingeschwenkt.[4] Zwei Ausbauschübe prägten diese Entwicklung:

Die erste wohlfahrtsstaatliche Expansionswelle der Wiederaufbauzeit fand mit der Rentenreform von 1957 ihren spektakulären Abschluss.[5] Diesem »Jahrhundertprojekt« hatte das zweite Adenauer-Kabinett u. a. das Kindergeldgesetz (1954)[6], das Landwirtschaftsgesetz (1955)[7] und das Gesetz über eine Altershilfe für Landwirte (1957)[8] vorangeschickt.

---

1 Die Vortragsform dieser problemorientierten, für den Druck annotieren Skizze wurde beibehalten.
2 Hans Günter Hockerts: Die historische Perspektive – Entwicklung und Gestalt des modernen Sozialstaats in Europa, in: Sozialstaat – Idee und Entwicklung, Reformzwänge und Reformziele, Köln 1996, S. 27–48, hier S. 38.
3 Vgl. dazu umfassend Geschichte der Sozialpolitik in Deutschland seit 1945, Bd. 1: Grundlagen der Sozialpolitik, Baden-Baden. Die einschlägigen Beiträge dieses grundlegenden Reihenwerkes werden im Folgenden nicht einzeln angemerkt.
4 Udo Wengst (Hrsg.): 1945–1949. Die Zeit der Besatzungszonen. Sozialpolitik zwischen Kriegsende und der Gründung zweier deutscher Staaten (Geschichte der Sozialpolitik in Deutschland seit 1945, Bd. 2), Baden-Baden 2001; Günther Schulz (Hrsg.): 1949–1957. Bundesrepublik Deutschland. Bewältigung der Kriegsfolgen, Rückkehr zur sozialpolitischen Normalität (Geschichte der Sozialpolitik in Deutschland seit 1945, Bd. 3), Baden-Baden 2005.
5 Vgl. dazu umfassend Schulz, 1949–1957 (wie Anm. 4).
6 Vgl. dazu eingehend Dagmar Nelleßen-Strauch: Der Kampf um das Kindergeld. Grundanschauungen, Konzeptionen und Gesetzgebung 1949–1964, Düsseldorf 2003, S. 91–164.

Die zweite Expansionswelle setzte erst 1966/67 ein, um 1970 ihren Gipfelpunkt zu erreichen.[9] Unter den Auspizien sozialdemokratischer Ressortverantwortung[10] und gewerkschaftlicher Mitarbeit in korporatistischen Institutionen[11] wurden neben diversen Leistungserweiterungen im bestehenden System (Familienhilfen, Krankenversicherung, Rentenversicherung) nun die Arbeitsbeziehungen und die abhängig Beschäftigten wieder stärker in das Zentrum staatlicher Sozialreformen gerückt. Dafür stehen vor allem das Lohnfortzahlungsgesetz für Arbeiter (1969), das Arbeitsförderungsgesetz (1969) und das Bundesausbildungsförderungsgesetz (1971) sowie das Betriebsverfassungsgesetz (1972) und das Mitbestimmungsgesetz (1976).

2. Konsolidierung und Expansion des Sozialstaats gegen Ende der Nachkriegszeit

In der Übergangs- resp. Scharnierzeit zwischen den »langen 50er Jahren«[12] und den »langen 60er Jahren«[13] scheint auf den ersten Blick der gesell-

---

7 Vgl. dazu Friedrich-Wilhelm Henning: Landwirtschaft und ländliche Gesellschaft in Deutschland, Bd. 2: 1750 bis 1976, Paderborn u. a. ²1988, S. 276 ff.
8 Vgl. dazu eingehend Wilfried Feldenkirchen: Das Gesetz über eine Altershilfe für Landwirte (GAL), in: Zeitschrift für Agrargeschichte und Agrarsoziologie 36 (1988), S. 78–97.
9 Vgl. dazu umfassend Hans Günter Hockerts (Hrsg.): 1966–1974. Bundesrepublik Deutschland. Eine Zeit vielfältigen Aufbruchs (Geschichte der Sozialpolitik in Deutschland seit 1945, Bd. 5), Baden-Baden 2006.
10 Vgl. dazu umfassend Kurt Klotzbach: Der Weg zur Staatspartei. Programmatik, praktische Politik und Organisation der deutschen Sozialdemokratie 1945–1965, unveränd. Neudr., Bonn 1996 (zuerst 1982); Klaus Schönhoven: Wendejahre. Die Sozialdemokratie in der Zeit der Großen Koalition 1966–1969, Bonn 2004; ders.: Zwischen Euphorie und Ernüchterung: SPD-dominierte Bundesregierungen, in: Hans-Peter Schwarz (Hrsg.): Die Bundesrepublik Deutschland. Eine Bilanz nach 60 Jahren, Köln u. a. 2008, S. 77–97.
11 Vgl. dazu etwa Michael Ruck: Die Republik der Runden Tische: Konzertierte Aktionen, Bündnisse und Konsensrunden, in: André Kaiser/Thomas Zittel (Hrsg.): Demokratietheorie und Demokratieentwicklung. Festschrift für Peter Graf Kielmansegg, Wiesbaden 2004, S. 333–356.
12 Vgl. dazu Werner Abelshauser: Die Langen Fünfziger Jahre. Wirtschaft und Gesellschaft der Bundesrepublik Deutschland 1949–1966, Düsseldorf 1987.
13 Vgl. dazu Axel Schildt/Arnold Sywottek (Hrsg.): Modernisierung im Wiederaufbau. Die westdeutsche Gesellschaft der 50er Jahre, Bonn 1993; Axel Schildt: Moderne Zeiten. Freizeit, Massenmedien und »Zeitgeist« in der Bundesrepublik der 50er

schaftspolitische Transformationselan der westdeutschen Sozialpolitik(er) erlahmt zu sein. Gelegentlich sind die Jahre um 1960 denn auch als deren »konservativste Periode« in die Nachkriegsgeschichte der westdeutschen Sozialpolitik eingeordnet worden.[14] Weniger abschätzig wird dieser Zeitraum gemeinhin als eine Phase der sozialpolitischen »Konsolidierung« apostrophiert.[15]

Der erste Augenschein täuscht freilich darüber hinweg, dass während der mittleren Jahre des westeuropäischen Nachkriegs-»Booms« (1948–1973)[16] sozialpolitische Weichenstellungen ins Werk gesetzt wurden, welche mit diesem Schlagwort nicht angemessen umschrieben werden.[17] Deren ressourcenrelevante Langzeitwirkungen haben nachhaltig gewirkt – teils bis in die Gegenwart hinein. Gerade an dieser vermeintlich »ruhigen« Entwicklungsphase lassen sich daher jene Handlungskonstellationen paradigmatisch untersuchen, welche die kostenträchtige Expansion des (west)deutschen Sozialstaats auch über die Wiederaufbau- und Prosperitätsjahre hinaus angetrieben haben:

Erstens expandierte die administrative Infrastruktur während dieser Übergangsphase in einem Maße, das allenfalls mit den Anfangsjahren der Weimarer Republik vergleichbar ist.[18]

Jahre, Hamburg 1995; ders. u. a. (Hrsg.): Dynamische Zeiten. Die 60er Jahre in den beiden deutschen Gesellschaften, Hamburg 2000.

14 Helga Michalsky: Parteien und Sozialpolitik in der Bundesrepublik Deutschland, in: Sozialer Fortschritt 33 (1984), S. 134–142, hier S. 142; zit. nach: Manfred G. Schmidt: Sozialpolitik. Historische Entwicklung und internationaler Vergleich, Opladen 1988, S. 76. Vgl. auch Hans Günter Hockerts: Sozialpolitik in der Bundesrepublik Deutschland, in: Hans Pohl (Hrsg.): Staatliche, städtische, betriebliche und kirchliche Sozialpolitik vom Mittelalter bis zur Gegenwart, Stuttgart 1991, S. 359–379, hier S. 368 (»gilt als langweilig und unbedeutend«).

15 Vgl. etwa Jens Alber: Der Sozialstaat in der Bundesrepublik 1950–1983, Frankfurt a. M./New York 1983, S. 235; Hans F. Zacher: Vierzig Jahre Sozialstaat – Schwerpunkte der rechtlichen Ordnung, in: Norbert Blüm/Hans F. Zacher (Hrsg.): 40 Jahre Sozialstaat Bundesrepublik Deutschland, Baden-Baden 1989, S. 19–129, hier S. 56.

16 Hartmut Kaelble (Hrsg.): Der Boom 1948–1973. Gesellschaftliche und wirtschaftliche Folgen in der Bundesrepublik Deutschland und in Europa, Opladen 1992.

17 Vgl. dazu umfassend Michael Ruck/Marcel Boldorf (Hrsg.): 1957–1966. Bundesrepublik Deutschland. Sozialpolitik im Zeichen des erreichten Wohlstands (Geschichte der Sozialpolitik in Deutschland seit 1945, Bd. 4), Baden-Baden 2007.

18 Vgl. allgemein Thomas Ellwein: Der Staat als Zufall und Notwendigkeit. Die jüngere Verwaltungsentwicklung in Deutschland am Beispiel Ostwestfalen-Lippe, Bd. 2: Die öffentliche Verwaltung im gesellschaftlichen und politischen Wandel 1919–1990, Opladen 1997, S. 336.

Zweitens wurde vor dem Hintergrund der anhaltenden Hochkonjunktur mit dem Bundessozialhilfegesetz (1961) eine grundlegende, in ihrer Zielrichtung überfällige Umgestaltung der früheren »Armenhilfe« gesetzlich verankert[19], deren Kostendynamik seit dem Ende des wirtschaftlichen Nachkriegsbooms Mitte der 1970er Jahre[20] und erst recht seit der deutschen Wiedervereinigung[21] nicht nur die kommunale Selbstverwaltung zusehends an den Rand der Handlungs- und Funktionsunfähigkeit gedrängt hat.[22]

Drittens wurden von den Akteuren in der sozialpolitischen Arena ausgabenträchtige Konfliktlösungsstrategien einer klientelzentrierten Entflechtung ursprünglich aufeinander abgestimmter Reformpakete und der kumulativen Kompromisse[23] eingeübt.

19 Vgl. dazu ausführlich Friederike Föcking: Fürsorge im Wirtschaftsboom. Die Entstehung des Bundessozialhilfegesetzes von 1961, München 2007. Vgl. ferner Volker Hentschel: Geschichte der deutschen Sozialpolitik 1880–1980. Soziale Sicherung und kollektives Arbeitsrecht, Frankfurt a. M. 1983, S. 196–198; Jochen Schmitt: Arbeits- und Sozialverwaltung einschließlich Sozialversicherung und Sozialversorgung, in: Kurt G. A. Jeserich u. a. (Hrsg.): Deutsche Verwaltungsgeschichte, Bd. 5: Die Bundesrepublik Deutschland, Stuttgart 1987, S. 564–585, hier S. 572–575; Walter Schellhorn: Fürsorge, in: Blüm/Zacher, 40 Jahre (wie Anm. 15), S. 651–668, hier S. 655 ff.
20 Vgl. dazu umfassend Martin H. Geyer (Hrsg.): 1974–1982. Bundesrepublik Deutschland. Neue Herausforderungen, wachsende Unsicherheit (Geschichte der Sozialpolitik in Deutschland seit 1945, Bd. 6), Baden-Baden 2005; Manfred G. Schmidt (Hrsg.): 1982–1989. Bundesrepublik Deutschland. Finanzielle Konsolidierung und institutionelle Reform (Geschichte der Sozialpolitik in Deutschland seit 1945, Bd. 7), Baden-Baden 2005.
21 Vgl. dazu umfassend Gerhard A. Ritter (Hrsg.): 1989–1994. Bundesrepublik Deutschland. Sozialpolitik im Zeichen der Vereinigung (Geschichte der Sozialpolitik in Deutschland seit 1945, Bd. 11). Baden-Baden 2006.
22 Vgl. Alber, Sozialstaat (wie Anm. 15), S. 168 ff.; Hockerts, Sozialpolitik Bundesrepublik (wie Anm. 14), S. 369; Ellwein, Staat (wie Anm. 18), S. 535.
23 Vgl. Günther Schulz: Kompromiß durch Addition. Zur Sozialpolitik von CDU/CSU und SPD in den ersten Jahrzehnten der frühen Bundesrepublik, in: Hermann Schäfer (Hrsg.): Geschichte in Verantwortung. Festschrift für Hugo Ott zum 65. Geburtstag, Frankfurt a. M./New York 1996, S. 287–306, vor allem S. 302 ff. (»additive Kompromisse«); vgl. ferner Hockerts, Perspektive (wie Anm. 2), S. 42.

3. Expansive Sozialpolitik im westdeutschen Daseinsvorsorgestaat

Was die Akteure des Handlungsfeldes »Sozialpolitik« anbelangt, fällt in erster Linie das steigende Gewicht der Sozialadministration ins Auge. Die Vergrößerung und institutionelle Ausdifferenzierung der zuständigen Bundesministerien wie auch die schrittweise Ausgliederung entsprechender Fachressorts aus den Innen- und Wirtschaftsministerien der Länder Ende der 1950er, Anfang der 1960er Jahre weisen bereits darauf hin.[24] Im Laufe der 1950er Jahre hatten Nationalökonomie und Staatswissenschaft endgültig ihre frühere Schlüsselrolle als wichtige Impulsgeber der sozialpolitischen Diskurse eingebüßt.[25] Als Motor der wohlfahrtsstaatlichen Entwicklungsdynamik trat stattdessen die Staats- und Kommunalverwaltung immer stärker auf den Plan.

Vor allem die jüngeren Jahrgänge der administrativen Eliten hatten mittlerweile fest jenes Leitbild des »Daseinsvorsorgestaates« verinnerlicht, das Ernst Forsthoff seit Ende der 1930er Jahre vergeblich zu lancieren versuchte, um der öffentlichen Verwaltung neuen Rückhalt im polykratischen Machtgerangel des NS-Staates zu geben.[26] In den 1950er Jahren hatte vor allem auch die Frontstellung des deutschen Weststaates im globalen Ost-West-Konflikt ihre älteren Kollegen davon abgehalten, sich nicht abermals jenem »Hang zu passiver Resistenz«[27] gegenüber dem demokratisch-pluralistischen Parteien- und Verbändestaat hinzugeben, mit dem die höhere Beamtenschaft ihren Teil dazu beigetragen hatte, die politische und gesellschaftliche Konsolidierung der Weimarer Republik zu verhindern. Als der Kalte Krieg 1961/62 seinen Scheitelpunkt überschritten hatte, wandte sich die nachrückende Generation verstärkt der bürokratisch-technokratischen Prävention und Be-

---

24 Vgl. etwa (für Baden-Württemberg) Willi A. Boelcke: Sozialgeschichte Baden-Württembergs 1800–1989, Stuttgart u. a. 1989, S. 413 ff., vor allem S. 416.

25 Vgl. Hans G. Hockerts: Bürgerliche Sozialreform nach 1945, in: Rüdiger vom Bruch (Hrsg.): »Weder Kommunismus noch Kapitalismus«. Bürgerliche Sozialreform in Deutschland vom Vormärz bis zur Ära Adenauer, München 1985, S. 245–273, hier S. 259.

26 Vgl. dazu und zum Folgenden Hans Hattenhauer: Zum Beamtenleitbild des 20. Jahrhunderts, in: NS-Recht in historischer Perspektive (Kolloquien des Instituts für Zeitgeschichte), München/Wien 1981, S. 109–133, hier S. 130 ff.

27 Theodor Eschenburg: Der bürokratische Rückhalt, in: Richard Löwenthal/Hans-Peter Schwarz (Hrsg.): Die Zweite Republik. 25 Jahre Bundesrepublik Deutschland. Eine Bilanz, Stuttgart 1974, S. 64–94, hier S. 89.

arbeitung innerer Konflikte im Zeichen der umfassenden Daseinsvorsorge zu.[28]

Allen Beschwörungen des Subsidiaritätsprinzips zum Trotz fand sie dafür im politischen Raum weithin Unterstützung. Zu offensichtlich hatten die langfristige Säkularisierung, die Rückwirkungen der NS-Penetrationsversuche und die generelle Erosion der sozialen Milieus die kollektiven Selbsthilfeeinrichtungen geschwächt, zu deutlich hatten Mobilität, Individualisierung, familiärer Strukturwandel und die sich allmählich verändernde Rollendefinition der (Ehe-)Frau die traditionellen Selbsthilfemechanismen im Familienverband, in Kleingruppen und im Wohnquartier außer Funktion gesetzt.[29] Ein immer dichter geknüpftes Netz vertikaler und horizontaler »Fachbruderschaften«[30] zwischen den verschiedenen Verwaltungsebenen, den sozialen Selbstverwaltungskörperschaften, einschlägig interessierten Verbänden sowie ihren Vertrauensleuten in Parteien und Parlamenten verlieh den wachsenden Anforderungen der Sozialadministration erhebliche Durchschlagskraft.

Überdies hatte sich die wohlfahrtspolitische Konkurrenz der großen Parteien inzwischen weitgehend auf die quantitative Differenzierung und Ausweitung der Leistungsangebote reduziert. Große sozialreformerische Würfe emanzipatorischer Zielrichtung waren mit den volksparteilichen Aspirationen der SPD nach Godesberg und dem Mauerbau

---

28 Michael Heisig: Armenpolitik im Nachkriegsdeutschland (1945–1964). Die Entwicklung der Fürsorgeunterstützungssätze im Kontext allgemeiner Sozial- und Fürsorgereform, 2 Bde., Diss. Bremen 1990, Diss.-Druck, Bremen 1992, S. 499 f., identifiziert die Jahre um 1960 als eigentliche Take-off-Phase eines Zentralisierungsprozesses, im Verlaufe dessen die expandierende »Wohlfahrtsexpertokratie« aller Ebenen gemeinsam für eine »Einebnung der Richtsatzlandschaft« gesorgt habe. Zur traditionellen Dominanz »fachlicher«, vermeintlich »unpolitischer« Verhaltensdispositionen der deutschen (Sozial-)Verwaltung vgl. ebd., S. 496 f. Vgl. auch ders.: Armenpolitik im Nachkriegsdeutschland (1945–1964). Die Entwicklung der Fürsorgeunterstützungssätze im Kontext allgemeiner Sozial- und Fürsorgereform, Hrsg. Deutscher Verein für Öffentliche und Private Fürsorge, Frankfurt a. M. 1995.
29 Vgl. Ellwein, Staat (wie Anm. 18), S. 329–331.
30 Frido Wagener: Der öffentliche Dienst im Staat der Gegenwart, in: Erhard Denninger/Hans Hugo Klein: Verfassungstreue und Schutz der Verfassung. Der öffentliche Dienst im Staat der Gegenwart. Berichte und Diskussionen auf der Tagung der Vereinigung der Deutschen Staatsrechtslehrer in Bonn vom 4.–7. Oktober 1978, Berlin/New York 1979, S. 215–266, hier S. 238–243 (I.6. Lust der Selbstbestimmung in vertikalen Fachbruderschaften); vgl. ebd., S. 251 ff. et passim. Vgl. dazu Ellwein, Staat (wie Anm. 18), S. 350 f.; ebd., S. 445 ff. und vor allem S. 447.

ebenso unvereinbar wie eine Klientelpolitik, die allzu sehr nur auf Arbeiter und kleine Angestellte abgestellt war.[31] Andererseits hatten sich deren Gewerkschaften seit Mitte der 1950er Jahre darauf verlegt, die absolute und relative Wohlstandsposition ihrer Klientel auf dem Boden der Sozialen Marktwirtschaft durch tarifliche und sozialpolitische Fortschritte zu verbessern.[32] Mit Rücksicht auf die Arbeitsmarkt- und Auftragslage setzten die Arbeitgeberorganisationen dieser Strategie mehr rhetorischen als praktischen Widerstand entgegen. Und die Unionsparteien mussten mit Blick auf die »neue« SPD mehr denn je darum besorgt sein, neben den traditionellen Zielgruppen ihrer sozialen Angebote (Landwirtschaft, Flüchtlinge und Vertriebene, kleine Selbständige, Kirchen) auch die Arbeitnehmerschaft nicht zu vernachlässigen.[33]

4. Kumulative Ausweitungen des Sozialbudgets im Zeichen von Prosperität und volksparteilicher Konkurrenz

Damit schrumpften die sozialpolitischen Differenzen zwischen Sozialdemokratie und Unionsparteien de facto auf die wirtschafts- und finanzpolitische Schlüsselfrage, bis zu welcher Höhe das gesamtgesellschaftliche Sozialbudget noch mit den übergeordneten Zielen ökonomischer

---

31 Vgl. Hans-Jörg von Berlepsch: »Sozialistische Sozialpolitik«? Zur sozialpolitischen Konzeption und Strategie der SPD in den Jahren 1949 bis 1966, in: Klaus Tenfelde (Hrsg.): Arbeiter im 20. Jahrhundert, Stuttgart 1991, S. 461–482, vor allem S. 465 und S. 481.
32 Vgl. dazu Joachim Bergmann u. a.: Gewerkschaften in der Bundesrepublik. Gewerkschaftliche Lohnpolitik zwischen Mitgliederinteressen und ökonomischen Systemzwängen, Frankfurt a. M./Köln 1975; Andrei S. Markovits: The Politics of the West German Trade Unions. Strategies of Class and Interest Representation in Growth and Crisis, Cambridge 1986; Klaus Schönhoven: Die deutschen Gewerkschaften, Frankfurt a. M. 1987, S. 217 ff.; Rainer Kalbitz: Gewerkschaftliche Tarifpolitik in den Jahren des Wirtschaftswunders, in: Hans-Otto Hemmer/Kurt Th. Schmitz (Hrsg.): Geschichte der Gewerkschaften in der Bundesrepublik Deutschland. Von den Anfängen bis heute, Köln 1990, S. 183–247; ders.: Tarifpolitik, Streik, Aussperrung. Die Gestaltungskraft der Gewerkschaften des DGB nach 1945, Köln 1990.
33 Vgl. dazu Dorothee Buchhaas: Die Volkspartei. Programmatische Entwicklung der CDU 1950–1973, Düsseldorf 1981, S. 273 f.; Günther Schulz: Die sozial- und gesellschaftspolitischen Entscheidungen der CDU, in: Gerd Langguth (Hrsg.): In Verantwortung für Deutschland. 50 Jahre CDU, Köln u. a. 1996, S. 99–119.

Prosperität und monetärer Stabilität vereinbar sei.³⁴ Da die Öffentlichen Hände aktuell über reichliche Finanzressourcen verfügten, wurde diese Frage immer häufiger zugunsten punktueller Leistungsausweitungen beantwortet.³⁵ In Synergie mit den Folgekosten der Rentenreform von 1957 und der ungebremsten Ausgabenexpansion der Gesetzlichen Krankenversicherung trieben sie die gesamtwirtschaftliche Sozialleistungsquote von 1960 bis 1965, während der vermeintlichen »Konsolidierungs«-Phase also, von knapp 23 auf 25 Prozent.³⁶

34 Vgl. (mit Blick auf die internen Differenzen der SPD) Berlepsch, »Sozialistische Sozialpolitik« (wie Anm. 31), S. 470 ff.
35 Vgl. allgemein Ellwein, Staat (wie Anm. 18), S. 461 ff. Vgl. mit Blick auf die sozialstaatliche Moderation des erwerbsgesellschaftlichen Strukturwandels Alber, Sozialstaat (wie Anm. 15), S. 157; Hans G. Hockerts: Sozialversicherung – soziale Sicherheit – Sozialpolitik: Die Entwicklung vom Zweiten Weltkrieg bis zur Gegenwart, in: Peter A. Köhler/Hans F. Zacher (Hrsg.): Beiträge zu Geschichte und aktueller Situation der Sozialversicherung, Berlin 1983, S. 140–166, hier S. 148 f., S. 152; Hans-Jürgen Krupp: Strukturwandel, in: Blüm/Zacher, 40 Jahre (wie Anm. 15), S. 681–699, vor allem S. 688 f.; Paul Erker: Keine Sehnsucht nach der Ruhr. Grundzüge der Industrialisierung in Bayern 1900–1970, in: Geschichte und Gesellschaft 17 (1991), S. 480–511, S. 509 (Bayern); Werner Plumpe: Das Ende der Koloniezeit. Gedanken zur Sozial- und Wirtschaftsgeschichte des Ruhrgebietes in den 50er und 60er Jahren, in: Jan-Pieter Barbian/Ludger Heid (Hrsg.), Die Entdeckung des Ruhrgebiets. Das Ruhrgebiet in Nordrhein-Westfalen. 1946–1996, Essen 1997, S. 146–172, hier S. 164 f. (Ruhrgebiet). Bergbau: Walter Arendt: Das Sozialprogramm für den Bergbau in der Strukturkrise, in: Reinhart Bartholomäi u. a. (Hrsg.): Sozialpolitik nach 1945. Geschichte und Analysen. Prof. Dr. Ernst Schellenberg zum 70. Geburtstag, Bonn-Bad Godesberg 1977, S. 239–249; Werner Abelshauser: Der Ruhrkohlenbergbau seit 1945. Wiederaufbau, Krise, Anpassung, München 1984. Landwirtschaft: Heinz Frehsee/Detlev Zöllner: Die Entwicklung der Agrarsozialpolitik, in: Bartholomäi u. a., Sozialpolitik (wie Anm. 35), S. 263–273; Detlev Zöllner: Landesbericht Deutschland, in: Peter A. Köhler/Hans F. Zacher (Hrsg.): Ein Jahrhundert Sozialversicherung in der Bundesrepublik Deutschland, Frankreich, Großbritannien, Österreich und der Schweiz, Berlin 1981, S. 45–179, hier S. 148 f.; ders.: Agrarsozialpolitik, in: Blüm/Zacher, 40 Jahre (wie Anm. 15), S. 413–422, hier S. 416 f.; Hentschel, Geschichte (wie Anm. 19), S. 181.
36 Alber, Sozialstaat (wie Anm. 15), S. 77 ff., vor allem S. 78 f. und S. 85 ff.; Wolfgang Glatzer u. a.: Recent Social Trends in West Germany, 1960–1990, Frankfurt a. M. u. a. 1992, S. 261–274; ebd., Tab. 4, S. 280; vgl. ebd., Tab. 8, S. 25; Johannes Frerich/Martin Frey: Handbuch der Geschichte der Sozialpolitik in Deutschland, Bd. 3: Sozialpolitik in der Bundesrepublik Deutschland bis zur Herstellung der Deutschen Einheit, München/Wien 1993, Abb. 2, S. 26; Hans-Jürgen Schröder: Der Kampf um den Sozialstaat, in: Gotthard Breit (Hrsg.): Sozialstaatsprinzip und Demokratie. Grundlagen – Reformdebatten – Perspektiven. (Politische Bildung, Jg. 29, Nr. 4), Schwalbach/Ts. 1996, S. 7–27, hier S. 16. Vgl. dazu pointiert (mit Blick auf die Kom-

Expansion um jeden Preis? 123

Nur teilweise zu Buche schlug dabei jene Vielzahl sozialer Leistungsverbesserungen, welche das Bundestagswahljahr 1965 den verschiedensten Gruppen bescherte. Im »Familienpaket« fand sich unter anderem die neu eingeführte Ausbildungszulage, die Antragsteller auf Lastenausgleich erhielten ein weiteres Mal höhere Entschädigungen zugebilligt, im neuen Rentenrecht wurden so genannte »Härtefälle« großzügiger geregelt, frühere Landwirte konnten mit einer höheren Altershilfe rechnen, das Anrecht auf Krankengeld und der Mutterschutz wurden ebenso erweitert wie die Leistungen nach dem Bundessozialhilfegesetz und die staatliche Förderung der Vermögensbildung. Überdies hatte die Steuerreform von 1964 neben einer Senkung der Einkommenssteuertarife auch die Einführung des Arbeitnehmerfreibetrages gebracht.[37]

Fast alle diese Maßnahmen waren für sich genommen durchaus sinnvoll oder doch vertretbar. Das hatte bereits für die vorausgegangenen Gesetze zur Sparförderung und Vermögensbildung (1959/61)[38] oder zum Wohngeld (1963)[39] gegolten. Wenn die zeitgenössische Kritik gleichwohl von unverantwortbaren »Wahlgeschenken« sprach, so waren diese Attacken keineswegs bloßer Ausdruck »unsozialer« Reminiszenzen an den Schäfferschen »Juliusturm« der 1950er Jahre. Stichhaltig war zumindest der Vorwurf, dass die hoch fragmentierten sozialpolitischen Aktivitäten sich nicht erkennbar in ein schlüssiges Rahmenkonzept fügten, welches klare inhaltliche Prioritäten setzte und insgesamt dar-

---

munalverwaltungen) Ellwein, Staat (wie Anm. 18), S. 528–536, vor allem S. 534 f. Zu den überproportionalen Ausgabensteigerungen im Gesundheitswesen seit 1960 vgl. Klaus Horn: Krankheit und gesellschaftliche Entwicklung. Einige kostenintensive Probleme unseres Gesundheitssystems [1982], in: Bodo von Greiff u. a. (Hrsg.): Der Leviathan in unserer Zeit, Opladen 1997, S. 92–118.

37 Zum Vorstehenden vgl. Hans-Peter Bank: Die Sozialgesetzgebung der Bundesrepublik Deutschland und ihr zeitlicher Zusammenhang mit den Wahlterminen seit 1949, in: Recht der Arbeit 23 (1970), S. 101–108, hier S. 102 f.; vgl. allgemein Alber, Sozialstaat (wie Anm. 15), S. 277 ff.

38 Vgl. dazu eingehend Yorck Dietrich: Eigentum für jeden. Die vermögenspolitischen Initiativen der CDU und die Gesetzgebung 1950–1961, Düsseldorf 1996.

39 Vgl. dazu Axel Murswieck: Politische Steuerung und soziale Integration – Handlungsgrenzen einer staatlichen Sozialpolitik, in: Peter Grottian/Axel Murswieck (Hrsg.): Handlungsspielräume der Staatsadministration. Beiträge zur politologisch-soziologischen Verwaltungsforschung, Hamburg 1974, S. 190–210, hier S. 202–207 (»Der Fall Wohngeld. Zur sozialintegrativen Funktion eines monetären Mechanismus staatlicher Sozialpolitik«).

auf abgestimmt war, die vorauszuahnende Ausgabendynamik in kontrollierbaren Grenzen zu halten.

5. Ein Beispiel: Reform der Krankenversicherung und Sozialpaket

Die gescheiterte Krankenversicherungsreform der Jahre 1958 bis 1964 bietet dafür ein eindrucksvolles Beispiel. Nachdem Adenauer nicht zuletzt dank der Rentenreform bei den Bundestagswahlen die absolute Mehrheit der Unionsparteien errungen hatte, kündigte der Bundeskanzler 1957 in seiner Regierungserklärung zwar eine Fortführung der Sozialreform an, warnte jedoch zugleich vor dem »Abgleiten in einen totalen Versorgungsstaat«.[40] Vier Jahre später verschärfte er bei gleicher Gelegenheit diese Absage an eine »Sozialpolitik als Selbstzweck« und legte ein Bekenntnis zur Selbstverantwortung des Einzelnen und zum Subsidiaritätsprinzip ab. Unterstrichen wurde diese Kursänderung durch die Weigerung der Regierungsparteien, eine unabhängige Sachverständigenkommission für Fragen der Sozialreform zu institutionalisieren, wie sie seit Jahren von der SPD gefordert wurde. Stattdessen wurde 1958 lediglich ein »Sozialbeirat« beim Bundesminister für Arbeit und Sozialordnung berufen. Größere Bedeutung erlangte dieses Gremium einstweilen nicht. Das »Sozialkabinett« trat seit 1960/61 überhaupt nicht mehr zusammen.[41]

Nach der Rentenreform von 1957 und der Unfallversicherungsreform von 1958 stand das dritte Kernstück der viel diskutierten Sozialreform zur Bearbeitung an: die Neugestaltung der Gesetzlichen Krankenversicherung (GKV). Mit dem Lohnfortzahlungsgesetz von 1957 war der Problemdruck gestiegen. Nach 15-monatigen Vorarbeiten präsentierte die Bundesregierung im Februar 1960 einen Gesetzentwurf. Dessen Kernpunkte waren – neben Korrekturen bei der Bemessung des Krankengeldes – die Einführung von Einzelvergütungen ärztlicher Leistungen, an deren Honorierung die Versicherten beteiligt werden sollten. Nach ve-

---

40 Zit. nach Albert Müller: Von der Sozialreform zum Sozialpaket, in: Hans-Joachim Netzer (Hrsg.): Adenauer und die Folgen, München 1965, S. 171–185, hier S. 173; dort auch das folgende Zitat; vgl. ebd., S.179 f.; vgl. Hockerts, Bürgerliche Sozialreform (wie Anm. 25), S. 257.
41 Vgl. Müller, Sozialreform (wie Anm. 40), S. 177 f.; Bettina Martin-Weber (Bearb.): Ministerausschuss für die Sozialreform 1955–1960 (Die Kabinettsprotokolle der Bundesregierung), München 1999.

hementen Protesten vor allem der Ärzteverbände und der sozialdemokratischen Opposition, aber auch aus den Reihen der Regierungsparteien zogen diese den Gesetzentwurf mit Blick auf die bevorstehende Bundestagswahl im Januar 1961 wieder zurück.

Im Juni 1962 legte Bundesarbeitsminister Theodor Blank ein Bündel miteinander verknüpfter Gesetzentwürfe vor, mit dem die wichtigsten ungelösten Vorhaben der Sozialreform auf einen Schlag realisiert werden sollten.[42] Neben der Neuordnung der GKV enthielt das so genannte »Sozialpaket« den Entwurf eines Kindergeldgesetzes und eines Lohnfortzahlungsgesetzes. Ein kompliziertes System von finanziellen Belastungen und Kompensationen sollte die Widerstände der jeweils betroffenen Gruppen gegen einzelne Maßnahmen neutralisieren. So hoffte Blank sein Kernanliegen durchzusetzen: eine präventive Brechung der Ausgabendynamik im Bereich der ärztlichen Behandlungskosten, die sich nach dem Urteil des Bundesverfassungsgerichts zur Niederlassungsfreiheit der Ärzte aus dem Jahre 1960 zu verstärken drohte.

In vorderster Reihe sorgten wiederum die Ärzteverbände dafür, dass dieses sorgsam gepackte »Sozialpaket« nicht abgeschickt wurde.[43] SPD, Gewerkschaften, Arbeitgeberverbände und andere Akteure verwarfen jeweils die vorgesehenen Belastungen ihrer jeweiligen Klientel. Der ge-

---

42 Zum folgenden siehe Jahrbuch der Sozialdemokratischen Partei Deutschlands 1960/61, Bonn 1961, S. 108–115; Jahrbuch der Sozialdemokratischen Partei Deutschlands 1962/63, Bonn 1963, S. 150–163; Müller, Sozialreform (wie Anm. 40); Max Richter/Albert Müller: Kampf um die Krankenversicherung 1955–1965, Bad Godesberg 1966; Bank, Sozialgesetzgebung (wie Anm. 37), S. 105; Albert Holler: Die Entwicklung der sozialen Krankenversicherung in den Jahren 1945 bis 1975, in: Bartholomäi u. a., Sozialpolitik (wie Anm. 35), S. 303–314, hier S. 308 f.; Zöllner, Landesbericht Deutschland (wie Anm. 35), S. 152 f.; ders., Agrarsozialpolitik (wie Anm. 35), S. 375 f.; Alber, Sozialstaat (wie Anm. 15), S. 271–275; Philipp Herder-Dorneich: Gesundheitswesen und Gesundheitssysteme, in: Blüm/Zacher, 40 Jahre (wie Anm. 15), S. 561–578, hier S. 562 f.; ders.: Ökonomische Theorie des Gesundheitswesens. Problemgeschichte, Problembereiche, Theoretische Grundlagen, Baden-Baden 1994, S. 118–128. Zur Bedeutung als Forschungsdesiderat vgl. Hans G. Hockerts: Adenauer als Sozialpolitiker, in: Dieter Blumenwitz u. a. (Hrsg.): Konrad Adenauer und seine Zeit. Die Politik des ersten Bundeskanzlers, Bd. 2: Beiträge der Wissenschaft, Stuttgart 1976, S. 466–487, hier S. 479; ders., Sozialpolitik Bundesrepublik (wie Anm. 14), S. 368 f.
43 Vgl. dazu Bernd Rosewitz/Douglas Webber: Reformversuche und Reformblockaden im deutschen Gesundheitswesen, Frankfurt a. M./New York 1990; vgl. weiterhin auch die »klassische« Analyse von Frieder Naschold: Kassenärzte und Krankenversicherungsreform. Zu einer Theorie der Statuspolitik, Freiburg 1967, S. 220 ff.

plante Ringtausch von Kompensationen ließ sich augenscheinlich nicht verwirklichen. Angesichts dessen ging der neue Bundeskanzler Ludwig Erhard in seiner Regierungserklärung vom Oktober 1963 vorsichtig auf Distanz zu dem ebenso ambitionierten wie komplexen Projekt. In dem offensichtlichen Bestreben, die Zeit bis zur Bundestagswahl im Herbst 1965 ohne Sachentscheidung zu überbrücken, gedachte Erhard eine Untersuchung in Auftrag zu geben, in der die Voraussetzungen für eine »Sozialpolitik aus einem Guß« wissenschaftlich fundiert dargelegt werden sollten.[44] Die fünfköpfige Kommission wurde im Frühjahr 1964 berufen und legte zwei Jahre später einen Bericht vor, in dem der bestehenden GKV recht unvermittelt keine grundlegende Reformbedürftigkeit attestiert wurde.[45] Politisch war die Entwicklung ohnehin längst über das Projekt hinweggegangen. Obwohl sich der Kanzler selbst in die Vermittlungsbemühungen einschaltete, ging das »Sozialpaket« im Sperrfeuer aller möglichen Gruppen und ihrer politischen Fürsprecher in den Regierungsparteien wie der Opposition unter.

Die öffentliche Resonanz dieses sozialpolitischen Fiaskos war derart verheerend, dass die Regierungskoalition schließlich alle Warnungen des Ressortchefs Blank vor einer »Rosinenreform«[46] in den Wind schlug. Das wählerwirksame Bundeskindergeldgesetz vom 14. April 1964 bescherte dem Fiskus beträchtliche Ausgaben.[47] Jahre später führte das Lohnfortzahlungsgesetz vom 27. Juli 1969 zu einer spürbaren Erhöhung der Lohnnebenkosten. Die ursprünglich erhoffte Kompensation in Form einer die Kosten tendenziell senkenden Selbstbeteiligung der GKV-Versicherten hingegen wurde auch durch das Gesetz zur Neuregelung der Krankenversicherung vom 21. Dezember 1970 nicht verwirklicht. Unter

---

44 Zit. nach: Müller, Sozialreform (wie Anm. 40), S. 184; vgl. Schulz, Die sozial- und gesellschaftlichen Entscheidungen (wie Anm. 33), S. 110.
45 Soziale Sicherung. Sozialenquête in der Bundesrepublik Deutschland. Bericht der Sozialenquête-Kommission. Erstattet von Walter Bogs u. a., Hauptbd. und Anlagenbd., Stuttgart u. a. 1966–1967. Zur GKV-Qualifizierung vgl. Holler, Entwicklung (wie Anm. 42), S. 310.
46 Zit. nach: Jahrbuch SPD 1962/63 (wie Anm. 42), S. 157; vgl. Bank, Sozialgesetzgebung (wie Anm. 37), S. 105.
47 Vgl. dazu eingehend Nelleßen-Strauch, Kampf (wie Anm. 6), S. 246–270; ferner Hentschel, Geschichte (wie Anm. 19), S. 202–205. Die Geburtenrate stieg in den späten 1950er und frühen 1960er Jahren nochmals deutlich an, um dann rapide abzusinken; vgl. William H. Hubbard: Familiengeschichte. Materialien zur deutschen Familie seit dem Ende des 18. Jahrhunderts, München 1983, Tab. 3.18, S. 93; Glatzer u. a., Recent Social Trends (wie Anm. 36), S. 113–119.

dem Strich leistete das Desaster des Blankschen »Sozialpakets« einen gar nicht zu unterschätzenden Beitrag zur progressiven Komplizierung und Kostendynamik des Systems der sozialen Sicherung in den beiden folgenden Jahrzehnten.[48] Die in diesem Zusammenhang bisweilen geäußerten Zweifel von Zeitgenossen an der grundsätzlichen Fähigkeit demokratischer Regierungssysteme, die sozialpolitischen Kardinalprobleme mit langem Atem sachgerecht anzugehen, blendeten (unter anderem) allzu leichtfertig jene negativen Erfahrungen aus, welche auch in dieser Hinsicht mit autoritären und totalitären Regimen gesammelt worden waren. Immerhin deuteten sie darauf hin, dass Funktionsstörungen der ökonomischen und sozial(politisch)en Leistungsfähigkeit des deutschen Weststaats weiterhin das Risiko in sich bargen, der Mobilisierung vordemokratischer und antipluralistischer Affekte Vorschub zu leisten.[49]

6. Fachbruderschaften als Motoren wohlfahrtsstaatlicher Expansion

Mit Blick auf die Expansion des westdeutschen Sozialstaats gegen Ende der Nachkriegszeit von 1957/58 bis 1965/66 zeichnen sich eingedenk des umfassenden Ausbaus der administrativen Infrastruktur und ihres Leistungsvolumens vor allem zwei Problemkomplexe ab. Bemerkenswert ist zum einen das unverkennbare Auseinanderdriften von Gesetzesverantwortung und Kostenverantwortung in zeitlicher (z. B. Renten), räumlicher (z. B. Sozialhilfe) und sektoraler Hinsicht (z. B. Lohnzusatzkosten). Zum anderen fällt auf, dass sich diese Expansion weitgehend unbeeinflusst von den beiden sozialpolitischen Hauptdiskursen dieser Jahre vollzog: »Perspektiven der Sozialreform« und »Grenzen des Wohlfahrtsstaates«.[50]

48 Zur weit überproportionalen Kostenexpansion im Gesundheitswesen seit 1960 vgl. pointiert Horn, Krankheit (wie Anm. 36), S. 94: »Die hohen Steigerungsraten (sind) kaum verständlich. Wir begreifen ihren Sinn nicht.« Vgl. ferner Hentschel, Geschichte (wie Anm. 19), S. 187–191.
49 Vgl. allgemein schon Karl D. Bracher: Das Bonner Parteiensystem, in: ders. (Hrsg.): Nach 25 Jahren. Eine Deutschlandbilanz, 1. u. 2. Aufl., München 1970, S. 254–276, hier S. 275.
50 Vgl. für vieles aus linker Perspektive Johano Strasser: Grenzen des Sozialstaats oder Grenzen kompensatorischer Sozialpolitik, in: Christian Fenner/Ulrich Heyer/Johano Strasser (Hrsg.): Unfähig zur Reform? Eine Bilanz der inneren Reformen

Bei näherer Betrachtung hätte sich das Augenmerk nicht zuletzt auch auf die Konsequenzen jener Tendenz zur vertikalen Fragmentierung und Versäulung der administrativen Strukturen wie der Willensbildung- und Entscheidungsprozesse nach Politikfeldern zu richten, welche sich zu Beginn der 1960er Jahre deutlich verstärkt hat. Den Typus des »Nur-Sozialpolitikers« hatte es bereits vorher gegeben. Allerdings wurde dessen Neigung zu einer sektoralen, gesamtpolitisch und volkswirtschaftlich »unverantwortlichen« Problemwahrnehmung und -bearbeitung bis 1957 nicht nur durch starke Gegenkräfte, sondern auch dadurch konterkariert, dass ein durchsetzungsfähiger Bundeskanzler auf diesem – ihm besonders wichtigen – Politikfeld persönlich zentrale Strukturentscheidungen mit herbeiführte und inhaltlich prägte. Die Rentenreform 1957 war dafür nur ein herausragendes Beispiel.[51]

Seitdem verselbständigten sich die Fachbruderschaften der sozialpolitischen Experten in Parteien, Verbänden und Verwaltungen zusehends. Die Vetoposition ihrer wirtschafts- und finanzpolitischen Kontrahenten erodierten in dem Maße, in dem die hegemoniale Position der Unionsparteien im asymmetrischen Parteiensystem der 1950er Jahre durch die vordringende Konkurrenz einer »Volkspartei der linken Mitte« infrage gestellt wurde. Mit Blick auf die Bundestagswahl 1965 und die darum gruppierten Landtagswahlen wurden 1964/65 lediglich diejenigen sozialpolitischen Vorhaben umgesetzt, welche strategischen Wählergruppen kurzfristig zusätzliche Leistungen verhießen. Sämtliche Komplementärprojekte, mit denen die Kostendynamik des Gesamtsystems der sozialen Sicherung begrenzt werden sollte, wurden einem ad hoc konstituierten Expertengremium zur weiteren Prüfung überantwortet, obwohl die anstehenden Probleme und vorgesehenen Maßnahmen seit Jahren in allen wesentlichen Facetten öffentlich erörtert worden waren.

Diese selektive Auslagerung von politischer Verantwortung begünstigte unter den obwaltenden Umständen allgemeiner Wachstumserwar-

seit 1969, Köln/Frankfurt a. M. 1978, S. 110–146; Wolf-Dieter Narr: Zukunft des Sozialstaats – als Zukunft einer Illusion?, Frankfurt a. M./New York 2001.
51 Vgl. Hockerts, Adenauer (wie Anm. 42), vor allem S. 478 f.; ders.: Sozialpolitische Entscheidungen im Nachkriegsdeutschland. Alliierte und deutsche Sozialversicherungspolitik 1945 bis 1957, Stuttgart 1980, S. 406 f. und S. 412–416; Hans-Jürgen Schröder: Machtmonopol und Reformperspektiven in der Kanzlerdemokratie. Von Adenauer zu Kohl, in: Winfried Speitkamp/Hans-Peter Ullmann (Hrsg.): Konflikt und Reform. Festschrift für Helmut Berding, Göttingen 1995, S. 292–308, hier S. 300 f.

tung und eines sich ausbreitenden Planungsglaubens[52] jenen »Sperrklinken-Effekt« sozialer Ausgabensteigerungen, der unter dem Eindruck des konjunkturellen Einbruchs von 1966/67 nur kurzzeitig außer Kraft gesetzt wurde, um nach dessen erfolgreicher »Überwindung« erst recht wirksam zu werden. Insofern lässt sich eine durchgehende Linie von der gescheiterten »Konsolidierung« des sozialpolitischen Leistungsangebots der zweiten Republik gegen Ende der Nachkriegszeit bis zu dem – in vielerlei Hinsicht – folgenreichen Versuch ziehen, die sozialstaatliche Expansionsdynamik nach der Jahrtausendwende nachhaltig zu begrenzen.

---

52 Vgl. Michael Ruck: Ein kurzer Sommer der konkreten Utopie – Zur westdeutschen Planungsgeschichte der langen 60er Jahre, in: Schildt u. a., Dynamische Zeiten (wie Anm. 13), S. 362–401; ders.: Gesellschaft gestalten. Politische Planung in den 1960er und 1970er Jahren, in: Sabine Mecking/Janbernd Oebbecke (Hrsg.): Zwischen Effizienz und Legitimität. Kommunale Gebiets- und Funktionalreformen in der Bundesrepublik in historischer und aktueller Perspektive, Paderborn u. a. 2009, S. 35–47; ders.: Von der Utopie zur Planung. Sozialdemokratische Zukunftsvisionen und Gestaltungsentwürfe vom 19. Jahrhundert bis in die 1970er Jahre, in: ders./Michael Dauderstädt: Zur Geschichte der Zukunft. Sozialdemokratische Utopien und ihre gesellschaftliche Relevanz, Bonn 2011, S. 7–76, hier S. 20–56.

Peter Hübner

Fürsorge und Bevormundung: Sozialpolitische Herrschaftssicherung des SED-Regimes in der Regierungszeit Ulbrichts

Herrschaft hat ihren Preis. Das galt auch für das Parteiregime der SED in der DDR. Es funktionierte immer auch als Transfersystem, bei dem wirtschaftliche und soziale Ressourcen zum Einsatz kamen, nicht zuletzt in Form der Sozialpolitik.[1] Eine Besonderheit war das gleichwohl nicht. Die Liste der Beispiele ist lang, an denen sich zeigen lässt, wie und wozu solche Transfers erfolgten. Es ist eine Geschichte, in der immer auch soziale Ungleichheit und unterschiedliche Verfügungsgewalt eine Rolle spielen. Der Bogen spannt sich von den frühen sozialen Gefügen des Neolithikums bis in die modernen Klassengesellschaften der Gegenwart.[2] Solche Transfers gingen zumeist in zwei Richtungen, beispielsweise als rituelle Geschenke, Arbeitsleistungen, Kriegsdienst, Abgaben und Steuern einerseits sowie als milde Gaben, Lehen, administrativer, juristischer und militärischer Schutz, als Armenfürsorge und – historisch relativ neu – als Sozialpolitik andererseits. Man wird diese Wechselseitigkeit im Blick behalten müssen, um den Prozess der Herrschaftssiche-

1 Franz-Xaver Kaufmann: Der Begriff Sozialpolitik und seine wissenschaftliche Deutung, in: Bundesministerium für Arbeit und Sozialordnung/Bundesarchiv (Hrsg.): Geschichte der Sozialpolitik in Deutschland seit 1945. Bd. 1: Grundlagen der Sozialpolitik, Baden-Baden 2001, S. 3–191, hier bes. S. 12–15.
2 Einige Literaturempfehlungen zu diesem Themenkreis: Andreas Zimmermann: Neolithisierung und frühe soziale Gefüge, in: Albrecht Jockenhövel (Hrsg.): Grundlagen der globalen Welt. Vom Beginn bis 1200 v. Chr. (WBG-Weltgeschichte. Eine globale Geschichte von den Anfängen bis ins 21. Jahrhundert. Hrsg. von Walter Demel u. a. Bd. 1), Darmstadt 2009, S. 95–127; Barry J. Kemp: Ancient Egypt. Anatomy of a Civilization, New York 2006; Michael Jursa: Geschichte, Gesellschaft, Kultur, München 2004; Kwang-chi Chang: Shang Civilization, New Haven/London 1986; Beri Hildebrandt: Damos und Basileus. Überlegungen zu den Sozialstrukturen in den Dunklen Jahrhunderten, München 2007; Karl-Joachim Hölkeskamp: Senatus Populusque Romanus. Die politische Kultur der Republik. Dimensionen und Deutungen, Stuttgart 2004; Andrew Eisenberg: Kingship in Early Medieval China, Leiden 2008; Michael Kittner: Arbeitskampf. Geschichte, Recht, Gegenwart, München 2005.

rung in seinen komplexen Zusammenhängen wahrnehmen zu können. Wechselseitigkeit sollte gleichwohl nicht mit Ausgewogenheit gleichgesetzt werden. Meist wies diese Beziehung mehr oder weniger Schlagseite zugunsten der Herrschaft auf, jener Seite also, die diese Transfers auch mit repressivem Nachdruck betreiben, einfordern oder auch verweigern konnte. Von hier bis zu bevormundenden Praktiken war es nur noch ein kleiner Schritt. Auch moderne Herrschaftstechniken, die vor allem in Form von Bürokratien die Steuerung des Ressourcentransfers bewältigen, überschreiten vor allem auf dem Feld der Sozialpolitik gewollt oder ungewollt ganz rasch die Schwelle zur Bevormundung. Arbeiterschutzgesetze, Krankenversicherung, Arbeitslosenunterstützung, Arbeitsbeschaffung oder auch die Rentensysteme bieten Beispiele zur Genüge. Generell scheint Sozialpolitik vor allem im Umgang mit sozialen Unterschichten zur Fürsorge und mehr noch zur Bevormundung zu tendieren.[3]

Modernen politischen Herrschaftssystemen ist Sozialpolitik – mit ebendieser Implikation von Fürsorge und Bevormundung – gleichsam als moderierende und stabilisierende Komponente eingezogen.[4] Das schließt einen teilweise recht weit gehenden gesellschaftlichen Konsens bei der Schaffung und Nutzung sozialer Sicherungssysteme nicht aus. Doch im Kern geht es bei den hierzu nötigen Ressourcentransfers immer auch um politische Machtsicherung und Loyalitätsstiftung. Alle sozial differenzierten Gesellschaften kennen diesen Mechanismus, doch haben sie auch zu registrieren, dass er nicht monokausal und eindimensional funktioniert. Vielmehr scheint eine Herr-Knecht-Dialektik auf, die es in sich hat.

Auch auf den Staatssozialismus sowjetischen Typs traf das zu. Fürsorge und Bevormundung bildeten wesentliche Elemente eines gesellschaftspolitischen Konstruktivismus, wie er dort unter dem Signum des sozialistischen Aufbaus praktiziert wurde. Diese Konstellation ist im Folgenden am Beispiel der DDR im Zeitraum der 1950er und 1960er Jahre, der Ära Ulbricht also, etwas genauer zu betrachten. Vieles ist dazu schon gesagt, wobei insbesondere an den im Jahr 2006 erschienenen

---

3 Winfried Süß: Armut im Wohlfahrtsstaat, in: Hans Günter Hockerts/Winfried Süß: Soziale Ungleichheit im Sozialstaat. Die Bundesrepublik Deutschland und Großbritannien im Vergleich, München 2010, S. 19–41.
4 Vgl. Gerhard A. Ritter: Der Sozialstaat. Entstehung und Entwicklung im internationalen Vergleich, München ²1991.

Band 9 der »Geschichte der Sozialpolitik in Deutschland seit 1945« zu denken ist.[5] Die dort auf jeweils über 900 Seiten präsentierte Darstellung und die Dokumente können und sollen hier nicht resümiert werden. Stattdessen sind drei Themenschwerpunkte in den Blick zu nehmen:
1. Wie stand es um die sozialpolitische Handlungsfähigkeit der SED unter Ulbricht?
2. Was hatte es mit dem Konzept der sozialistischen Sozialpolitik auf sich und welche Konsequenzen folgten daraus?
3. Gab es in der Ära Ulbricht Alternativen und war die DDR ein Sozialstaat?

I.

Zweifellos hat Ulbrichts Regime die Krisen der Jahre 1953, 1956 und 1961, um wenigstens die spektakulärsten Fälle zu nennen, nicht zuletzt mit Hilfe sozialer Zugeständnisse überstanden. Beachtenswert bleibt, wie jeweils nach diesen Krisenjahren die Investitionsquote immer leicht zurückging und, nicht ohne Auswirkungen auf die Sozialpolitik, ein kurzzeitiges politisches Umsteuern zugunsten einer etwas erhöhten Konsumtion erfolgte.[6] Gerade deshalb steht die Frage im Raum, ob die SED in den 1950er und 1960er Jahren über die nötigen Ressourcen verfügte, um auf diese Art eine sozialpolitische Herrschaftssicherung dauerhaft praktizieren zu können.

In der Parteispitze war man sich da wohl nicht ganz sicher. Zumindest fällt eines auf: Es gibt in der deutschen Nachkriegsgeschichte keinen Zeitraum, in dem der Begriff Sozialpolitik derart in den Hintergrund trat – um nicht zu sagen: gedrängt wurde –, wie in der Regierungszeit Walter Ulbrichts. Das bedeutet zwar nicht, dass keine Sozialpolitik betrieben worden wäre, aber man verstand etwas anderes darunter und wollte sich durch den Verzicht auf den Begriff deutlich von der bürgerlichen Sozialpolitik abgrenzen und von einem Eins-zu-Eins-Vergleich mit ihr. Dies

---

5 Christoph Kleßmann (Hrsg.): Deutsche Demokratische Republik 1961–1971. Politische Stabilisierung und wirtschaftliche Mobilisierung (Geschichte der Sozialpolitik in Deutschland seit 1945, Bd. 9), Baden-Baden 2006.
6 Hierzu detaillierter André Steiner: Von Plan zu Plan. Eine Wirtschaftsgeschichte der DDR, München 2004, S. 83–164.

war die Kernintention solcher Symbolpolitik des Weglassens. Man sprach jetzt eher von der »Sorge um den werktätigen Menschen«.⁷ Drei Entwicklungslinien führten zu diesem etwas bemüht wirkenden Ergebnis: Erstens sollte sich das Politikfeld als Gegenstand des zentralisierten Planungssystems in demselben gewissermaßen auflösen.⁸ Wo ein Plan war, so die Vorstellung, brauchte man keine Sozialpolitik für die Wechselfälle des Lebens. Zweitens versuchte man Sozialpolitik, vor allem die betriebliche, eng an die Aktivisten- und Wettbewerbskampagnen zu koppeln.⁹ Hier griff das sozialistische Leistungsprinzip und machte ebenfalls, so die Erwartung, eine gesonderte Sozialpolitik überflüssig. Drittens rückten Arbeits- und Gesundheitsschutz angesichts steigender Arbeitsanforderungen in den Vordergrund.¹⁰ Dabei sollte eine systematische Dispensairebetreuung zur tragenden Säule werden. Aber als Segment eines speziellen Politikfeldes betrachtete man das nicht. Kennzeichnend für diese Entwicklung wurden die seit 1952 abgeschlossenen Betriebskollektivverträge (BKV) in staatlichen Betrieben und Einrichtungen sowie die Betriebsvereinbarungen in privaten Betrieben.¹¹ Bei Lichte besehen, traten die sichernden und fürsorgenden Funktionen der Sozialpolitik bereits in den frühen 1950er Jahren zugunsten einer mobilisierenden, auf Arbeit fixierten Form sozialer Maßnahmen zurück. Ganz aufgegeben wurden sie freilich nicht.

Nachdem Sozialpolitik in den ersten Nachkriegsjahren auf den dringlichsten Handlungsbedarf ausgerichtet war, verschoben sich die Gewich-

---

7 Protokoll des 3. Kongresses des Freien Deutschen Gewerkschaftsbundes vom 30. August bis 3. September 1950. Berlin, Werner-Seelenbinder-Halle. Hrsg. vom Bundesvorstand des FDGB, Berlin 1950, S. 538.
8 Bruno Leuschner: Die Grundprinzipien der Planung, in: Einheit 4 (1949), S. 307–316.
9 Klaus Ewers: Einführung der Leistungsentlohnung und verdeckter Lohnkampf in den volkseigenen Betrieben der SBZ (1947–1949), in: Deutschland Archiv 13 (1980), S. 612–633; ders.: Aktivisten in Aktion. Adolf Hennecke und der Beginn der Aktivistenbewegung 1948/49, in: Deutschland Archiv 14 (1981), S. 947–970.
10 Vgl. Otto Grotewohl: Mehr Sorge um den Menschen. Rede auf der Tagung über die Durchführung der Sozialversicherung am 3. Dezember 1951 in Leipzig, Berlin 1952; Georg Aßmann: Die kontinuierliche Verbesserung der Arbeitsbedingungen der Werktätigen, in: 30 Jahre DDR – 30 Jahre erfolgreiche Sozialpolitik. Protokoll der 21. Tagung des Wissenschaftlichen Rates für Sozialpolitik und Demografie am 29. Juni 1979 in Berlin, Berlin 1979, S. 38–41.
11 Wera Thiel: Arbeitsrecht in der DDR. Ein Überblick über die Rechtsentwicklung und der Versuch einer Wertung, Opladen 1997, S. 55–58.

te seit etwa 1948/1950 hin zur industriellen Erwerbsarbeit. Arbeiterversorgung, Kulturarbeit, gesundheitliche und soziale Betreuung der Beschäftigten, Betriebssport, Kinder- und Jugendbetreuung, Ferienbetreuung und Naherholung sowie die Versorgung mit Wohnraum erlangten nun größere Bedeutung.[12] Der Schwerpunkt lag seither auf der Erweiterung und Pflege des Arbeitskräftepotentials. Das entsprach der politischen Programmatik der SED.[13] Allerdings hatte die Parteiführung bei ihren sozialpolitisch relevanten Entscheidungen nicht allein das sowjetische Vorbild im Blick, sondern meist auch die Entwicklung in der Bundesrepublik.[14]

Der Versuch, ohne den Begriff der Sozialpolitik auszukommen, blieb nicht unumstritten. Auch hierbei wurde nichts so heiß gegessen, wie es gekocht war. In einem wahrscheinlich Anfang 1950 verfassten Positionspapier »Sozialpolitische Aufgaben des FDGB«, als dessen Verfasser Rudolf Kirchner, einer der führenden Sozialpolitiker des FDGB, anzunehmen ist, hieß es, die Lösung wirtschaftlicher Aufgaben diene der Lösung sozialpolitischer Probleme. Sie sei abhängig von der Steigerung der Arbeitsproduktivität, vom Aufbau und der Weiterentwicklung der DDR-Wirtschaft. Wirtschaft und Sozialpolitik stünden in Wechselwirkung und bildeten eine Einheit.[15]

In der Sache mag man das als einen Vorgriff auf das in den 1970er und 1980er Jahren maßgebende Konzept der Einheit von Wirtschafts- und Sozialpolitik deuten. Dahinter stand die banale, aber auch oft verdrängte Einsicht, dass nur das verbraucht werden kann, was vorher produziert wurde. Dies lief Ulbrichts Vorstellungen sicher nicht grundsätzlich zuwider, zumal er in dieser Frage ausgesprochen konventionell in den Kategorien der, um M. Rainer Lepsius zu zitieren, »industriellen integ-

---

12 Ingrid Deich/Wolfgang Kothe: Betriebliche Sozialeinrichtungen, Opladen 1997, S. 24.
13 Gunnar Winker (Hrsg.): Geschichte der Sozialpolitik der DDR 1945–1985, Berlin 1989, S. 26.
14 Vgl. Dierk Hoffmann/Michael Schwartz: Gesellschaftliche Strukturen und sozialpolitische Handlungsfelder, in: Dierk Hoffmann/Michael Schwartz (Hrsg.): Deutsche Demokratische Republik 1949–1961. Im Zeichen des Aufbaus des Sozialismus (Geschichte der Sozialpolitik in Deutschland seit 1945, Bd. 8), Baden-Baden 2004, S. 73–157, hier S. 77.
15 Bundesvorstand des FDGB, Büro Kirchner: Sozialpolitische Aufgaben des FDGB – Die Aufgaben des Volkswirtschaftsplanes oberstes Gesetz! (undatierte und ungezeichnete Abschrift, wahrscheinlich April 1950); Bundesarchiv Berlin (BArch), DY-34, 25/125/2300.

rierten Hauswirtschaften« Ost- und Mitteleuropas mit ihren »sozialstaatlich garantierte[n] und nivellierte[n] Einkommen« und einer »staatlich subventionierte[n] Sicherung der Grundbedürfnisse« dachte.[16] Dieses in Ulbrichts Politik durchgehend präsente Grundmotiv hinderte ihn freilich nicht an riskanten Manövern. Im Übrigen erwies sich dieses Hauswirtschaftsmodell als ziemlich konfliktträchtig, wie das politische Ende Antonín Novotnýs in der ČSSR 1968, Władysław Gomułkas in Polen 1970 und schließlich Walter Ulbrichts selbst 1971 zeigen sollte.[17]

Es ist interessant zu sehen, wie in der DDR die Renaissance des Begriffes Sozialpolitik immer wieder durch politische Krisen beschleunigt wurde. Bereits im Zusammenhang mit dem Neuen Kurs von 1953 sickerte er wieder in den offiziellen Sprachgebrauch ein. Nach den Turbulenzen des Jahres 1956 wurde 1957 der im ZK der SED existierende Sektor Arbeit und Gewerkschaft der Abteilung Wirtschaftspolitik in eine eigene Abteilung Gewerkschaften und Sozialpolitik umgewandelt.[18] Auch in der Abteilungsstruktur des FDGB-Bundesvorstandes traten Veränderungen ein. Hier gab es von 1946 bis 1949 eine Hauptabteilung Sozialpolitik, von 1949 bis 1952 eine Abteilung Arbeit und Sozialpolitik, die 1951 in eine bis 1969 bestehende Abteilung Arbeiterversorgung überging. Diese hieß seit 1969, also mitten in der Krise der Ulbrichtschen Strukturpolitik, wieder Abteilung Sozialpolitik.[19]

Was leicht den Anschein von Organisationskosmetik erweckte, spiegelte aber durchaus einen erhöhten sozialpolitischen Steuerungsbedarf. Das ging im Wesentlichen auf die im Rahmen der Strukturpolitik vorgenommene Investitionskonzentration auf die Industriebereiche Elektronik und Chemie und die im Gegenzug nötige Unterinvestition in anderen Zweigen zurück. Die Folgen für die betriebliche Sozialpolitik wa-

16 M. Rainer Lepsius: Handlungsspielräume und Rationalitätskriterien der Wirtschaftsfunktionäre in der Ära Honecker, in: Theo Pirker/M. Rainer Lepsius/Rainer Weinert/Hans-Hermann Hertle: Der Plan als Befehl und Fiktion. Wirtschaftsführung in der DDR. Gespräche und Analysen, Opladen 1995, S. 359 f.
17 Ausführlicher hierzu Peter und Christa Hübner: Sozialismus als soziale Frage. Sozialpolitik in der DDR und Polen 1968–1976. Mit einem Beitrag von Christoph Boyer zur Tschechoslowakei, Köln/Weimar/Wien 2008.
18 Andreas Herbst/Gerd-Rüdiger Stephan/Jürgen Winkler (Hrsg.): Die SED. Geschichte, Organisation, Politik. Ein Handbuch, Berlin 1997, S. 878 ff.
19 Heinz Braun: Die Überlieferung des FDGB in der Stiftung Archiv der Parteien und Massenorganisationen der DDR im Bundesarchiv, in: Internationale wissenschaftliche Korrespondenz zur Geschichte der deutschen Arbeiterbewegung 36 (1996), S. 520–534, hier S. 526 f.

ren unübersehbar. Unter den Gründen für ein sozialpolitisches Nachjustieren verdient aber insbesondere auch die Lohnentwicklung Beachtung, die während der 1950er und 1960er Jahre mehrfach aus dem Ruder lief. Allen Bemühungen um die Steigerung der Arbeitsproduktivität zum Trotz lag die Wachstumsrate der Löhne auch noch in den späten 1950er Jahren, mit Ausnahme des Maschinenbaus, höher als der Produktivitätszuwachs.[20] Die Hauptursache ist in der nach der Junikrise von 1953 wesentlich vorsichtigeren Normenpolitik zu sehen.[21] Seither versuchte man Mobilisierungseffekte eher durch Lohnzuschläge und Prämien zu erreichen.[22] Dabei ging allerdings der Anteil der Tariflöhne von knapp 80 Prozent auf ca. 60 Prozent zurück.[23] In der Folge traten unerwünschte Verwerfungen im Einkommensgefüge der einzelnen Branchen und Betriebe ein. Um die Differenz zwischen Tarif- und Effektivlöhnen einigermaßen unter Kontrolle zu halten, erfolgten neben leistungsadäquaten Zahlungen auch solche aus sozialen Erwägungen etwa im Niedriglohnsektor. Hier zeigten sich Anklänge an die »Monetisierung« der Sozialpolitik im Dritten Reich.[24] Das Verfahren barg einige Risiken, vor allem in Form eines sich anstauenden Kaufkraftüberhangs. Nach dem Mauerbau hat man unter der Devise »In der gleichen Zeit für das gleiche Geld mehr produzieren« mit dem Produktionsaufgebot von 1961/1962 einen faktischen Lohnstopp versucht, um diese Entwicklung aufzuhalten.[25] Mit der 1963 beginnenden Wirtschaftsreform des Neuen Ökonomischen Systems der Planung und Leitung (NÖS) wurde das Ganze obsolet.

Es gab einen Punkt im sozialpolitischen Spektrum der frühen Ulbricht-Ära, der durch seine Kontinuitätsmerkmale auffiel. Das war das Festhal-

---

20 Albrecht Ritschl: Aufstieg und Niedergang der Wirtschaft der DDR. Ein Zahlenbild 1945–1989, in: Jahrbuch für Wirtschaftsgeschichte 1995/2, Berlin 1995, S. 11–46, hier S. 29.
21 Wolfgang Mühlfriedel/Klaus Wießner: Die Geschichte der Industrie der DDR bis 1965, Berlin 1989, S. 202.
22 Peter Hübner: Konsens, Konflikt und Kompromiß. Soziale Arbeiterinteressen und Sozialpolitik in der SBZ/DDR 1945–1970, Berlin 1995, S. 63–70.
23 Entwurf eines lohnpolitischen Programms des Zentralvorstandes der IG Metall/Metallurgie vom 25. Mai 1959; BArch, DE-1, 13480, Bl. 4.
24 Rüdiger Hachtmann: Industriearbeit im »Dritten Reich«. Untersuchungen zu den Lohn- und Arbeitsbedingungen in Deutschland 1933–1945, Göttingen 1989, S. 268–272.
25 Christoph Kleßmann: Arbeiter im »Arbeiterstaat«. Deutsche Traditionen, sowjetisches Modell, westdeutsches Magnetfeld (1945–1971), Bonn 2007, S. 549–557.

ten am Versicherungsprinzip der Kranken- und Rentenkassen im Rahmen der einheitlichen Sozialversicherung. Dabei hatte es schon frühzeitig von sowjetischer Seite einen gewissen Druck gegeben, ähnlich wie in der UdSSR ein ausschließlich über den Staatshaushalt finanziertes Sicherungssystem zu schaffen. Wenn dies in der DDR nicht geschah, dürfte das zum einen auf die Pfadabhängigkeit auch der kommunistischen Sozialpolitik in Deutschland und zum anderen auf den Versuch zurückzuführen sein, angesichts der offenen deutschen Frage eine, wenn auch begrenzte, Kompatibilität mit dem westdeutschen Versicherungssystem zu wahren. So löste sich die DDR-Sozialversicherung nie vollständig von den Wurzeln des Bismarck-Modells, sondern bewegte sich auf eine Mischvariante zu.[26]

Hier ist nicht der Platz, auf Details des sozialpolitischen Entscheidungsprozesses und seiner Wirkungen in der Regierungszeit Ulbrichts einzugehen.[27] Lediglich einige als strategisch zu bezeichnende Eckpunkte sind hier zu nennen:[28]

— 19. April 1950: Gesetz der Arbeit zur Förderung und Pflege der Arbeitskräfte
— 10. Dezember 1953: Verordnung über die weitere Verbesserung der Arbeits- und Lebensbedingungen der Arbeiter und der Rechte der Gewerkschaften
— 23. August 1956: Verordnung über die Sozialversicherung der Arbeiter und Angestellten, Übernahme der Sozialversicherung durch den FDGB
— 12. April 1961: Gesetzbuch der Arbeit.

Unschwer lässt sich eine Fokussierung der Gesetzgebung auf die Arbeitsgesellschaft und den Erhalt ihres Arbeitsvermögens erkennen. Allerdings darf man darin keine arbeitsrechtliche und sozialpolitische Einbahnstraße vermuten. Die Dinge lagen komplizierter und weniger eindeutig. Gerade in der Sozialpolitik blieb die Durchschlagskraft des Parteiregimes begrenzt. Dies war nicht nur der Fall, weil es ein erhebliches Druck- und Forderungspotential in der DDR-Gesellschaft gab. Es machte sich vor allem in der, wie der amerikanische Soziologe Erik O. Wright es

26 Vgl. Dierk Hoffmann: Sozialpolitische Neuordnung in der SBZ/DDR. Der Umbau der Sozialversicherung 1945–1956, München 1996.
27 Ausführlicher hierzu Christoph Kleßmann: Politische Rahmenbedingungen, in: ders.: Politische Stabilisierung (wie Anm. 5), S. 3–76; Peter Hübner: Gesellschaftliche Strukturen und sozialpolitische Handlungsfelder, in: ebd., S. 77–186.
28 Thiel, Arbeitsrecht (wie Anm. 11), S. 50–54 und S. 105–109.

nannte, strukturellen Macht der Arbeiterschaft geltend, im Produktionsprozess (workplace bargaining power) ebenso wie angesichts der Arbeitskräfteknappheit (marketplace bargaining power).[29] Hinzu kam jedoch auch die Gewöhnung an das, was als sozialer Fortschritt erfahrbar war, das Recht auf Arbeit etwa. Gewöhnung ließ die leistungsfördernden und loyalitätsstiftenden Impulse der Sozialpolitik relativ bald ermatten. Und es kam hinzu, dass die SED seit dem Juni-Schock von 1953 nie wieder eine offene sozialpolitische Regression riskierte, wenngleich aus dem Parteiapparat heraus immer mal wieder Vorstöße in diese Richtung kamen.

Überhaupt scheint es in der SED-Spitze unterschiedliche Meinungen darüber gegeben zu haben, wie mit sozialen Erwartungen umzugehen ist. So mahnte das Zentralkomitee kurz nach dem Mauerbau in einem offenen Brief an die Grundorganisationen der Partei, nicht »nur an den Lebensstandard von heute [zu] denken«.[30] Appelle an das, wenn man so will, hauswirtschaftliche Bewusstsein waren an der Tagesordnung. Umso erstaunlicher wirkt es, wenn Walter Ulbricht wenig später vor einer »Überbetonung der Rolle des Bewußtseins«, vor der »Verletzung des sozialistischen Leistungsprinzips« und vor »Gleichmacherei« warnte.[31]

Hier wetterleuchtete schon die Wirtschaftsreform. Es gab jedoch auch Überlegungen, hohe soziale Standards für die DDR geradezu zur internationalistischen Pflicht zu machen. So meinte der Wirtschaftswissenschaftler Wolfgang Heinrichs 1961, das Versorgungsniveau in der DDR stünde im Systemwettstreit »stellvertretend für das gesamte sozialistische Lager, für dessen Möglichkeiten bei der immer besseren Befriedi-

---

29 Erik O. Wright: Working Class Power. Capitalist-Class Interests, and Class Compromise, in: American Journal of Sociology 105 (2000), S. 957–1002, hier S. 962.
30 Brief des Zentralkomitees an die Grundorganisationen der Sozialistischen Einheitspartei Deutschlands in der Industrie, im Bauwesen, im Verkehrs- und Verbindungswesen, in den Konstruktions- und Projektierungsbüros sowie in den wissenschaftlichen Instituten zum Produktionsaufgebot vom 18. Oktober 1961, in: Zentralkomitee der Sozialistischen Einheitspartei Deutschlands (Hrsg.): Dokumente der Sozialistischen Einheitspartei Deutschlands. Beschlüsse und Erklärungen des Zentralkomitees sowie seines Politbüros und seines Sekretariats, Bd. VIII, Berlin 1962, S. 478–486, hier S. 480.
31 Erklärung der Beratung von Vertretern der kommunistischen und Arbeiterparteien. November 1960 – Referat Walter Ulbrichts und Entschließung der 11. Tagung des ZK der SED, 15.–17. Dezember 1960, Berlin 1961, S. 92.

gung der materiellen und kulturellen Bedürfnisse.«[32] Das war freilich etwas blauäugig, denn es sind Zweifel angebracht, ob man dies in Osteuropa ebenso sah. Aber eben auch ein blockinterner Ost-Ost-Vergleich gehörte zu den Rahmenbedingungen der DDR-Sozialpolitik.

Vor allem waren es die realen Interessen- und Machtkonstellationen innerhalb der Gesellschaft, die ein sozialpolitisches Durchregieren verhinderten. Wie begrenzt die sozialpolitischen Handlungsräume der SED sein konnten, zeigte sich exemplarisch an den Arbeitszeitregelungen der 1950er und 1960er Jahre. Nachdem man in der DDR aufgrund der Direktive Nr. 26 des Alliierten Kontrollrates vom 26. Januar 1946 am Acht-Stunden-Arbeitstag und sechs Wochenarbeitstagen festhielt,[33] führten 1957 einige Wirtschaftsbereiche die 45-Stunden-Woche ein; 1961 wurde sie auf alle anderen Bereiche ausgeweitet. Bis dahin ließe sich mit einiger Berechtigung behaupten, dies sei politisch gewollt gewesen. Als jedoch im Jahr 1965 die Einführung einer fünftägigen Arbeitswoche alle 14 Tage bei einer Umverteilung der Tagesarbeitszeit folgte, sah die Sache schon anders aus. 1967 kam es mit der Festsetzung einer durchgehenden Fünftagewoche zu einer Minderung der Wochenarbeitszeit von 45 auf 43¾ Stunden.[34]

Auf den ersten Blick lesen sich diese Schritte zu einer Verkürzung der Arbeitszeit wie die Geschichte eines planmäßigen und volkswirtschaftlich konsistenten Vorgehens. In Wirklichkeit kamen sie unter einem erheblichen Druck zustande. Der allerdings speiste sich aus mehreren Quellen: Da waren zunächst die permanenten Forderungen, deren Nachdruck in dem Maße zunahm, wie der Anteil der Frauenerwerbsarbeit wuchs. Da waren zum zweiten die Arbeitszeitregelungen in der Bundesrepublik. Drittens schließlich arbeitete man auch in den osteuropäischen Staaten kürzer als in der DDR. Noch 1989 hatte die DDR mit durchschnittlich 8¾ Stunden täglich die längste Arbeitszeit im Ostblock.[35] Ein Blick auf den Übergang zur Fünftagewoche, den man in der Bundesrepublik

---

32 Wolfgang Heinrichs: Zur Schaffung der Bedingungen für eine verbesserte Versorgung der Bevölkerung der DDR, in: Wirtschaftswissenschaft 9 (1961), S. 814–833, hier S. 815.
33 Dietrich Bethge/Lutz Wienhold: Arbeitsschutz, in: Udo Wengst (Hrsg.): Die Zeit der Besatzungszonen 1945–1949. Sozialpolitik zwischen Kriegsende und der Gründung zweier deutscher Staaten (Geschichte der Sozialpolitik in Deutschland seit 1945, Bd. 2/1), Baden-Baden 2001, S. 211–263, hier S. 238.
34 Vgl. Hübner, Konsens (wie Anm. 22), S. 89–129.
35 Ebd., S. 143.

bereits 1956 eingeleitet und Anfang der 1960er Jahre durchgesetzt hatte,[36] lässt erahnen, wie heiß diese sozialpolitische Kartoffel für die SED war. Die durchschnittliche gesetzliche Wochenarbeitszeit sank zwar in der DDR um 2,9 von 46,2 Stunden im Jahr 1960 auf 43,3 Stunden 1970, doch ging die vergleichbare tarifliche Wochenarbeitszeit in der Industrie der Bundesrepublik im selben Zeitraum um 3,4 von 44,1 auf 40,7 Stunden zurück.[37] So recht eignete sich dieses Ergebnis also nicht, um angesichts der deutsch-deutschen Rivalität sozialpolitisch zu punkten. Es war deshalb nicht abwegig, wenn die SED die Arbeitszeitregelungen als Teil eines umfassenderen sozialpolitischen Programms darstellte und künftig »jegliche internationale Vergleiche« unterließ.[38] Viel half das indes nicht.

Im Fall der Arbeitszeit gab die SED-Führung, wenn auch zögernd, der Macht des Faktischen nach. Es waren vor allem Bau- und Montagearbeiter, die in der ersten Hälfte der 1960er Jahre die fünftägige Arbeitswoche, zum Teil auch im rollenden Schichtsystem, zu einer Art Gewohnheitsrecht werden ließen.[39] Die gesetzlichen Regelungen von 1965 und 1967 vollzogen somit eine Praxis nach, die in Teilen der DDR-Industrie und Bauwirtschaft schon seit längerem üblich war. Damit verpuffte allerdings auch ein Teil des erhofften sozialpolitischen Effekts.

II.

Im Urteil über die Sozialpolitik der Ulbricht-Zeit wird man der NÖS-Periode eine Sonderstellung einräumen müssen. Die Jahre 1963 bis 1970 fallen historisch und systematisch einigermaßen aus dem Rahmen. Drei Merkmale sind hervorzuheben:

36 Klaus Huffelmann: Die Arbeitszeitverkürzung, Essen 1964.
37 Johannes Frerich/Martin Frey: Handbuch der Geschichte der Sozialpolitik in Deutschland, Bd. 1: Von der vorindustriellen Zeit bis zum Ende des Dritten Reiches, München/Wien 1993; Bd. 2: Sozialpolitik in der Deutschen Demokratischen Republik, München/Wien 1993, S. 154; Bd. 3: Sozialpolitik in der Bundesrepublik Deutschland bis zur Herstellung der Deutschen Einheit, München/Wien 1993, S. 110.
38 Gerhard Lippold: Arbeitszeit, Freizeit und Erholung, in: Günter Manz/Ekkehard Sachse/Gunnar Winkler (Hrsg.): Sozialpolitik in der DDR. Ziele und Wirklichkeit, Berlin 2001, S. 139–161, hier S. 140.
39 Hübner, Konsens (wie Anm. 22), S. 127 f.

1. Sozialpolitik wurde restriktiver. Sie war klar den Erfordernissen der Investitionskonzentration und der Strukturpolitik untergeordnet.
2. Sozialpolitik wurde mit dem Ziel einer Anpassung an das NÖS mit größerem politischem Risiko betrieben. Sie geriet dabei in Spannung zu den Leistungsanreizsystemen. Ihren Adressaten mutete man eine temporäre Verzichtsbereitschaft zu.
3. Sozialpolitik wurde Gegenstand eines Expertendiskurses, der ihre Einbindung in einen gesellschafts- und vor allem wirtschaftspolitischen Systemzusammenhang zu begründen suchte.

Ulbrichts Umgang mit sozialpolitischen Fragen zeichnete sich in diesen Jahren durch einen bemerkenswerten, fast schon kaltschnäuzigen Pragmatismus aus. So wollte er auf der 17. ZK-Tagung im Oktober 1962 keine Zahlen über die weitere Entwicklung nennen, weil man im RGW ohnehin »nur auf eine längere Zeitspanne« planen könne.[40] Das ließ Raum für sozialpolitische Entscheidungen oder mehr noch für Nicht-Entscheidungen. Bereits auf dem VI. Parteitag der SED im Januar 1963 wurde das deutlich: Ulbricht erklärte, beim gesellschaftlichen Verbrauch wie Gesundheitswesen, Volksbildung und Kultur habe man in der DDR bereits 1962 die für 1965 vorgesehenen Ziele erreicht.[41] Die »weitere Verbesserung der Lebenslage« hänge nun von der Steigerung der Arbeitsproduktivität, der Entwicklung der Wirtschaft »auf der Grundlage des Höchststandes von Wissenschaft und Technik« und von verstärkter Investition ab.[42] Damit war ein Grundmotiv des NÖS angestimmt.

Was sich hiermit anbahnte, ist später durchaus treffend als »Ökonomisierung« bezeichnet worden. Der Begriff stammt vom ZK-Sekretär für Handel und Versorgung, Werner Jarowinsky, der während einer Beratung Ulbrichts mit der zur Vorbereitung des VII. Parteitages gebildeten Arbeitsgruppe Sozialpolitik am 27. Januar 1967 im Hinblick auf die gesellschaftliche Konsumtion meinte, ihre Teilbereiche seien noch nicht »ökonomisiert«, also in das NÖS integriert.[43] Wie sich noch während die-

---

40 Walter Ulbricht: Zum neuen ökonomischen System der Planung und Leitung, Berlin 1967, S. 28.
41 Protokoll der Verhandlungen des VI. Parteitages der Sozialistischen Einheitspartei Deutschlands. 15. bis 21. Januar 1963 in der Werner-Seelenbinder-Halle zu Berlin, 1. bis 3. Verhandlungstag (Bd. 1), Berlin 1963, S. 155.
42 Ebd., S. 155–157.
43 Arbeitsgruppe Sozialpolitik, Fritz Rösel: Bericht über die Beratung Walter Ulbrichts mit der Arbeitsgruppe Sozialpolitik am 27. Januar 1967, vom 30. Januar 1967, S. 4; BArch, DY-34, 5033.

ser Zusammenkunft zeigen sollte, galt das mindestens genauso für die Sozialpolitik. Ulbricht lobte zwar, die von der Arbeitsgruppe vorgeschlagenen Lösungen seien »theoretisch richtig«, doch müsse man klären, was davon zu realisieren sei. Günter Mittag, ZK-Sekretär für Wirtschaft, plädierte dafür, »alle Regelungen möglichst einfach durchzuführen«, vor allem aber könne man nicht ewig Geld ausgeben, ohne dass nachgewiesen werde, welcher Nutzen eintritt. Jarowinsky hoffte sogar »mit den vorhandenen Mitteln mehr soziale Maßnahmen zu erbringen«. Hart ging Ulbricht mit der Sozialversicherung wegen ihrer hohen Kosten ins Gericht und drohte, in ihrer Verwaltung notfalls Fachberater für Ökonomie einzusetzen. Da wehte schon mehr als nur ein Hauch von Austerity durch den Raum.

Unverkennbar war die NÖS-Mannschaft um Ulbricht bereit, im Interesse des NÖS ein politisches Risiko einzugehen. Interessanterweise hatte man schon beim Start der Wirtschaftsreform 1963 darauf verzichtet, das Ganze sozialpolitisch zu flankieren. Vielmehr sollten Prämienfonds als Leistungsanreiz und damit auch zur Anhebung des Lebensstandards dienen.[44] Selbst wenn das nicht sonderlich konsequent gehandhabt wurde, wie etwa die Fortsetzung der staatlichen Preisstützungen bei Konsumgütern zeigte,[45] blieb der Ausgang des Ganzen schwer kalkulierbar. Den Spitzenfunktionären des FDGB, die ja Sozialpolitik als ihr Metier betrachteten, muss es bereits zu Beginn des NÖS etwas mulmig geworden sein. Im März 1964 erklärte Herbert Warnke nicht ganz aus heiterem Himmel, es sei nötig, »daß man sich um die Sorgen der Menschen kümmert, um die Wohnungsprobleme, um das Werkküchenessen, um den Berufsverkehr usw.«[46] So fiel ein Jahr darauf die Entscheidung, bei den Kreisvorständen des FDGB Kommissionen für Sozialpolitik zu bilden.[47] Sie sollten die in sozialer Hinsicht konfliktträchtigen Effekte des

---

44 Vgl. Rolf Bauer: Den Betriebsprämienfonds zu einem wirksamen ökonomischen Hebel gestalten!, in: Einheit 18 (1963) 11, S. 30–36.
45 Willy Rumpf: Einige Fragen der Weiterentwicklung des sozialistischen Preissystems, in: Einheit 18 (1963) 5, S. 44–58, hier S. 51.
46 Bundesvorstand des FDGB: Schlußwort Herbert Warnkes auf der 2. Tagung des FDGB-Bundesvorstandes, 11.–13. März 1964, Tagungsprotokoll S. 473; BArch, DY-34, 6889.
47 Richtlinien für die Tätigkeit der Kommissionen für Sozialpolitik bei den Kreisvorständen des FDGB. Beschluß des Sekretariats des Bundesvorstandes des FDGB vom 3. Juli 1965, in: Bundesvorstand des FDGB (Hrsg.): Handbuch für den Gewerkschaftsfunktionär, Berlin 1970, S. 274–276.

NÖS möglichst an Ort und Stelle entschärfen. Nach manchem Hin und Her empfahl der FDGB-Bundesvorstand im Februar 1965 schließlich, an der FDGB-Hochschule in Bernau bei Berlin ein Institut Sozialpolitik der Gewerkschaften zu bilden.[48] Die Situation war insofern pikant, als der Gewerkschaftsbund zu dieser Zeit von sozialpolitisch relevanten Entscheidungsprozessen halbwegs abgekoppelt worden war. Das hatte seinen Grund in Ulbrichts Bestreben, bis zum 1967 fälligen VII. Parteitag der SED die nötigen Stellschrauben zu bedienen, um das ins Stocken geratene NÖS wieder flott zu machen. In kleinen Expertenrunden sollten die nötigen Schritte diskutiert werden. Auch die bereits erwähnte Arbeitsgruppe Sozialpolitik war im Rahmen eines vom Parteichef initiierten Strategischen Arbeitskreises mit von der Partie.[49]

Den Protagonisten des neuen Instituts ging es um die wissenschaftliche Grundlegung einer auf das NÖS zugeschnittenen sozialistischen Sozialpolitik. Ihnen schwebte so etwas wie ein social engineering vor: Im Mittelpunkt der sozialistischen Sozialpolitik sollten »die Probleme der Wirkung der wissenschaftlich-technischen Revolution auf die Arbeits- und Lebensbedingungen stehen.«[50] Allerdings wollte man die allgemeinen Lebensbedingungen nur insoweit berücksichtigt und gesteuert wissen, »wie sie eine gewollte Entwicklung der sozialen Gruppen und ihrer Verhaltensentwicklung betreffen.« Sozialpolitik sei »nicht gleich Lohnpolitik, Handelspolitik oder Gesundheitspolitik«. Sie habe diese nur soweit »zu motivieren«, wie es um »die gewollte Entwicklung der sozialen Gruppen« ging.[51] Dieser konzeptionelle Ansatz zielte im Wesentlichen auf die Sicherung des in der DDR vorhandenen Arbeitskräftereservoirs. Hierbei maß man dem Gesundheits- und Arbeitsschutz, der Versorgung und Betreuung der Beschäftigten im Betrieb, der Freizeit und Erholung sowie der Sozialversicherung und schließlich dem Feriendienst des FDGB wie auch dem Kur- und Bäderwesen besondere Bedeutung bei.[52]

Der Bezug zum NÖS blieb allerdings schwach, wie überhaupt die Systematik dieser Überlegungen noch wenig ausgereift wirkte. Am präzi-

---

48 Institut Sozialpolitik der Gewerkschaften: Gegenstand, Struktur und Arbeitsordnung des Instituts vom 1. Oktober 1966, S. 1; BArch, DY-34, 6788.
49 Kleßmann, Rahmenbedingungen (wie Anm. 5), S. 56 f.
50 Institut Gesundheits- und Arbeitsschutz/Sozialversicherung: Konzeption für den Gegenstand, den Inhalt und die Arbeitsweise des Instituts Sozialpolitik der Gewerkschaften vom 18. Januar 1965, S. 3; BArch, DY-34, 388.
51 Ebd., S. 4.
52 Ebd., S. 3 f.

sesten traten die Aufgabengebiete der gewerkschaftlichen Sozialpolitik hervor. Insgesamt wurde klar, wie sehr die Vorstellungen von einer sozialistischen Sozialpolitik auf die Arbeitsgesellschaft[53] der DDR fixiert waren. Dass es im Hinblick auf eine theoretische Neuorientierung der Sozialpolitik Handlungsbedarf gab, zeigte eine Parallelentwicklung: An der Universität Leipzig entwickelte die Dozentin am Institut für Arbeitsökonomik, Helga Ulbricht, zur selben Zeit in ihrer Habilitationsschrift ebenfalls ein Konzept der sozialistischen Sozialpolitik.[54] Deren Kernelemente sollten in der gesundheitlichen Betreuung in den Betrieben, der Durchsetzung des Arbeitsschutzes, dem gesetzlichen Schutz der Schwerbeschädigten, den Leistungen der Sozialversicherung bei Krankheit und Arbeitsunfallfolgen, dem Mutter- und Kinderschutz und dem Feriendienst des FDGB bestehen.[55]

Das Zentrum der sozialpolitischen Diskussion befand sich zu dieser Zeit jedoch weder in Bernau noch in Leipzig. Die Fäden liefen vorübergehend bei der schon erwähnten Arbeitsgruppe zur Vorbereitung des VII. SED-Parteitages zusammen. Im Präsidium des FDGB-Bundesvorstandes betrachtete man diese Entwicklung recht skeptisch und versuchte, wieder Einfluss auf die sozialpolitische Debatte zu nehmen. So äußerte Herbert Warnke Anfang Februar 1967 in einem an Günter Mittag gerichteten Brief seine Sorge darüber, dass Präsidium und Sekretariat des FDGB-Bundesvorstandes »wenig Einfluß« auf die Beratungen der Arbeitsgruppe ausüben könnten. Zwar sei diese zur Vorbereitung des Parteitages tätig, doch handele es sich schließlich »um ureigenste Angelegenheiten der Gewerkschaften«. Ohne das Entscheidungsmonopol der SED-Führung in Frage zu stellen, monierte Warnke gleichwohl, die in der Arbeitsgruppe diskutierten Probleme müssten mindestens auch einmal im Präsidium oder im Sekretariat des Bundesvorstandes behandelt werden.[56]

---

53 Vgl. Martin Kohli: Die DDR als Arbeitsgesellschaft? Arbeit, Lebenslauf und soziale Differenzierung, in: Hartmut Kaelble/Jürgen Kocka/Hartmut Zwahr (Hrsg.): Sozialgeschichte der DDR, Stuttgart 1994, S. 31–61.
54 Helga Ulbricht: Aufgaben der sozialistischen Sozialpolitik bei der Gestaltung der sozialen Sicherheit in der Deutschen Demokratischen Republik, Habilitationsschrift, Univ. Leipzig 1965.
55 Ebd., S. VII f.
56 Bundesvorstand des FDGB: Brief Herbert Warnkes an Günter Mittag vom 1. Februar 1967; BArch, DY-34, 5033.

Es ging hier offenbar nicht nur um verletzte Eitelkeit in der FDGB-Spitze. Tatsächlich gab es Anlass zur Sorge, denn eine in sozialpolitischer Hinsicht brisante Folge der Wirtschaftsreform bestand in der wachsenden Neigung, Investitionen in den Sozialbereich zugunsten der Gewinnsicherung der Betriebe und von Rationalisierungsmaßnahmen zurückzustellen oder gar ganz zu streichen. Diese Tendenz sollte sich gegen Ende der 1960er Jahre im Zuge der Strukturpolitik noch verstärken. Sozialpolitisch begann man von der Substanz zu leben. Überdies vergrößerte die auf einzelne Schlüsselindustrien und Automatisierungsvorhaben ausgerichtete Strukturpolitik die ohnehin bestehenden Verwerfungen im Lohngefüge. Als seit 1968 die Bildung des Kultur- und Sozialfonds vom Lohnfonds abgekoppelt und an den Nettogewinn des Betriebes gebunden wurde, waren betriebliche Sozialleistungen direkt betroffen, im Positiven wie im Negativen.[57] Der Versuch, auch die Lohnmittel an den Leistungszuwachs der Betriebe zu binden, gelangte aber in der Zeit von 1968 bis 1971 über einige Experimente nicht hinaus.[58] Solche Unsicherheiten, aber mehr noch die umfangreicher werdenden Sortimentslücken im Warenangebot des Handels nährten die Zweifel am Erfolg der Wirtschaftsreform. Damit liefen allerdings auch die Bestrebungen ins Leere, die Sozialpolitik mit dem sogenannten System ökonomischer Hebel zu verbinden. Vor diesem Hintergrund wird es verständlicher, warum der 1971 unter Erich Honecker eingeleitete sozialpolitische Kurswechsel mit seinen voluntaristischen Zielsetzungen und Eingriffen zunächst eine beträchtliche Akzeptanz fand.[59]

Wie oft in der Geschichte, beschleunigten sich politische Entwicklungen unter dem Eindruck äußerer Umstände auch in diesem Fall. Das Jahr 1970 begann mit einem überaus kalten und langen Winter. Von Januar bis März lagen die Durchschnittstemperaturen in weiten Teilen der DDR um drei bis fünf Grad unter den langjährigen Mittelwerten.[60] Die Wirtschaft erfuhr einen herben Rückschlag. Offiziell wurden die

---

57 Verordnung (VO) über die Bildung und Verwendung des Kultur- und Sozialfonds vom 20. Oktober 1967, in: Gesetzblatt der DDR II 1967, S. 753–755.
58 André Steiner: Die DDR-Wirtschaftsreform der sechziger Jahre. Konflikt zwischen Effizienz- und Machtkalkül, Berlin 1999, S. 326.
59 Beatrix Bouvier: Die DDR – ein Sozialstaat? Sozialpolitik in der Ära Honecker, Bonn 2002, S. 70 f.
60 Statistisches Jahrbuch der DDR (StJB DDR) 1971. Hrsg. von der Staatlichen Zentralverwaltung für Statistik, Berlin 1971, S. 505–507.

Planrückstände und Schäden auf rund drei Milliarden Mark beziffert.[61] Noch im Herbst 1970 machten sich Produktionsengpässe vor allem bei technischen Konsumgütern sowie bei Obst und Gemüse bemerkbar.[62] Versorgungslücken unter anderem bei Winterschuhen, warmer Unterbekleidung, Öfen und Herden, Bügeleisen, teilweise auch bei Fleisch und Butter, kamen hinzu.[63] Noch drängender erschien die ungelöste Wohnungsfrage. Tatsächlich belegte die DDR Ende der 1960er Jahre in der Relation von fertiggestellten Wohnungen und Bevölkerungszahl vor der Mongolei den vorletzten Platz unter den RGW-Staaten.[64]

Versorgungsschwierigkeiten dieser Art waren zwar nicht neu, und sie hatten schon häufiger für politische und soziale Spannungen gesorgt, doch zu diesem Zeitpunkt kollidierten sie in gefährlicher Weise mit den Erfordernissen der Strukturpolitik. In den Bezirken der DDR mehrten sich Beschwerden über außerplanmäßige Ressourcenkonzentration auf einzelne Automatisierungsvorhaben.[65] Die Berichte der SED-Bezirksleitungen erwähnten immer häufiger die Überbeanspruchung und den unkoordinierten Einsatz von Produktionskapazitäten sowie Versorgungsengpässe bei Nahrungsmitteln, technischen Konsumgütern und Wohnungen, nicht ohne auf die verschlechterte Stimmung in der Bevölkerung hinzuweisen.[66]

Ein Indiz für Schwachstellen im Sozialsystem, aber auch für wachsende Unzufriedenheit war der Anstieg des Krankenstandes von 5,19 Prozent Anteil an den zu leistenden Arbeitstagen im Jahr 1968 auf 5,63 Prozent im Jahr 1970.[67] Hierzu hatte der Volkskammerausschuss für Arbeit

---

61 Bewährungsprobe (Leitartikel), in: Neues Deutschland vom 18. Juni 1970, S. 1.
62 Informationen des Ministeriums für Handel und Versorgung an Genossen Walter Ulbricht über Probleme der Versorgung der Bevölkerung vom 20. Oktober 1966; BArch, DY 34, 6785.
63 Vgl. Monika Kaiser: Machtwechsel von Ulbricht zu Honecker. Funktionsmechanismen der SED-Diktatur in Konfliktsituationen 1962 bis 1972, Berlin 1997, S. 399, Anm. 87.
64 Vgl. Совет экономической взаимопомощи, Секретариат (Изд.): Статистический Ежегодник стран-членов совета экономической взаимопомощи 1971, Москва 1971 [Rat für gegenseitige Wirtschaftshilfe, Sekretariat (Hrsg.): Statistisches Jahrbuch der Mitgliedsländer des Rates für gegenseitige Wirtschaftshilfe 1971. Moskau 1971], S. 179.
65 Gerhard Naumann/Eckhard Trümpler: Von Ulbricht zu Honecker. 1970 ein Krisenjahr der DDR, Berlin 1990, S. 60 f.
66 Ebd., S. 61.
67 StJB DDR 1972, Berlin 1972, S. 431.

und Sozialpolitik schon im Oktober 1969 einen alarmierenden Bericht vorgelegt.[68] So etwas stärkte das sozialpolitische Argument in dem sich anbahnenden innerparteilichen Konflikt um die Zukunft der Wirtschaftsreform. Noch am 3. Mai 1971, am Tag des offiziellen Machtwechsels von Ulbricht zu Honecker, erhob die Abteilung Sozialpolitik im FDGB-Bundesvorstand schwere Vorwürfe wegen der sozialpolitischen Defizite.[69]

Es ist sicher nicht falsch, den Sturz Ulbrichts aus wirtschaftlichen und sozialen Defiziten zu erklären, ebenso wie es richtig ist, den Vorgang mit innerparteilichen Machtkämpfen und deutschlandpolitischen Interessen der Sowjetunion in Zusammenhang zu bringen.[70] Ulbricht hatte in der Zeit zuvor diese politischen Risiken als gewiefter Taktiker recht genau registriert – und zwar in dreifacher Hinsicht. Denn die zentrale Frage war, ob und wann die Strukturpolitik die erhofften Ergebnisse in Form moderner und konkurrenzfähiger Produkte erreichen würde; eine andere Frage war, wie weit sich eine Sozialpolitik auf Sparflamme durchhalten ließ, ohne Unruhe in der Bevölkerung hervorzurufen. Die dritte Frage lief auf die Loyalität der Partei- und Staatsapparate hinaus. Auch sie war nicht unbegrenzt strapazierbar.

Aus dem Jahr 1970 stammt ein Dokument, das Ulbrichts Überlegungen erhellt wie kaum ein anderes. Es handelt sich um das Protokoll eines Gesprächs, in dem Ulbricht am 25. Juni 1970 gegenüber dem stellvertretenden Vorsitzenden des Ministerrates der UdSSR, Nikolai A. Tichonow, und in Anwesenheit des sowjetischen Botschafters in der DDR, Piotr A. Abrassimow, um Verständnis für seine ebenso eigenwillige wie riskante Industriepolitik und damit auch für die sozialpolitische Zurückhaltung warb. Die DDR-Industrie, legte Ulbricht dar, stünde in einem Technologie-Wettbewerb mit kapitalistischen Konzernen. Es sei entscheidend, Wissenschaft und Produktion zu verbinden. »Selbst bei guter Arbeit bleiben wir sonst 5–10 Jahre zurück. Die Kapitalisten arbeiten im Interesse ihres Profits schneller als wir. Bei uns gibt es oft zu viel Bürokratie. Die Mehrzahl der Forscher arbeitet noch auf der Basis alter Erfahrungen. Wir müssen die Aufgabe stellen, überholen ohne einzuholen und völlig neue Lösungen suchen.« In der DDR könne man dabei drei Quellen nutzen: »a)

---

68 Bundesvorstand des FDGB, Büro Rösel: Bericht des Ausschusses für Arbeit und Sozialpolitik der Volkskammer der DDR zur Problematik Entwicklung des Krankenstandes. Entwurf vom 10. Oktober 1969; BArch, DY-34, 21788.
69 Bundesvorstand des FDGB, Abt. Sozialpolitik: Auszüge aus Analysen zu einigen Problemen der Sozialpolitik vom 3. Mai 1971, S. 5; BArch, DY-34, 8972.
70 Hierzu ausführlich Kaiser, Machtwechsel (wie Anm. 63).

die alte deutsche Wissenschaft; b) die Erfahrungen der UdSSR und der Militärproduktion der UdSSR und c) die Forschung der DDR nach dem Krieg«. Zur Lösung des Problems sei die Strukturpolitik nötig.»Das hat uns gezwungen, anderes zurückzulassen. Ist das politisch gefährlich? Ja, das ist gefährlich. Nur mit der ganzen Autorität der Partei können wir das durchführen. Das verlangt auch, operativ zu leiten. Die volksdemokratischen Länder haben noch das System der Planung Schritt für Schritt. Der Abstand zu den Kapitalisten wird so aber ständig größer. Das ist statistisch beweisbar. Da wir nicht zurückbleiben wollen, betreiben wir diese Strukturpolitik, und zwar unter Inkaufnahme dieses Risikos, das darin enthalten ist.«

Weiter heißt es, dass Teile der DDR-Industrie völlig überaltert seien und »täglich in die Luft fliegen« könnten. Ein Grund läge auch in den »riesige[n] Verluste[n], die die DDR in der Zeit der offenen Grenze erlitten habe.»Erst nach dem VI. Parteitag geschah der Umschwung. 1963 begannen wir mit der Prognose und mit der Umgestaltung nach Schwerpunkten. Für die Bevölkerung verlangt das große Anstrengungen. Wir haben viele Mittel für die Strukturpolitik entziehen müssen.« Das Ergebnis werde sein, dass einerseits hochmoderne Betriebe wie Zeiss-Jena entstehen, andere aber zurückbleiben. Nun wolle jeder wissen,»wie wir das machen. Das ist ganz einfach: Wir machen Schulden bei den Kapitalisten bis an die Grenze des Möglichen, damit wir einigermaßen durchkommen. Ein Teil der Produkte aus den neuen Werken muß deshalb dorthin exportiert werden, wo wir die Maschinen gekauft und die Schulden gemacht haben. In kurzer Zeit müssen diese neuen Anlagen amortisiert sein. [...] Wir machen einen Sprung nach vorn, allerdings mit genauen Rechnungen. Wir wissen, daß der Plan dadurch gestört wird. [...] Im Interesse der Strukturpolitik war es aber notwendig, so zu handeln.«[71]

Diese Erklärung erfolgte zu einer Zeit, in der das Parteiregime im Nachbarland Polen mit einer ganz ähnlichen Politik bereits in den Strudel einer Krise geraten war, die zu dem blutigen Konflikt im Dezember 1970 führte.[72] Ganz so schlimm sah es in der DDR nicht aus. Vielmehr deutete

---

71 Staatliche Plankommission: Niederschrift über die Beratung des Genossen Walter Ulbricht mit Genossen Tichonow vom 25. Juni 1970; BArch, DE 1 /V A/56128, Bl. 2–11.
72 Vgl. Jerzy Eisler: Grudzie 1970: geneza, przebieg, konsekwensje [Dezember 1970: Genese, Verlauf, Konsequenzen], Warszawa 2000.

sich in der Endphase der Ulbricht-Ära für einen historisch kurzen Moment eine bemerkenswerte Wendung der Dinge an.

III.

Ressourcenknappheit und die einseitige Konzentration der Investitionen auf einige wenige Schwerpunktbereiche der Wirtschaft zwangen die Betriebe und lokalen Verwaltungen zum Zusammenwirken bei der Schaffung und Nutzung sozialer Einrichtungen. Darauf war es ganz entscheidend zurückzuführen, dass es im Großen und Ganzen bei den staatlichen und betrieblichen Sozialaufgaben zwar einen Rückstau, jedoch keinen Stillstand gab. Insbesondere bei der Arbeiterversorgung und der Kinderbetreuung blieb der Umfang der Aufwendungen beträchtlich.[73]

Die sozialpolitische Diskussion der Jahre 1966/1967 mündete in ambivalenten Vorstellungen von der Verbindung einer dichten sozialen Grundsicherung mit der Eigenverantwortung von Individuen oder auch Gruppen. Um den Zielkonflikt zwischen Struktur- und Investitionspolitik einerseits und Sozial- und Konsumpolitik andererseits zu entschärfen, hatte Ulbricht das in Betrieben und Kommunen durchaus vorhandene Potential längst in den Blick genommen. Das zeigt sein auf dem VII. Parteitag der SED 1967 gehaltenes Referat. Es enthielt einen Unterabschnitt »Zur Entwicklung der Sozialpolitik«.[74] Sozialpolitik, so hieß es darin, sei »Ausdruck der gesellschaftlichen Sorge um den Menschen«.[75] Mit der Bemerkung, man müsse sich mehr um die Förderung der Familien und den Lebensunterhalt Alter und Kranker kümmern, Betriebe sollten der Beschäftigung älterer Arbeiter und Angestellter größere Aufmerksamkeit widmen und das Rentensystem sei stärker nach Arbeitseinkommen und Berufsjahren zu differenzieren sowie durch eine freiwillige Zusatzrente zu ergänzen, wurden nicht nur Aufgaben, sondern

---

73 Erhard Schulze/Heinz Stewert: Die Steigerung der Arbeitsproduktivität und die Gestaltung der Arbeits- und Lebensbedingungen, in: Einheit 25 (1970), S. 1278–1287, hier S. 1280.
74 Protokoll der Verhandlungen des VII. Parteitages der Sozialistischen Einheitspartei Deutschlands, 17. bis 22. April 1967 in der Werner-Seelenbinder-Halle zu Berlin, 1.-3. Verhandlungstag (Bd. 1), Berlin 1967, S. 239–241.
75 Ebd., S. 239.

auch Defizite benannt.[76] Ging es hier unverkennbar um den angesichts der Arbeitskräfteknappheit nachvollziehbaren Versuch, ältere Menschen länger im Beruf zu halten, schloss sich dem eine geradezu spannende Bemerkung an: Sozialpolitik könne nicht allein Sache des Staates sein, sondern sie müsse sich auch auf die Solidarität der Menschen untereinander gründen.[77] Angesichts des gesamtgesellschaftlichen Machtanspruchs der SED war das eine verblüffende Formulierung. Man wird sie mit einiger Berechtigung in die Nähe des ebenfalls von Ulbricht stammenden Konzepts der klassen- und schichtübergreifenden »sozialistischen Menschengemeinschaft« rücken dürfen.[78] Gleichwohl stellt sich die Frage, ob im Kontext der auf Leistung und Eigenverantwortung fokussierten Wirtschaftsreform eine Art sozialistisches Subsidiaritätsprinzip verankert werden sollte.

Ulbricht argumentierte auch bei der Begründung des Entwurfs der neuen Verfassung am 31. Januar 1968 vor der Volkskammer in diese Richtung: Jeder Bürger habe ein Recht auf Mitgestaltung des sozialen Lebens, aber auch Pflichten.[79] In der im April 1968 nach einem Volksentscheid angenommenen neuen Verfassung der DDR kam dieser Grundgedanke durchaus zur Geltung, allerdings mit einigen Unschärfen.[80] Die Zusage einer »umfassenden Sozialpolitik« (Art. 35) folgte dem bisherigen Verständnis von den Aufgaben staatlicher Sozialpolitik. Die Kostenfrage, die Schlüsselrolle der Betriebe und die Verknüpfung sozialer Leistungen mit Leistungsanreizsystemen klangen in den sozialpolitisch relevanten Verfassungsartikeln 34 bis 38 nicht an. Allerdings bot der Artikel 21, der ein Recht auf Mitgestaltung des politischen, wirtschaftlichen, sozialen und kulturellen Lebens vorsah, einen allgemeinen Zugang zu diesen Problemfeldern. Den in gewissem Sinne strategischen Eckpfeiler der Sozialsystems bildete Artikel 24, der das Recht auf Arbeit und einen Arbeitsplatz festschrieb.

76 Ebd., S. 240.
77 Ebd., S. 214.
78 Ebd., S. 29.
79 Die Verfassung des sozialistischen Staates deutscher Nation. Bericht des Vorsitzenden der Kommission zur Ausarbeitung einer sozialistischen Verfassung der Deutschen Demokratischen Republik, Walter Ulbricht, Vorsitzender des Staatsrates. 7. Tagung der Volkskammer der Deutschen Demokratischen Republik, Berlin 1968, S. 19 f.
80 Verfassung der Deutschen Demokratischen Republik vom 6. April 1968, Berlin 1968.

Diese Verfassung ließ gerade in sozialpolitischer Hinsicht einigen Spielraum. In dem Maße, in dem das NÖS bzw. dessen als Ökonomisches System des Sozialismus (ÖSS) aktualisierte Variante in die Krise geriet, erfuhren Überlegungen zur Stärkung sozialpolitischer Funktionen auf betrieblicher und kommunaler Ebene eine Konjunktur. Ulbricht versuchte, der immer akuter werdenden Versorgungsprobleme Herr zu werden, indem sozial- und konsumpolitisch relevante Ressourcen der kommunalen Ebene mobilisiert und Entscheidungsprozesse vermehrt auf die staatliche Ebene gezogen wurden. So befasste sich der Staatsrat der DDR im Dezember 1969 mit »der Versorgung und Betreuung der Bevölkerung«.[81] Auch der wenige Monate später als Entwurf vorliegende Staatsratsbeschluss zur Entwicklung der sozialistischen Kommunalpolitik folgte dieser Linie. Er sollte das Zusammenwirken »von Städten, Gemeinden und Betrieben als soziale Gemeinschaften« regeln.[82] Vorgesehen war eine Kooperation in einem »System der Versorgung und Betreuung der Bevölkerung«, als dessen Schwerpunkte die Versorgung mit Waren, die jede Familie zum täglichen Leben benötigt, die Arbeiterversorgung, die Schul- und Kinderspeisung, die »gastronomische Betreuung«, die Versorgung mit haus- und stadtwirtschaftlichen Dienstleistungen und Reparaturen, die »Gestaltung sozialistischer Wohnbedingungen« und die »Förderung eines aktiven kulturellen Lebens, der Gesunderhaltung und Leistungsfähigkeit der Bürger« benannt wurden.[83] Ohne dass dies alles zum Nennwert zu nehmen wäre, wird man eine gewisse Ähnlichkeit mit Modellen erkennen, in denen große Werke und Städte in völlig unterschiedlichen gesellschaftlichen Kontexten eine Symbiose eingingen.

---

81 Zum System der Planung und Leitung der wirtschaftlichen und gesellschaftlichen Entwicklung der Versorgung und Betreuung der Bevölkerung in den Bezirken, Kreisen, Städten und Gemeinden. Materialien der 19. Sitzung des Staatsrates der DDR am 11. 12. 1969 zum »Entwurf des Beschlusses zur weiteren Gestaltung des Systems der Planung und Leitung der wirtschaftlichen und gesellschaftlichen Entwicklung der Versorgung und Betreuung der Bevölkerung in den Bezirken, Kreisen, Städten und Gemeinden«. Hrsg. von der Abteilung Presse und Information des Staatsrates der DDR, Berlin 1969.
82 Die weitere Gestaltung des Systems der Planung und Leitung der wirtschaftlichen und gesellschaftlichen Entwicklung der Versorgung und Betreuung der Bevölkerung in den Bezirken, Kreisen, Städten und Gemeinden – zur Entwicklung sozialistischer Kommunalpolitik. Hrsg. von der Abteilung Presse und Information des Staatsrates der DDR, Berlin 1970, S. 10.
83 Ebd., S. 122–137.

Es spricht einiges dafür, dass Ulbricht die strategischen Entscheidungen über die Sozialpolitik zwar nicht aus der Hand geben, doch ihre praktische Durchsetzung mehr in den betrieblichen und kommunalen Verantwortungsbereich delegieren wollte. Ressourcenmanagement an Ort und Stelle versprach durchaus einen Effektivitätsgewinn. Die Annahme, auf diese Weise ließe sich ein härterer Spar- und Rationalisierungskurs zur Stabilisierung der Wirtschaft abfedern, lag zumindest nahe. Sicher war damit kein Teilrückzug der SED-Führung als unmittelbarer Akteur aus einer aktiven Sozialpolitik gemeint, zumal die Parteistrukturen auch auf der lokalen und betrieblichen Ebene stark ausgebaut waren. Artikel 41 der DDR-Verfassung von 1968 nannte Betriebe, Städte, Gemeinden und Gemeindeverbände entsprechend einschränkend »im Rahmen der zentralen staatlichen Planung und Leitung [als] eigenverantwortliche Gemeinschaften«.[84] Allerdings konnte diese Eigenverantwortung zumindest der Möglichkeit nach recht weit gehen, wie ein eigener Abschnitt »Systembeziehungen zwischen Betrieb und Territorium« in dem von Ulbricht initiierten Buch »Politische Ökonomie des Sozialismus und ihre Anwendung in der DDR« andeutete.[85] Tatsächlich barg das Konzept, dessen Anwendung zunächst in Ostberlin getestet worden war, ein schwer einzuschätzendes Potential, das geeignet schien, sozialpolitische Aufgaben zu lösen, um den Preis allerdings, zentralistische Machtstrukturen zumindest aufzulockern. Das war insbesondere Großbetrieben möglich, die mit ihren Sozialeinrichtungen einen recht starken Einfluss auf die umliegenden Städte und Gemeinden ausüben konnten.[86]

Vieles sprach für diese Praxis. Auch Ulbrichts Nachfolger Erich Honecker, der 1971 einen Kurs der politischen Rezentralisierung einschlug, hielt daran fest. Unter der Bezeichnung »territoriale Rationalisierung« erfuhr das Konzept in den 1970er und 1980er Jahren verbreitet Anwendung.[87] Allerdings konnte es um 1970 eine Zuspitzung der Versorgungs-

---

84 Verfassung der DDR (wie Anm. 80), Art. 41.
85 Günter Mittag u. a.: Politische Ökonomie des Sozialismus und ihre Anwendung in der DDR, Berlin 1969, S. 827–838.
86 Peter Hübner: Betriebliche Sozialpolitik, Betriebe als Träger der staatlichen Sozialpolitik, in: Sozialpolitik Bd. 9 (wie Anm. 5), S. 721–762, hier S. 752–756.
87 Autorenkollektiv: Territoriale Rationalisierung: Erfahrungen aus dem Kreis Staßfurt, Berlin 1974; Frank Grimm: Territoriale Rationalisierung in Städten und Stadtbezirken, Berlin 1975; Arnold Zimmermann: Territoriale Rationalisierung als Intensivierungsaufgabe, Berlin 1978; Rudolf Bachmann: Zu Problemen der Wech-

krise nicht verhindern – und wenn es nach den um Erich Honecker gruppierten Gegnern der Wirtschaftsreform ging, sollte es das wohl auch nicht. Ihnen kam entgegen, dass sich der Unmut in der Bevölkerung wegen der schlechten Versorgungslage allmählich auch auf das Feld der Sozialpolitik konzentrierte. Hier nahm die Zahl der Eingaben an den Staatsrat und die Volkskammer seit Ende 1969 stärker zu als auf anderen Gebieten.[88]

Der Versuch, eine NÖS-adäquate Sozialpolitik zu kreieren, scheiterte an denselben Faktoren, an denen die gesamte Wirtschaftsreform Schiffbruch erlitt. Unter ihnen zählten internationale politische und wirtschaftliche Rahmenbedingungen, demographische Einflüsse, vor allem aber Steuerungs- und Leistungsdefizite des Wirtschaftssystems sowie die für einen umfassenden Modernisierungsprozess zu knappen Ressourcen zu den wichtigeren. Hinzu kam freilich auch eine teils politisch motivierte, teils mental begründete Gegenströmung, die sich einer Ökonomisierung der Sozialpolitik verschloss.

Auch in der Regierungszeit Ulbrichts stand die Versorgung und Betreuung von Arbeitskräften im Zentrum des sozialpolitischen Denkens nicht nur der Macht- und Funktionseliten, sondern auch der Versorgten und Betreuten selbst. Versorgung und Betreuung bildete eine Konsensformel, auf die später, nach dem Ende der DDR, der nicht unumstrittene Begriff der Fürsorgediktatur (Welfare Dictatorship) bezogen worden ist.[89] Vor diesem Hintergrund wurde auch gefragt, ob die DDR ein Sozialstaat gewesen sei.[90]

Die Antwort darauf hängt vom Begriff des Sozialstaates ab. In Deutschland wird er ganz in einer staatstheoretischen Tradition, die von einem neutralen Staat ausgeht, bevorzugt von seinem verfassungsrechtlichen Rahmen her, nicht etwa aus seiner Funktion heraus definiert. Im »Brockhaus« etwa heißt es, Sozialstaat sei eine »Bezeichnung für die Staatstä-

---

selbeziehungen zwischen den sozialistischen Produktionsverhältnissen und anderen gesellschaftlichen Verhältnissen aus territorialer Sicht, Berlin 1981.

88 Abteilung Arbeit und Sozialpolitik des Staatsrates der DDR, Abt.-Ltr. Gundlach: Informationsbericht über den wesentlichen Inhalt der an den Vorsitzenden und die Mitglieder des Staatsrates sowie an die Volkskammer gerichteten Eingaben im Monat Dezember 1969, undat. [Februar 1970], S. 1; BArch, DY-34, 6777.

89 Konrad H. Jarausch: Care and Coercion. The GDR as Welfare Dictatorship, in: ders. (Hrsg.): Dictatorship as Experience. Towards a Socio-Cultural History of the GDR, New York/Oxford 1999, S. 47–69.

90 Bouvier, DDR – Sozialstaat (wie Anm. 59), S. 328 f.

tigkeit und die Organisation der staatlichen Herrschaft, die Zielen des sozialen Ausgleichs und der sozialen Sicherung verpflichtet ist. Als Sozialstaat wird ein Staatstypus bezeichnet, dessen Politik, Rechtsordnung und Verwaltung im Gegensatz zum ›liberalen Rechtsstaat‹ und zum Obrigkeitsstaat, aber auch im Unterschied zu einem umfassenden Versorgungsstaat die Sozialordnung nach bestimmten Zielen im Rahmen rechtsstaatlicher Verfassung gestaltet.«[91] Demnach wäre die DDR nicht als Sozialstaat zu bezeichnen. Eine solche Deutung bezieht ihre Stringenz nicht zuletzt aus einer auf die deutsch-deutsche Systemkonkurrenz fokussierten Perspektive.

Gleichwohl bleibt hier offen, wer oder was denn zu einer solchen normativen Aufladung des Sozialstaatsbegriffs zwingt.[92] Denn man kann den Sozialstaat genauso gut von den Funktionen der Ressourcenverteilung und der sozialen Sicherung her bestimmen. Auch der Begriff des Industriestaates wird nicht an die Kriterien von Rechtsstaatlichkeit und Demokratie gebunden, sondern daran, ob die Wirtschaftskraft eines Landes hauptsächlich auf der industriellen Produktion beruht. Warum sollte der Sozialstaat nicht an seinen Umverteilungs- und Sicherungsmechanismen gemessen werden? Gerhard A. Ritter etwa argumentiert: »Die modernen Begriffe des Wohlfahrtsstaates oder Sozialstaates, die natürlich nicht den gesamten Charakter des Staates oder seiner Tätigkeit erfassen, werden vor allem aus der Frage nach den Aufgaben des Gemeinwesens abgeleitet.«[93] Franz Xaver Kaufmann verweist auf die soziale Zieldimension des Staates als Kriterium.[94]

Wenn man aber auf Funktion und Ziel der Sozialpolitik abhebt, dann ließe sich resümieren: Die DDR der Ulbricht-Zeit war ein auf sozialistischer Planwirtschaft gründender und autoritär gesteuerter Sozialstaat. In seiner Praxis wurde er weniger durch sozialpolitische Gestaltungsutopien geleitet, als vielmehr durch knappe Ressourcen, durch das Forderungspotential der eigenen Bevölkerung und durch komparative Faktoren insbesondere in Form der bundesdeutschen Einkommens- und Sozialpolitik begrenzt. Ob sich in der NÖS-Periode für kurze Zeit eine realistische Alternative im Sinne von Ökonomisierung und Subsidiari-

---

91 Der Brockhaus multimedial 2005.
92 Zur Diskussion des Sozialstaatsbegriffs vgl. Kaufmann, Begriff (wie Anm. 1), S. 92–96.
93 Ritter, Sozialstaat (wie Anm. 4), S. 2 f.
94 Kaufmann, Begriff (wie Anm. 1), S. 92.

tät andeutete, bleibt freilich Spekulation. Angesichts des politischen Umfeldes dürfte hierfür kaum eine Chance bestanden haben.

Manfred G. Schmidt

Sozialstaat mit Sanierungsbedarf – Die Sozialpolitik der Bundesrepublik Deutschland nach dem Ende der Boomphase

1. Auf- und Ausbau des Sozialstaates und »Trendwende«

Deutschlands Sozialstaat hat seine ureigenen Aufgaben mit beachtlichem Erfolg bewältigt:[1] Er verhindert materielle Verelendung. Er schützt

[1] Zur Entwicklung der Sozialpolitik in der Bundesrepublik Deutschland insbesondere Jens Alber: Der Sozialstaat in der Bundesrepublik 1950–1983, Frankfurt a. M./New York 1989; Bundesministerium für Arbeit und Sozialordnung/Bundesarchiv (Hrsg.): Grundlagen der Sozialpolitik. Geschichte der Sozialpolitik in Deutschland seit 1945, Baden-Baden 2001; Martin H. Geyer (Hrsg.): Bundesrepublik Deutschland 1974–1982. Neue Herausforderungen, wachsende Unsicherheit (Geschichte der Sozialpolitik in Deutschland seit 1945, Bd. 6), Baden-Baden 2008; Hans Günter Hockerts: Sozialpolitische Entscheidungen im Nachkriegsdeutschland. Alliierte und deutsche Sozialversicherungspolitik 1945 bis 1957, Stuttgart 1980; Hans Günter Hockerts (Hrsg.): Drei Wege deutscher Sozialstaatlichkeit: NS-Diktatur, Bundesrepublik und DDR im Vergleich, München 1998; Hans Günter Hockerts (Hrsg.): Bundesrepublik Deutschland 1966–1974. Eine Zeit vielfältigen Aufbruchs (Geschichte der Sozialpolitik in Deutschland seit 1945, Bd. 5), Baden-Baden 2007; Frank Nullmeier/Friedbert W. Rüb: Die Transformation der Sozialpolitik. Vom Sozialstaat zum Sicherungsstaat, Frankfurt a. M./New York 1993; Gerhard A. Ritter (Hrsg.): Bundesrepublik Deutschland 1989–1994. Sozialpolitik im Zeichen der Vereinigung (Geschichte der Sozialpolitik in Deutschland seit 1945, Bd. 11), Baden-Baden 2007; Michael Ruck/Marcel Boldorf (Hrsg.): Bundesrepublik Deutschland 1957–1966. Sozialpolitik im Zeichen des erreichten Wohlstands (Geschichte der Sozialpolitik in Deutschland seit 1945, Bd. 4), Baden-Baden 2008; Manfred G. Schmidt (Hrsg.): Bundesrepublik Deutschland 1982–1989. Finanzielle Konsolidierung und institutionelle Reform (Geschichte der Sozialpolitik in Deutschland seit 1945, Bd. 7), Baden-Baden 2005; Manfred G. Schmidt: Sozialpolitik in Deutschland. Historische Entwicklung und internationaler Vergleich, Wiesbaden ³2005; Günther Schulz (Hrsg.): Bundesrepublik Deutschland 1949–1957. Bewältigung der Kriegsfolgen, Rückkehr zur sozialpolitischen Normalität (Geschichte der Sozialpolitik in Deutschland seit 1945, Bd. 3), Baden-Baden 2006; Michael Stolleis: Geschichte des Sozialrechts in Deutschland. Ein Grundriß, Stuttgart 2003; Udo Wengst (Hrsg.): 1945–1949. Die Zeit der Besatzungszonen. Sozialpolitik zwischen Kriegsende und der Gründung zweier deutscher Staaten (Geschichte der Sozialpolitik in Deutschland

in insgesamt beträchtlichem Maß gegen individuell nicht zureichend versicherbare Risiken des Einkommensausfalls durch Alter, Arbeitslosigkeit, Krankheit, Invalidität, Mutterschaft und Pflegeabhängigkeit. Und Deutschlands Sozialstaat wirkt zudem wesentlich dabei mit, krasse soziale Ungleichheit abzubauen oder ihre Auswirkungen zu entschärfen. Ermöglicht wurde all dies durch den Auf- und Ausbau der Sozialpolitik zu einem der weltweit aufwendigsten Wohlfahrtsstaaten. Knapp ein Drittel des Bruttoinlandsproduktes wird von ihm beansprucht.[2]

Deutschlands Sozialstaat ist – hinsichtlich seiner ureigenen Ziele – ein Erfolgsfall. Allerdings wurde der Erfolg mit Nebenwirkungen und Folgeproblemen erkauft. Die Nebenwirkungen und Folgeprobleme sind mittlerweile so groß, dass Deutschlands erfolgsgewöhnter Sozialstaat zum Sanierungsfall wurde. Davon handelt das vorliegende Essay.[3]

Dass Deutschlands Sozialstaat zu einem Wohlfahrtsstaat mit Sanierungsbedarf wurde, hat viele Ursachen. Zu ihnen gehört die »Trendwende«[4] in der Wirtschaft und der Wirtschaftspolitik Mitte der 1970er Jahre. Mit ihr endete der »kurze Traum immerwährender Prosperität«.[5] Nun wurden mehr als zwei Jahrzehnte mit hohem Wirtschaftswachstum und geringer Arbeitslosigkeit abgelöst von Phasen des reduzierten Wirtschaftswachstums mit höherer Arbeitslosigkeit und zwischenzeitlich

---

seit 1945, Bd. 2), Baden-Baden 2001; Hans F. Zacher: Grundlagen der Sozialpolitik in der Bundesrepublik Deutschland, in: Bundesministerium für Arbeit und Sozialordnung/Bundesarchiv (Hrsg.), Grundlagen (siehe oben), S. 333–684; Hans. F. Zacher: Das soziale Staatsziel, in: Josef Isensee/Paul Kirchhof (Hrsg.): Handbuch des Staatsrechts der Bundesrepublik Deutschland, Bd. II: Verfassungsstaat, Heidelberg ³2004, S. 659–784.

2 Bundesministerium für Arbeit und Soziales (Hrsg.): Sozialbericht 2009, Bonn 2009, Tabelle I-1, Datenstand 2009, vgl. das Schaubild 1 im Anhang.

3 Es basiert neben der in Anmerkung 1 genannten Fachliteratur insbesondere auf einer Würdigung von Schwächen *und* Stärken sowie von Problemerzeugung *und* Problemlösung durch die Sozialpolitik in Deutschland, vgl. Manfred G. Schmidt: Sozialpolitik als Stabilisierungsfaktor der bundesrepublikanischen Entwicklung?, in: Zeitschrift für Politik 56 (2009), S. 427-435.

4 Ralf Dahrendorf (Hrsg.): Trendwende. Europas Wirtschaft in der Krise, Wien/München/Zürich 1981.

5 Burkart Lutz: Der kurze Traum immerwährender Prosperität. Eine Neuinterpretation der industriell-kapitalistischen Entwicklung im Europa des 20. Jahrhunderts, Frankfurt a. M./New York 1984.

ungewohnt hoher Inflation.⁶ Zugleich stieg die Zahl der Sozialleistungsempfänger. Verantwortlich dafür waren viele Ursachen – vor allem die zunehmende Arbeitslosigkeit, die wachsende Sozialhilfebedürftigkeit, die Frühverrentung, die von Staat und Sozialpartnern nunmehr in großem Umfang genutzt wurden, um die Arbeitslosigkeit einzudämmen, und nicht zuletzt die Alterung der Bevölkerung.⁷ Hierdurch wuchs der Finanzierungsbedarf der Sozialpolitik ausgerechnet in einer Zeit knapper werdender öffentlicher Finanzmittel – trotz rasch steigender Staatsverschuldung und trotz der ein oder anderen Einsparungsmaßnahme im Sozialbereich. Aber auch die »Preisstabilitätspolitik«⁸, die »Sozialpolitik auf leisen Sohlen«⁹, kam in diesen Jahren an ihre Grenzen und wurde erst durch eine länger währende Stabilisierungspolitik der Deutschen Bundesbank in den frühen 1980er Jahren zurückgewonnen.¹⁰ Damit entbrannte der »Kampf um den Sozialetat«¹¹ auch in der Bundesrepublik Deutschland in aller Schärfe. Nunmehr eskalierte der Kampf zwischen den Sozialpolitikern, den »Sopos«, und den Finanzpolitikern, den »Finanzern«.¹²

Der erneute Kampf um den Sozialetat erfolgte allerdings unter ungünstiger werdenden Rahmenbedingungen: ungünstiger, weil der innenpolitische Streit zwischen den Parteilagern an Heftigkeit rasch zunahm; ungünstiger aufgrund einer wachsenden, auf dem Wählerstimmenmarkt größer und größer werdenden Sozialstaatsklientel, die von Um- oder Rückbau der Sozialpolitik nichts hielt; und ungünstiger aufgrund zunehmender, den nationalstaatlichen Handlungsspielraum ein-

---

6 Datengrundlage: Organisation for Economic Co-operation and Development: Historical Statistics 1970–2000, Paris 2001. Zum Wirtschaftswachstum, zur Arbeitslosigkeit und zur Inflationsrate siehe die Schaubilder 2, 4 und 5 im Anhang.
7 Siehe Schaubild 3 im Anhang.
8 Andreas Busch: Preisstabilitätspolitik. Politik und Inflationsraten im internationalen Vergleich, Opladen 1995.
9 Die Formulierung entstammt der Regierungserklärung des Bundesarbeitsministers Norbert Blüm am 24. April 1986 (Stenographisches Protokoll des Deutschen Bundestages, 10. Wahlperiode, 213. Sitzung, 24. April 1986, Bd. 137, S. 16322D).
10 Vgl. Fritz W. Scharpf: Sozialdemokratische Krisenpolitik in Europa, Frankfurt a. M./New York 1987; Busch, Preisstabilitätspolitik (wie Anm. 8); siehe auch Schaubild 5 im Anhang.
11 Ludwig Preller: Sozialpolitik in der Weimarer Republik, Kronberg/Düsseldorf 1978, S. 388, anhand der Sozialpolitik in der Weimarer Republik.
12 Dr. Yorck Dietrich in einem Gespräch mit dem Verfasser in Bonn am 20. Januar 2000.

engender Globalisierung und Europäisierung. Das alles kam zu den ohnehin schon komplizierten politischen Institutionen der Bundesrepublik Deutschland hinzu, die die Handlungsfähigkeit der Regierungen im Bund und in den Ländern eng begrenzen, und zwar durch weitreichende Machtaufteilung, hohe Mitregenten- und Vetospielerdichte, hohen Abstimmungsbedarf sowie größer werdende Spannungen zwischen den Regierungsparteien sowie zwischen den Regierungs- und den Oppositionsparteien.[13]

2. Sanierungsbedarf

Dies alles erschwerte die Bewältigung des Sanierungsbedarfs, der sich in Deutschlands Sozialstaat aufgetürmt hatte. Dank einer ehrgeizigen Sozialgesetzgebung war die Sozialpolitik hierzulande seit den 1950er Jahren sehr weit ausgebaut worden, viel weiter als bei den Hauptkonkurrenten unter den Großstaaten auf dem Weltmarkt – mit der Ausnahme von Frankreich. Allein im Vergleich zu Japan leistete sich Deutschland 1975 etwa eine dreimal höhere Sozialleistungsquote. Und im Vergleich mit den englischsprachigen Ländern, allen voran mit den USA, waren und sind die Sozialleistungen in Deutschland relativ zum Sozialprodukt und gemessen an der Abgabenbelastung der Beschäftigten überdurchschnittlich hoch. Mehr noch: Überdurchschnittlich weit ausgebaut wurden zudem der arbeitsrechtliche Schutz und die mitbestimmungspolitische Absicherung der Arbeitsplatzbesitzer in der Bundesrepublik Deutschland[14] – beides zugleich Zeichen einer ausgeprägten Insider-Outsider-Spaltung auf dem Arbeitsmarkt, die zu Lasten der Arbeitslosen und der Arbeitsuchenden geht und zudem die Beschäftigungsgrundlage der Sozialstaatsfinanzierung beeinträchtigt. Das war das erste Ungleichgewicht, zugleich der erste Sanierungsbedarf der Sozialpolitik in der Bundesrepublik Deutschland.

Ein Sanierungsbedarf entstand zudem auf der Finanzierungsseite der Sozialpolitik: 1975 wurden 57 Prozent des Sozialbudgets aus den Sozial-

---

13 Manfred G. Schmidt: Das politische System Deutschlands. Institutionen – Willensbildung – Politikfelder, München ²2011.
14 Organisation for Economic Co-operation and Development: The OECD Jobs Study, Bd. 1, Paris 1994, S. 69–76; Patrick Emmenegger: Job security regulations in Western Europe, in: European Journal of Political Research 50 (2011), S. 336–364.

beiträgen der versicherten Arbeitnehmer und deren Arbeitgeber finanziert. Doch die Sozialbeiträge wirken wie eine hohe direkte Zusatzsteuer auf den Faktor Arbeit. Sie verknappen das Arbeitsplatzangebot, bremsen die Beschäftigung und vergrößern dadurch auch die Finanzierungsprobleme der Sozialversicherungen und des Staates. Das ist die Kehrseite der deutschen Sozialstaatsfinanzierung, die zweifelsohne beachtliche Stärken hat: Sie schafft eigentumsrechtliche Ansprüche der Versicherten auf Sozialleistungen, formt insoweit den Proletarier zum Eigentümer um, fördert die Legitimität des Sozialstaates und wirkt obendrein als ein wirtschaftspolitisch willkommener Anreiz zum arbeitssparenden technischen Fortschritt.

Ein dritter Sanierungsbedarf hing ebenfalls mit den Sozialfinanzen zusammen: Er entstand durch die Schieflage zwischen dem großen und tendenziell weiter wachsenden Sozialetat einerseits und den zurückbleibenden Budgets für andere wichtige öffentliche Aufgabenfelder, wie etwa Bildung, öffentliche Sicherheit und Verteidigung auf der anderen Seite.

Viertens wirkte die Weiterführung der ehrgeizigen Sozialpolitik auch in der Wirtschaftskrise Mitte der 1970er Jahre und danach wie ein Schutzwall für die Tarifparteien. Hinter diesem Wall konnten die Tarifparteien Verträge zu Lasten Dritter abschließen. Sie nutzten dies auf großer Stufenleiter, insbesondere durch ihre Hochlohnpolitik, die die Insider-Outsider-Spaltung im Arbeitsmarkt befestigt, sowie durch extensive Frühverrentung auf Kosten der Kassen des Sozialstaates. Hierdurch wandelte sich der investitions- und wachstumsorientierte Korporatismus der deutschen Arbeitsbeziehungen der 1960er und 1970er Jahre zu einem partikularen »Wohlfahrtskorporatismus«[15]. Beim Wohlfahrtskorporatismus kommt es nicht länger auf Wachstum und Investitionsförderung an. Vielmehr zählt nun vor allem, die Sozialpolitik möglichst weitgehend für die materiellen Interessen der Beschäftigten und ihrer betrieblichen Interessenvertretungen einerseits und die ökonomischen Sonderinteressen ihrer Arbeitgeber andererseits auszuschlachten.

---

15 Wolfgang Streeck: Industrial Relations: From State Weakness as Strength to State Weakness as Weakness. Welfare Corporatism and the Private Use of the Public Interest, in: Simon Green/William E. Paterson (Hrsg.): Governance in Contemporary Germany. The Semisovereign State Revisited, Cambridge 2005, S. 138–164, hier S. 141 ff.

Ein fünfter Sanierungsbedarf kennzeichnete die Sozialpolitik der Bundesrepublik Deutschland auch nach dem Ende ihrer ersten großen Ausbauphase Mitte der 1970er Jahre: eine größer werdende Lücke zwischen der vergleichsweise gut abgesicherten Alterssicherung und der weit schwächer entwickelten Sozialpolitik für jüngere Zielgruppen, insbesondere Familien mit Kindern.[16]

3. Sanierungsmaßnahmen, Nichtentscheidungen und Wiedereinsetzung expansiver Sozialpolitik

Auf die Trendwende in der Wirtschafts- und der Finanzpolitik seit Mitte der 1970er Jahre reagierte die Sozialpolitik in der Bundesrepublik Deutschland – allerdings mit Zeitverzögerung, mitunter mit der Neigung, die Probleme kleinzureden, des Öfteren auch mit Nichtentscheidungen und nicht selten mit dem Bestreben, alsbald zur expansiven Sozialpolitik zurückzukehren. Allerdings blieben Sanierungsmaßnahmen nicht aus. Der Einstieg in Sanierungsmaßnahmen reicht in die Ära Schmidt zurück[17], wurde aber erst in den ersten und in den letzten Jahren der Ära Kohl beherzter angegangen.[18] Zwischenzeitlich hatte allerdings die Politik zur deutschen Einheit durch die Übertragung des westdeutschen Sozialrechts auf die ökonomisch viel schwächeren neuen Bundesländer für einen starken Anstieg der Sozialleistungen und der Sozialabgaben gesorgt, was mit der steigenden Staatsverschuldung den Sanierungsbedarf des Sozialstaates wieder vergrößerte.[19]

---

16 Vgl. Franz-Xaver Kaufmann: Familie, in: Norbert Blüm/Hans F. Zacher (Hrsg.): 40 Jahre Sozialstaat Bundesrepublik Deutschland, Baden-Baden 1989, S. 547–560 und Ursula Münchs Beiträge zur Familienpolitik in der »Geschichte der Sozialpolitik in Deutschland seit 1945«, beispielsweise Ursula Münch: Familien- und Altenpolitik, in: Hockerts, Bundesrepublik Deutschland 1966–1974 (wie Anm. 1), S. 633–708.
17 Geyer, Bundesrepublik Deutschland 1974–1982 (wie Anm. 1); Nico A. Siegel: Baustelle Sozialstaat. Konsolidierung und Rückbau im internationalen Vergleich, Frankfurt a. M. 2002, S. 295 ff. Immerhin hat der Sozialbericht 1986 der Regierung Kohl der SPD-geführten Vorgängerregierung bescheinigt, diese habe von 1975 bis zum Regierungswechsel 1982 »mit insgesamt zwölf Gesetzen massive Kürzungen im Sozialbereich vorgenommen«; Bundesministerium für Arbeit und Sozialordnung (Hrsg.): Sozialbericht 1986, Bonn 1986, S. 7.
18 Schmidt, Bundesrepublik Deutschland (wie Anm. 1).
19 Ritter, Bundesrepublik Deutschland 1989–1994 (wie Anm. 1).

Finanzielle Konsolidierung des Sozialetats, Sozialstaatsumbau und Sozialstaatsrückbau waren nicht nur das Werk von Regierungen der bürgerlich-liberalen Koalition aus CDU/CSU und FDP.[20] Auch SPD-geführte Regierungen engagierten sich bei der fälligen Sanierung – jedoch zunächst zögerlicher, selektiver und gegen viel größeren innerparteilichen Protest. Zu den sanierungsrelevanten Reformen der SPD-geführten Bundesregierungen gehörte insbesondere der Übergang der ersten rot-grünen Bundesregierung von der niveauorientierten zur einnahmeorientierten Alterssicherungspolitik sowie die Einführung einer kapitalgedeckten dritten Säule der Alterssicherung, der sogenannten Riester-Rente.[21] Bedeutende Sanierungsmaßnahmen waren ferner die Arbeitsmarktreformen im Dienstleistungssektor, die sogenannten »Hartz-Reformen«, aus denen »Hartz IV« mit dem Zusammenlegen von Arbeitslosenhilfe und Sozialhilfe und dem Aufbau einer Grundsicherung für Arbeitssuchende herausragt. Die eine oder andere Korrektur an den Sozialleistungen kam unter der Großen Koalition (2005-2009) und unter ihrem schwarz-gelben Nachfolger zustande. Mit Ausnahme der Heraufsetzung des gesetzlichen Rentenalters auf 67 Lebensjahre waren diese Anpassungen aber deutlich kleiner als die Reformen, die von den Kabinetten Kohl und den beiden rot-grünen Bundesregierungen auf den Weg gebracht wurden.[22]

Die Reaktionen der deutschen Sozialpolitik auf den Sanierungsbedarf seit Mitte der 1970er Jahre zeugen durchaus von Befähigung zu Sanierungsreformen. Allerdings erfolgten diese mit Zeitverzögerung, größtenteils inkrementell, meist mit beträchtlicher Pfadabhängigkeit und mit erheblichen Unterschieden je nach Regierungspartei. Gewiss verminderten die verschiedenen Sanierungsmaßnahmen der Bundesregierung den potenziellen Sanierungsbedarf des deutschen Sozialstaates. Allerdings

---

20 Schmidt, Bundesrepublik Deutschland (wie Anm. 1).
21 Winfried Schmähl: Alte und neue Herausforderungen nach der Rentenreform 2001, in: Die Angestelltenversicherung 48 (2001), S. 313–322.
22 Christoph Egle: Reformpolitik in Deutschland und Frankreich. Wirtschafts- und Sozialpolitik bürgerlicher und sozialdemokratischer Regierungen, Wiesbaden 2009; Christoph Egle/Tobias Ostheim/Reimut Zohlnhöfer (Hrsg.): Das rot-grüne Projekt. Eine Bilanz der Regierung Schröder 1998–2002, Wiesbaden 2003; Christoph Egle/Reimut Zohlnhöfer (Hrsg.): Ende des rot-grünen Projektes. Eine Bilanz der Regierung Schröder 2002–2005, Wiesbaden 2007; Christoph Egle/Reimut Zohlnhöfer (Hrsg.): Die zweite Große Koalition: Eine Bilanz der Regierung Merkel 2005–2009, Wiesbaden 2010.

ist der verbleibende Rest an Sanierungserfordernissen nach wie vor groß – und im Vergleich mit der Mitte der 1970er Jahre mitunter größer, an manchen Stellen konstant und nur an einer Stelle geringer geworden:
— Die Zielsetzung der deutschen Sozialpolitik ist nicht mehr ganz so ehrgeizig wie in den Auf- und Ausbaujahren des Sozialstaates. Das lehrt insbesondere der Blick auf die Alterssicherungspolitik, die mittlerweile von der rentenniveauorientierten zur einnahmenorientierten Alterssicherung umgeschwenkt ist und hierdurch die Finanzierungslasten der Altersrenten deutlich vermindert hat.[23]
— Im internationalen Vergleich ist der Umfang des deutschen Sozialstaates allerdings nach wie vor sehr groß. Im Lichte des durch die Sozialleistungsquote berechneten Sozialaufwandes zählt Deutschland weltweit zur Spitzengruppe der Staaten.[24] Und gemessen an der Nettosozialleistungsquote, also einschließlich des Effektes der Besteuerung in der Sozialpolitik und einschließlich privater Pflichtsozialleistungen, liegt Deutschland im Vergleich der Wohlfahrtsstaaten sogar hinter Frankreich und Belgien an dritter Stelle.[25]
— Hinsichtlich der Verdrängungseffekte der Sozialstaatsfinanzierung auf angrenzende, finanzaufwendige Politikfelder ist nach wie vor keine Entwarnung angebracht. Im Gegenteil: Die relative Größenordnung der Sozialpolitik (gemessen an ihrem Anteil an allen öffentlichen Ausgaben in der Bundesrepublik Deutschland) nimmt tendenziell zu. Entsprechend geringer wird der Spielraum für die verbleibenden Staatsaufgaben.[26]

---

23 Manfred G. Schmidt: Die Demokratie wird älter – Politische Konsequenzen des demographischen Wandels, in: Peter Graf Kielmansegg/Heinz Häfner (Hrsg.): Alter und Altern. Wirklichkeiten und Deutungen, Heidelberg 2012, S. 163–186.
24 Vgl. Herbert Obinger/Uwe Wagschal: Social Expenditure and Revenues, in: Francis G. Castles/Stephan Leibfried/Jane Lewis/Herbert Obinger/Christopher Pierson (Hrsg.): The Oxford Handbook of the Welfare State, Oxford 2010, S. 333–352; siehe auch Schaubild 6 im Anhang.
25 Willem Adema/Maxime Ladaique: How Expensive is the Welfare State? Gross and Net Indicators in the OECD Social Expenditure Database (SOCX) (OECD Social, Employment and Migration Working Papers, No. 92), Paris 2009, S. 48.
26 Vgl. Francis G. Castles (Hrsg.): The Disappearing State? Retrenchment Realities in an Age of Globalisation, Cheltenham, UK-Northampton, MA, 2007; Manfred G. Schmidt: Die öffentlichen und privaten Bildungsausgaben Deutschlands im internationalen Vergleich, in: Zeitschrift für Staats- und Europawissenschaften 2 (2004), S. 7–31; Frieder Wolf: Bildungsfinanzierung in Deutschland. Warum wir stehen, wo wir stehen – und wie es weitergehen könnte, Wiesbaden 2008.

— Zudem hat sich die Finanzierung des Sozialetats in quantitativer Hinsicht nicht verbessert. Der Sanierungsbedarf ist sogar noch etwas größer als Mitte der 1970 Jahre. Denn mittlerweile werden fast 60 Prozent der Sozialleistungen aus Sozialabgaben der Versicherten und ihrer Arbeitnehmer finanziert, was im Vergleich zu 1975 einer Zunahme von drei Prozentpunkten entspricht.
— Eingedämmt wurde allerdings das Ungleichgewicht zwischen der sozialen Sicherung für das Alter und der Sozialpolitik für Jüngere, insbesondere für junge Familien mit Kindern. Die Lücke zwischen beiden Aufgabenfeldern ist geringer geworden. Und zwar nicht nur durch die spürbare Abschmelzung der Altersrenten- und Pensionsansprüche, sondern auch durch Aufwertung familienbezogener Sozialleistungen – vom Kindergeld über das Sozialgeld, das Arbeitslosengeld II, die Regelungen des Elterngeldes bis zur Anrechnung von Kindererziehungszeiten in der Rentenversicherung, um nur einige Beispiele zu erwähnen.

Unter dem Strich bleibt Deutschlands Sozialpolitik – trotz beachtlicher Sanierungsmaßnahmen – ein Sozialstaat mit Sanierungsbedarf, also ein in seinem ureigenen Feld recht erfolgreicher Sozialstaat mit erheblichen Nebenwirkungen und Folgekosten.

4. Warum immer noch Sanierungsfall?

Warum ist Deutschlands Sozialpolitik immer noch mit erheblichen Sanierungsproblemen behaftet? Warum reichte der Arm der Politik nicht weit genug, um die Sanierungsprobleme zu lösen? Die Antwort lautet: Die Grenzen der Sanierungspolitik liegen insbesondere in der Wirkungsmacht von Konstanten und von Diskontinuitäten, die sich beide als Bremser, als Hemmnisse weiterführender Anpassungsreformen entpuppen.

Von konstanter Wirkungskraft blieben die Wählerpräferenzen, die Parteienlandschaft, die Regierungszusammensetzung und die politischen Institutionen. Diese sind allesamt außerordentlich sozialstaatsfreundlich ausgerichtet und wirken im Zweifel eher gegen als für Sanierungsreformen in der Sozialpolitik:
— die Wählerschaft, die, trotz Kritik an und Unzufriedenheit mit der Sozialpolitik, risikoavers und gegen Sozialstaatsumbau oder gar Sozialstaatsrückbau ist,

— die Parteienlandschaft, weil dort ein Wettbewerb zwischen zwei großen Sozialstaatsparteien und seit der Einheit mit einer weiteren Sozialstaatspartei auf der Linken, der heutigen Partei *Die Linke*, besteht,
— die Regierungszusammensetzung, weil sie im Kern aus Sozialstaatsparteien sozialdemokratischer oder christdemokratischer Provenienz besteht, die sich wechselseitig belauern und dazu neigen, jeden Schachzug in Richtung Sanierung wahlpolitisch auszuschlachten,
— und die politischen Institutionen, weil diese in Deutschland durch eine hohe Mitregenten- und Vetospielerdichte gekennzeichnet sind, was aller Erfahrung nach Rückbau- und Umbaumaßnahmen der Staatstätigkeit eher hemmt als fördert.

Aber nicht nur Kontinuitäten erklären den verbleibenden Sanierungsbedarf. Auch Diskontinuitäten verkleinerten den Handlungsspielraum für Sanierungsmaßnahmen. Dazu gehören zum einen die knapper werdenden Staatsfinanzen, die mit dem langsameren Wirtschaftswachstum, der Arbeitslosigkeit, der alternden Bevölkerung und den höheren Folgekosten der früheren Staatstätigkeit zusammenhängen. Dazu gehört ferner der zunehmende politische Druck, den die absolute und relativ wachsende Sozialstaatsklientel, also die Gesamtheit der Staatsbürger, die ihren Lebensunterhalt größtenteils aus Sozialleistungen finanzieren, erzeugt. Diese Gruppe macht mittlerweile knapp 40 Prozent der Wählerschaft aus[27] – mit steigender Tendenz. Mehr noch: Diese Sozialstaatsklientel ist die für den Wahlsieg oder die Wahlniederlage ausschlaggebende Sozialgruppe auf dem Wählerstimmenmarkt, vor deren Macht so manchem Sanierungsreformer der Atem ausgeht. Der Spielraum für nationalstaatliche Politik einschließlich Sanierungsreformen ist aber auch durch den außenpolitischen Wandel spürbar verkleinert worden, und zwar insbesondere durch die Europäisierung und die Globalisierung.

Somit lassen sich sowohl die Erfolge wie auch die Probleme des deutschen Sozialstaates, seine Sanierungsmaßnahmen wie auch der verbleibende Sanierungsbedarf erklären.[28] Es ist am Ende das Zusammenwirken von sozioökonomischen Rahmenbedingungen, Problemdruck, Wähler-

---

27 Zu dieser Schätzung Manfred G. Schmidt: Die Sozialpolitik der zweiten Großen Koalition (2005–2009), in: Egle/Zohlnhöfer (Hrsg.), Die zweite Große Koalition (wie Anm. 21), S. 319 f.
28 Vgl. Manfred G. Schmidt/Tobias Ostheim/Nico A. Siegel/Reimut Zohlnhöfer (Hrsg.): Der Wohlfahrtsstaat, Wiesbaden 2007.

präferenzen, politischen Institutionen, Parteien und Regierungszusammensetzung sowie Rückwirkungen internationaler Effekte, das sowohl die Politikresultate als auch die Grenzen der politischen Steuerung in der deutschen Sozialpolitik erklärt.

Anhang

Schaubild 1:
Sozialleistungsquote (in Prozent BIP) 1950-2009

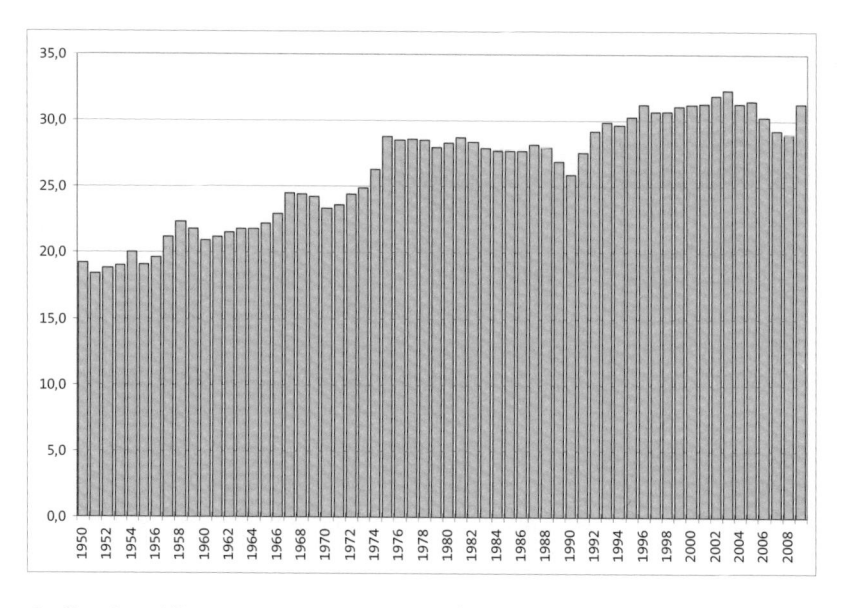

Quellen: Jens Alber: Germany, in: Peter Flora (Hrsg.): Growth to Limits. The Western European Welfare States Since World War II, Bd. 2, Berlin/New York 1986, S. 1–154, hier S. 324 sowie die Sozialbudgetstatistik des Bundesarbeitsministeriums – unter anderem Bundesministerium für Arbeit und Soziales (Hrsg.): Übersicht über das Sozialrecht, Nürnberg ^{7}2010.

Schaubild 2:
Wachstum des preisbereinigten Bruttoinlandsproduktes in der Bundesrepublik Deutschland (Prozentveränderung gegenüber dem Vorjahr) 1951-2010

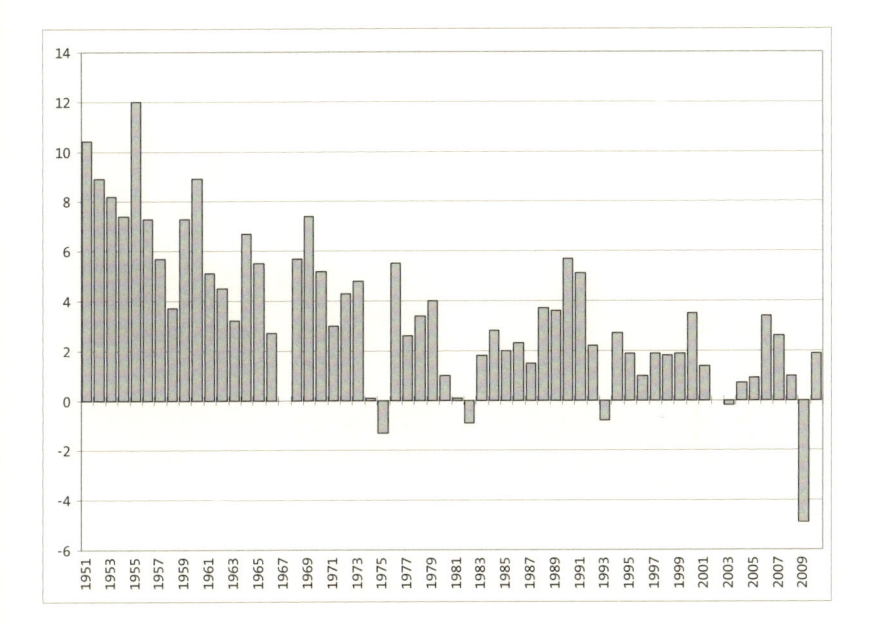

Quelle: OECD Economic Outlook (verschiedene Ausgaben), Bundesministerium für Arbeit und Soziales, Sozialbericht 2009 (wie Anm. 2), Tab. 1.2.

Manfred G. Schmidt

Schaubild 3:
Der prozentuale Bevölkerungsanteil der mindestens 65-Jährigen in der Bundesrepublik Deutschland 1950-2010

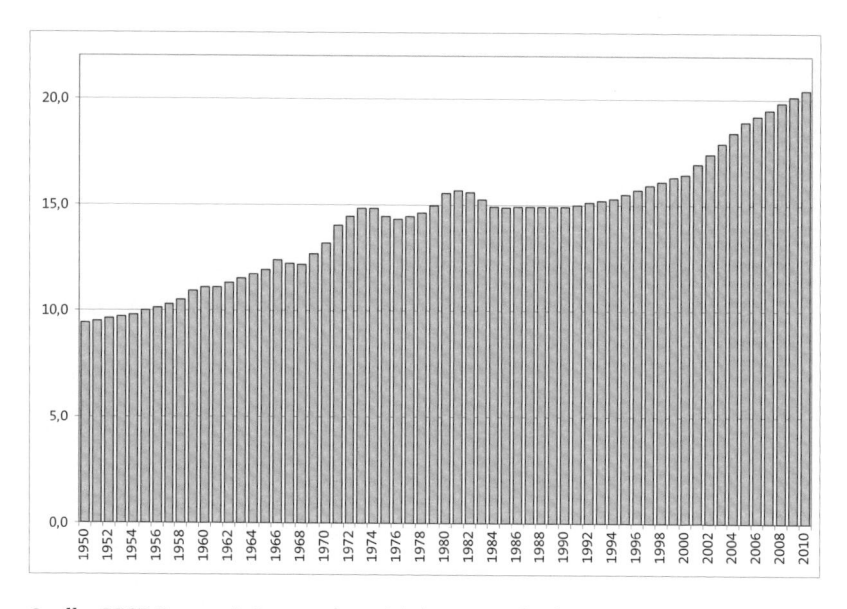

Quelle: OECD Economic Surveys (verschiedene Ausgaben).

Sozialstaat mit Sanierungsbedarf 171

Schaubild 4:
Die Arbeitslosenquote (in Prozent der zivilen Erwerbspersonen) in der
Bundesrepublik Deutschland 1950-2010)

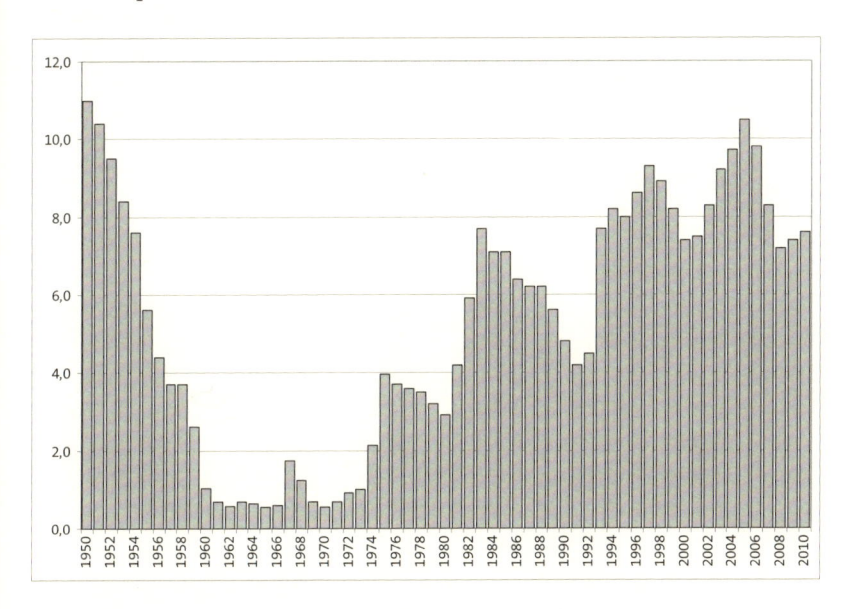

Quelle: OECD Economic Outlook (verschiedene Ausgaben).

Schaubild 5:
Die Inflationsrate in der Bundesrepublik Deutschland 1951-2010
(Konsumentenpreisindex – Prozentveränderung gegenüber dem Vorjahr)

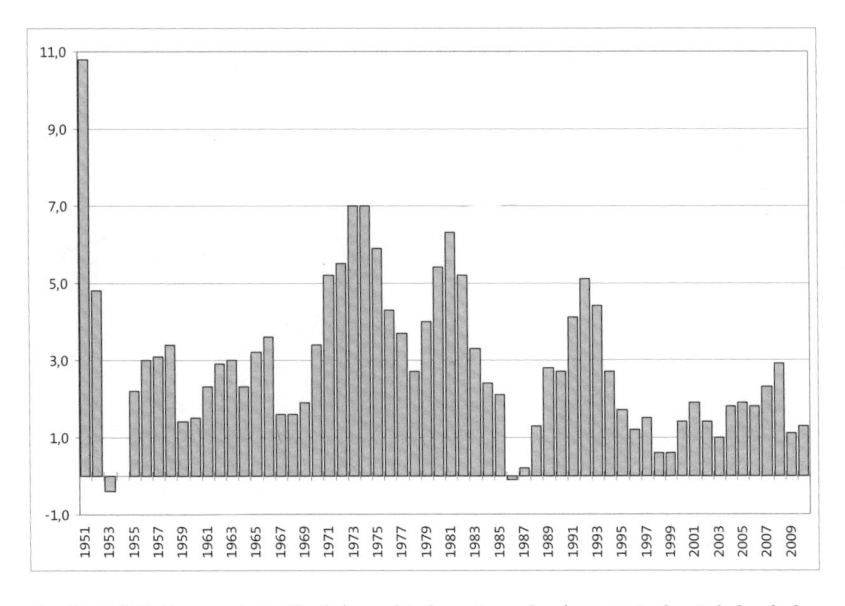

Quelle: OECD, Economic Outlook (verschiedene Ausgaben), Statistisches Jahrbuch der Bundesrepublik Deutschland (verschiedene Ausgaben).

Schaubild 6:
Sozialleistungsquote und Wirtschaftskraft im OECD-Länder-Vergleich (2005)

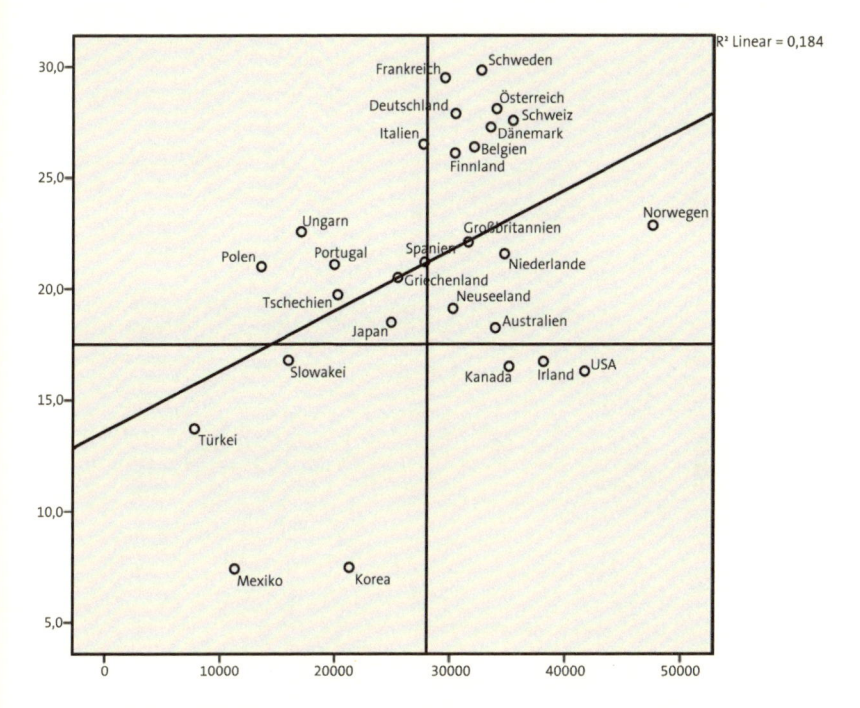

Waagrechte: Bruttoinlandsprodukt pro Kopf 2005, Senkrechte: Sozialleistungsquote 2005 (öffentliche und gesetzlich vorgeschriebene private Sozialausgaben in Prozent des Bruttoinlandsproduktes). Die durchgezogene waagrechte und senkrechte Linie im Diagramm markiert jeweils den Mittelwert, die Linie von links unten nach rechts oben ist die Regressionslinie, die den Trend der Daten repräsentiert. Relativ zum Durchschnitt der Sozialleistungsquote und auch relativ zur Regressionslinie liegt Deutschlands Sozialleistungsquote weit über dem üblichen Niveau.

Quelle: Organisation for Economic Co-operation and Development, Economic Outlook Nr. 87, Paris 2010, OECD: OECD.StatExtracts – Abruf vom 26. Juli 2010.

Beatrix Bouvier

Der erschöpfte Versorgungsstaat: Das Scheitern der »sozialistischen Sozialpolitik« während der Ära Honecker in der DDR

Wenn im Folgenden vom erschöpften Versorgungsstaat DDR, also vom Scheitern der »sozialistischen Sozialpolitik« während der Ära Erich Honeckers, die Rede ist, so geht dies davon aus, dass sich die DDR wie auch der Nationalsozialismus – beides moderne Diktaturen – immer wieder der Sozialpolitik bedient und sozialstaatliche Elemente aufgegriffen haben, ohne sie mit dem für moderne Sozialstaaten charakteristischen Verfassungsstaat, seinen Teilhaberechten und Selbstregulierungsmechanismen zu verbinden.[1] Die Sozialpolitik vor allem der späten DDR, z. B. mit ihren paternalistischen Schutzversprechen, besaß eine wichtige legitimatorische Basis in den sozialen Grundrechten mit dem »Recht auf Arbeit« als Kernstück. Soziale Sicherheit wurde geschätzt und war – isoliert betrachtet – ein Legitimierungsfaktor. Doch allein der permanente Vergleich mit der insgesamt trotz allem doch attraktiven Bundesrepublik wirkte zugleich delegitimierend. Er zwang die DDR, unabhängig von den ökonomischen Rahmenbedingungen, ihre Sozialpolitik kontinuierlich auszubauen, die – auch als Folge dessen – den stets wachsenden Ansprüchen nicht gerecht werden konnte.[2]

Unmittelbar nach 1945 hatte die KPD in der SBZ (Sowjetische Besatzungszone Deutschlands) kaum eigene sozialpolitische Vorstellungen entwickelt; manches konnte unter den gegebenen Bedingungen nur Notbehelf sein. Im Zusammenhang mit der SED-Gründung – der Zwangsvereinigung von SPD und KPD – gab es dann sozialpolitische Entwürfe,

---

1 Siehe zum Diktaturvergleich Hans Günter Hockerts (Hrsg.): Drei Wege deutscher Sozialstaatlichkeit. NS-Diktatur, Bundesrepublik und DDR im Vergleich, München 1998; zur Entwicklung des Sozialstaats vor allem Gerhard A. Ritter: Der Sozialstaat. Entstehung und Entwicklung im internationalen Vergleich, München ²1991.
2 Zum Gesamtkontext ausführlich Beatrix Bouvier: Die DDR – ein Sozialstaat? Sozialpolitik in der Ära Honecker, Bonn 2002; dies.: Sozialpolitik als Legitimationsfaktor? Die DDR seit den Siebzigerjahren, in: Archiv für Sozialgeschichte 47 (2007), S. 127–161.

die auf erfahrene sozialpolitische Praktiker, namentlich auf den aus der Sozialdemokratie stammenden Helmut Lehmann, zurückgingen. Sie liefen auf einen »sozialen Volksstaat« hinaus, u. a. mit einer Volksversicherung, aber auch einem demokratischen Arbeitsrecht mit starken Betriebsräten und Gewerkschaften. Diese Sozialpolitik hatte die Beseitigung der kapitalistischen Wirtschaftsform zur Voraussetzung und eine klassenlose Gesellschaft zum Ziel. Frühzeitig wurde formuliert, dass Sozialpolitik als Teil der Wirtschaftspolitik zu verstehen sei. Es entstanden die recht lange gültigen »Sozialpolitischen Richtlinien« mit vagen Versprechungen und Einzelforderungen, die dann jeweils an den Gegebenheiten und Erfordernissen des frühen Arbeitsmarktes ausgerichtet wurden.[3] Nach den – geplanten und durchgeführten – ökonomischen und sozialen Umwälzungen auf dem Gebiet der SBZ und frühen DDR schien eine sozialpolitische Konzeption auch nicht vordringlich, weil ja eine neue soziale Frage nicht entstehen könne. Dennoch gab es stets Sozialpolitik.[4]

Im Zusammenhang mit den Wirtschaftsreformen des »Neuen Ökonomischen Systems« (NÖS) wurde Sozialpolitik in der zweiten Hälfte der Sechzigerjahre neu – und als solche bezeichnet – formuliert und in der Verfassung bekräftigt.[5] Offenkundig war die ökonomische Stoßrich-

---

3 Die »Sozialpolitischen Richtlinien« sind abgedruckt in: Dokumente der Sozialistischen Einheitspartei Deutschlands. Beschlüsse und Erklärungen des Zentralsekretariats und des Parteivorstandes, Bd. 1, Berlin (Ost) 1951, S. 139–148. Schon die für den Vereinigungsparteitag von KPD und SPD vom April 1946 ausgehandelten »Grundsätze und Ziele der Sozialistischen Einheitspartei Deutschlands« enthielten neben Gegenwartsforderungen auch die sozialpolitische Zielstellung. Abgedruckt in: ebd., S. 5 ff. Eine längere Version der »Sozialpolitischen Richtlinien« erschien mit einer Einleitung von Helmut Lehmann als gesonderte Broschüre: Sozialpolitische Richtlinien der Sozialistischen Einheitspartei Deutschlands nach dem Beschluss des Zentralsekretariats vom 30. Dezember 1946, Berlin 1947; Unterlagen und Materialien für den Entwurf Helmut Lehmanns befinden sich im ZK-Bestand, Sekretariat Helmut Lehmann, in: Bundesarchiv Berlin (BArch), DY IV/2/2.07/24.

4 Zur frühen Entwicklung vgl. Dierk Hofmann: Sozialpolitische Neuordnung in der SBZ/DDR. Der Umbau der Sozialversicherung 1945–1956, München 1996, hier S. 24 ff.; vgl. auch Dierk Hofmann/Michael Schwarz (Hrsg.): Sozialstaatlichkeit in der DDR. Sozialpolitische Entwicklungen im Spannungsfeld von Diktatur und Gesellschaft 1945/49–1989, München 2005.

5 Dazu nach wie vor Helga Ulbricht: Aufgaben der Sozialpolitik bei der Gestaltung der sozialen Sicherheit in der Deutschen Demokratischen Republik, Leipzig 1965; Siegfried Mampel: Die sozialistische Verfassung der Deutschen Demokratischen Republik. Kommentar, Frankfurt a. M. ²1982, hier S. 655–675.

tung, und charakteristisch war die als »Sorge« umschriebene technisch-funktionelle Zuweisung von Sozialpolitik sowie deren Rückkoppelung an die Betriebe. Dort waren die ökonomischen Hebel anzusetzen. Walter Ulbricht war mit seinem wirtschafts- und sozialpolitischen Kurs durchaus noch entschlossen, der DDR-Bevölkerung Opfer abzuverlangen, einen vermeintlich überhöhten Konsum anzuprangern und Gegenwartsforderungen und Hoffnungen in die Zukunft zu verlagern. Mit dem Wechsel zu Erich Honecker und dem VIII. SED-Parteitag vom Juni 1971 deutete sich ein Perspektivwechsel an, der nahelag, denn gegen Ende der Ära Ulbricht war Unruhe in der Bevölkerung deutlich geworden.[6] Honecker kritisierte nicht nur die Mängel der vergangenen Jahre, insbesondere die Schwierigkeiten in der Energieproduktion und in der Zulieferindustrie, die Lücken in der Versorgung und namentlich im Wohnungsbau, sondern auch die Disproportionen zwischen Wirtschaft und sozialer Entwicklung insgesamt. Seine Äußerungen ließen aufhorchen, vor allem, dass die Wirtschaft »Mittel zur immer besseren Befriedigung der wachsenden materiellen und kulturellen Bedürfnisse des werktätigen Volkes« sei.[7] In seiner Sicht sollten Produktionsfortschritte, zu verstehen als Wirtschaftswachstum und Produktivität, nun schneller als früher den »Werktätigen« zugutekommen, »angestrengte Arbeit« dürfe sich nicht erst in einer fernen Zukunft, sondern müsse sich unmittelbar auf den Lebensstandard auswirken. Und auch nach dem Parteitag, auf einer ZK-Sitzung im Dezember des gleichen Jahres, betonte er: »Die Bedürfnisse der Menschen sind nicht Punkt zwei, drei oder vier, sondern Punkt eins der Planung. Sie sind für die Planung entscheidender Ausgangspunkt. [...] Damit fängt das Verständnis der ökonomischen Politik des VIII. Parteitages an.«[8]

Dies wirkte wie eine Art »Rückbesinnung« auf die sozialen Bedürfnisse der Arbeiter und breiter unterer Einkommensschichten. Es war aber gewiss auch eine prompte Reaktion auf die wenige Monate vor dem SED-Parteitag vom Juni ausgebrochenen Unruhen in der polnischen Arbeiterschaft, und es war vor allem eine Anlehnung an den Parteitag der KPdSU vom März 1971, auf dem die dann vom SED-Parteitag beschlos-

---

6 Vgl. Bouvier, DDR – Sozialstaat (wie Anm. 2), S. 68 ff.; zum Machtwechsel Monika Kaiser: Machtwechsel von Ulbricht zu Honecker. Funktionsmechanismen der SED-Diktatur in Konfliktsituationen 1962 bis 1972, Berlin 1997.
7 Protokoll des VIII. Parteitages der SED, 1971, Bd. 1, Berlin (Ost) 1971, S. 62.
8 Schlusswort Erich Honeckers auf der 4. Tagung des ZK der SED, in: Erich Honecker: Reden und Aufsätze, Bd. 1, Berlin (Ost) 1975, S. 410.

sene »Hauptaufgabe des Fünfjahrplans 1971 bis 1975« schon weitgehend identisch definiert worden war.[9] Diese wiederum war fast wortgleich mit Stalins Definition des »ökonomischen Grundgesetzes im Sozialismus«, in der es hieß: »Sicherung der maximalen Befriedigung der ständig wachsenden materiellen und kulturellen Bedürfnisse der gesamten Gesellschaft durch ununterbrochenes Wachstum und stetige Vervollkommnung der sozialistischen Produktion auf der Basis der höchstentwickelten Technik«.[10] In Übernahme und Umsetzung dieser Vorgaben war eine ganze Palette von wichtigen sozialpolitischen Vorhaben vorgesehen, deren voluntaristischer Ausgangspunkt, weil einfach festgesetzt, ein wirtschaftliches Wachstum von 26 bis 28 Prozent, der industriellen Warenproduktion um 34 bis 36 Prozent und die Steigerung der Arbeitsproduktivität um 35 bis 37 Prozent sein sollten.[11] Konkret sollte es um die Steigerung der Konsumgüterproduktion mit dem Ziel der stabilen Versorgung und in Übereinstimmung mit einer leistungsgerechten Einkommensentwicklung gehen. Bei einer durchschnittlichen Zunahme der Nettoeinnahmen um jährlich 4 Prozent war eine Erhöhung der Realeinkommen um 21 bis 23 Prozent geplant, wobei sowohl die Anhebung der Mindestlöhne und Mindestrenten als auch die Lohnentwicklung festgelegt wurden. Von besonderer Bedeutung war die Ankündigung über den Wohnungsbau mit der genauen Zahlenangabe von 500.000 zu schaffenden Wohnungen, die Förderung der Arbeiterwohnungsbaugenossenschaften (AWG) und des Eigenheims eingeschlossen. Darüber hinaus wurden der Ausbau des Dienstleistungsbereichs sowie die Weiterentwicklung des Erholungswesens, vor allem im Hinblick auf Kinder und den FDGB-Feriendienst, angekündigt.

Für diese großen Ankündigungen bedurfte es nicht nur mehrerer sozialpolitischer Regelungspakete, sondern auch eines Festklopfens zwischen den beteiligten und auf eine Linie zu bringenden bzw. einzuschwörenden Akteuren.[12] Von großer Bedeutung waren mit Blick auf die zukünftige sozialpolitische Schwerpunktsetzung vor allem Maßnahmen

---

9 Zu diesem Zusammenhang vgl. auch Hermann Weber: DDR. Grundriss der Geschichte, Hannover 1991, S. 129 ff.
10 Josef Stalin: Ökonomische Probleme des Sozialismus in der UdSSR, Berlin (Ost) ²1953, S. 41.
11 Direktive des VIII. Parteitages der SED zum Fünfjahrplan für die Entwicklung der Volkswirtschaft der DDR 1971 bis 1975, in: Protokoll des VIII. Parteitages der SED, Bd. 2, insbesondere S. 322–327 und S. 380–391.
12 Ausführlicher Bouvier, DDR – Sozialstaat (wie Anm. 2), S. 72 ff.

im Kontext der Bevölkerungspolitik, was sich auch in der Bildung eines »Wissenschaftlichen Rates für Sozialpolitik und Demographie« niederschlug, und insbesondere der Wohnungspolitik. Bereits im Mai 1973 wurde ein langfristiges Wohnungsbauprogramm umrissen, das eine Lösung der Wohnungsproblematik bis 1990 vorsah. Bis zuletzt blieb der Wohnungsbau nicht nur das – letztlich nicht bewältigte – zentrale sozialpolitische Thema, sondern als dessen Widerspiegelung eben auch Kernstück der sozialpolitischen Programmatik der SED. Die Nicht-Einlösung dieses Versprechens, die Wohnungsfrage – auch im Sinn der Verwirklichung eines Traums der alten Arbeiterbewegung – zu lösen, symbolisiert – auf auch nach außen sichtbare Weise des Verfalls – das Scheitern der »sozialistischen Sozialpolitik«. Vielleicht ist aber gerade das bereits in Vergessenheit geraten.

Wenige Jahre später tauchte im Vorfeld des IX. Parteitages der SED vom Mai 1976 eine neu erscheinende Formel auf: die von der »Hauptaufgabe« in ihrer »Einheit von Wirtschafts- und Sozialpolitik«, die fortan als Hauptmerkmal des DDR-Sozialismus gelten sollte.[13] Die Zweigleisigkeit sollte zu große Erwartungen dämpfen, denn die Voraussetzungen für eine Fortsetzung des ambitionierten Sozialprogramms mussten erst geschaffen werden. Die Bevölkerung jedoch reagierte enttäuscht, sodass ein Sozialpaket nachgeschoben wurde, mit dem Maßnahmen vorweggenommen wurden, die eigentlich über einen längeren Zeitraum hinweg hatten verteilt werden sollen. Die Kosten, so wurde zeitgenössisch bereits angemerkt, waren bald bedenklich hoch.[14] Versprechungen mit großen finanziellen Folgen konnten dann spätestens in den Achtzigerjahren eigentlich nicht mehr gemacht werden, sodass vorwiegend auf die Erfolge der vorangegangenen Dekade verwiesen und an den Leistungswillen der Menschen appelliert wurde. Vorher schon hatte das »Modell« Bundesrepublik den Menschen als Vergleich gedient, doch nun stellte Erich Honecker unter ausdrücklichem Hinweis auf die Bun-

---

13 Protokoll des IX. Parteitages der SED, Bd. 2, 1976, Berlin (Ost) 1976, S. 299.
14 Als damalige Analyse z. B. Ilse Spittmann: Das sozialistische Zuhause, wiederabgedruckt in: Ilse Spittmann: Die DDR unter Honecker, Köln 1990, S. 45 und S. 47; vgl. auch Helga Michalsky: Soziale Sicherheit ist nicht genug! Konzeption und Leistungen der sozialistischen Sozialpolitik, in: Gert-Joachim Glaeßner (Hrsg.): Die DDR in der Ära Honecker. Politik – Kultur – Gesellschaft, Opladen 1988, S. 402–421; André Steiner: Bundesrepublik und DDR in der Doppelkrise europäischer Industriegesellschaften. Zum sozialökonomischen Wandel in den 1970er-Jahren, in: Zeithistorische Forschungen 3 (2006), S. 342–362.

desrepublik, auf deren strukturelle Arbeitslosigkeit und die Debatten über Sozialabbau, heraus, dass es in der DDR keine »Rotstiftpolitik« auf sozialem Gebiet geben werde, vielmehr Vollbeschäftigung, zunehmenden »Volkswohlstand« und soziale Gerechtigkeit.[15]

Als die volkswirtschaftliche Entwicklung ab der zweiten Hälfte der Siebzigerjahre mehr als unwägbar wurde, fehlte es nicht an internen Warnungen. Vor allem die Plankommission warnte frühzeitig vor den Kosten des ehrgeizigen Sozialprogramms und vor der zu hohen Verschuldung beispielsweise gegenüber der Bundesrepublik. Außerdem wies sie darauf hin, dass die erhöhte Konsumtion zu Lasten der Akkumulation gehe, deren Rate schon in den Siebzigerjahren aus ökonomischer Sicht als Minimum galt. Es waren dies die Mittel, die für die dringend notwendigen Investitionen unerlässlich waren. Als dann die wirtschaftlichen Turbulenzen im Gefolge des Ölpreisschocks für jeden unübersehbar waren, hielt die Parteiführung der SED dennoch an dem eingeschlagenen Kurs fest. Das war kein »obwohl«, sondern ein »gerade deswegen«, denn die Sozialpolitik hatte längst eine erhebliche Eigendynamik entwickelt. Die Mahnungen aus den eigenen Reihen wurden als »Panikmache« und »Gequatsche« zurückgewiesen und ignoriert.[16]

Das fand seine Fortsetzung in den Achtzigern, in denen regelmäßig »soziale Sicherheit« in den Mittelpunkt gerückt wurde. Konkret hieß dies: soziale Leistungen – Preisstabilität und Subventionen eingeschlossen – beizubehalten und punktuell auszubauen. Das zielte nicht mehr allein auf Zustimmung und Loyalität, denn angesichts der Ereignisse in Polen und der Furcht vor sozialdemokratischen Einflüssen (»Sozialdemokratismus«) musste oder sollte jede Unsicherheit im eigenen Land vermieden werden. Die Angst vor sozialen und politischen Unruhen saß nach den nie vergessenen Erfahrungen des 17. Juni 1953 tief. Als sichtbarster Ausdruck der so sehr betonten »sozialen Sicherheit« galt deshalb eine jährliche Steigerung der Realeinkommen um vier Prozent, denn es schien egal, um welchen Preis die – vermeintliche – Ruhe erkauft wur-

---

15 Vgl. u. a. Protokoll des XI. Parteitages der SED, 1986, Berlin (Ost) 1986, S. 32 f.; ausführlich Bouvier, DDR – Sozialstaat (wie Anm. 2), S. 77 ff.; Gunnar Winkler (Hrsg.): Geschichte der Sozialpolitik in der DDR 1945–1985, Berlin (Ost) 1989, S. 235 ff.

16 Deutlich in den persönlichen Notizen [des Staatssekretärs Heinz Klopfer, Staatliche Plankommission] über die Beratung der Jahresaufteilung des Fünfjahrplanes 1971 bis 1975 im Politbüro am 18. Januar 1972, in: Staatliche Plankommission (SPK), Büro des Vorsitzenden, in: BArch, DE 1 VA 56131, Bl. 39, 46, 49, und DE 1 VA 56129, Bl. 166.

de. Darin lag die Hoffnung, durch die Aufrechterhaltung des Lebensstandards, der als Sicherung des sozialen Besitzstandes bezeichnet wurde, Unruhen – und letztlich die offene Krise – abwenden zu können. Die Parteiführung kannte die Probleme und registrierte die in den Achtzigerjahren schärfer und unduldsamer werdenden Diskussionen in der Bevölkerung aufmerksam. Doch traute sie sich bis zum Ende nicht, von Einschränkungen zu reden. Jeder wusste, dass ständig mehr verteilt wurde, ohne dass Leistungen erbracht worden wären. Noch 1989 ließ Erich Honecker keinen Zweifel daran, dass diese Politik fortzusetzen sei, denn nach seiner Ansicht ging es um die »Psyche« des Volkes.[17]

Basis der Politik Honeckers mit dem Stichwort »Einheit von Wirtschafts- und Sozialpolitik«, allerdings auch schon der seines Vorgängers Walter Ulbricht, war die an das sowjetische Vorbild angelehnte Zentrale Planwirtschaft, die von Anfang an mit der Arbeitskräftelenkung einherging.[18] Grundlage und Voraussetzung zugleich stellten ein Beschäftigungssystem dar, das am Ziel der forcierten Industrialisierung und einer extensiven Wachstumsstrategie orientiert und auch als Vollbeschäftigungspolitik zu verstehen war. Als später Wachstum nur noch durch Intensivierung zu erreichen war und der Arbeitsmarkt eigentlich Flexibilität und Mobilität erforderlich machte, blockierte das System sich selbst. Ungeachtet des sich auch in der DDR unübersehbar wandelnden Arbeitsmarktes blieb es bei der sich als Teil der Sozialpolitik verstehenden Vollbeschäftigungspolitik. Diese Sozialpolitik wollte unter Berücksichtigung des Primats des Produktionsfaktors Arbeit gegenüber dem Produktionsfaktor Kapital den Arbeitskräfteeinsatz selbst und dessen Bedingungen stetig verbessern, um das Ziel einer möglichst hohen Auslastung des Erwerbspersonenpotenzials zu erreichen. In formaler Hinsicht genügte die DDR diesem Anspruch.[19] Nicht allein im Selbstverständ-

---

17 Vgl. Bouvier, Sozialpolitik als Legitimationsfaktor (wie Anm. 2), S. 136 ff.
18 Zur frühen Herausbildung des Systems vgl. Wolfgang Zank: Wirtschaft in Ostdeutschland 1945–1949. Probleme des Wiederaufbaus in der Sowjetischen Besatzungszone Deutschlands, München 1987; zur Problematik insgesamt vgl. Dierk Hoffmann: Aufbau und Krise der Planwirtschaft. Die Arbeitskräftelenkung in der SBZ/DDR 1945–1963, München 2002; ders.: Die Lenkung des Arbeitsmarktes in der SBZ/DDR 1945–1961, in: Peter Hübner/Klaus Tenfelde (Hrsg.): Arbeiter in der SBZ/DDR, Essen 1999, S. 41–80; ders.: Der Weg in die Planwirtschaft. Arbeitskräftelenkung in der SBZ/DDR 1945–1961, in: Deutschland Archiv 2 (1999), S. 209–223.
19 Holle Grünert: Beschäftigungssystem und Arbeitsmarkt in der DDR, Opladen 1997; dies.: Beschäftigungsstrategie der DDR. Frühe Erfolge und zunehmende Erstarrung, in: Aus Politik und Zeitgeschichte. Beilage zur Wochenzeitung Das Par-

nis der DDR galt das Fehlen von Arbeitslosigkeit als deren »Markenzeichen«. Und dennoch ist nicht zu vergessen, dass dieses System auch die paradox erscheinende Koexistenz von Arbeitskräftemangel und versteckter Arbeitslosigkeit hervorbrachte.[20]

Es waren auch die besonderen Funktionsbedingungen und -mechanismen der sozialistischen Planwirtschaft, die das so sehr bedeutsame »Recht auf Arbeit« verwirklichen und garantieren konnten.[21] Es gehörte in der DDR zu den sozialen Grundrechten, war wichtig für ihr Selbstverständnis und galt als eine der »sozialistischen Errungenschaften«, auf die das Regime stolz war. Darüber hinaus war es in der Auseinandersetzung mit der Bundesrepublik wie auch in der Systemkonkurrenz insgesamt ein wichtiges propagandistisches Argument. Gleichzeitig hatte die DDR damit auch an einen alten Traum der Arbeiterbewegung angeknüpft. Denn mit der Industrialisierung seit dem 19. Jahrhundert und den Problemen der Arbeitslosigkeit wurde die Frage debattiert, wie dieser Krisenerscheinung begegnet werden könnte. Nach und nach hatte sich als Forderung herauskristallisiert, auch den Staat in die Pflicht zu nehmen, um durch staatliche Wirtschaftspolitik Verhältnisse zu schaffen, die es den Menschen ermöglichen sollten, sich von ihrer Arbeit ernähren zu können. Dies wurde in der Weimarer Reichsverfassung zwar verankert, doch unter den gegebenen Verhältnissen fielen Theorie und Praxis weit auseinander.[22] In der DDR war dieses »Recht auf Arbeit« – in der Kombination mit der Pflicht zur Arbeit – keineswegs ein individuelles Recht des Bürgers gegenüber dem Staat oder dem Betrieb.[23] Es war vielmehr eines, das den Staat an die Garantie der Vollbeschäftigung

lament, B 36 (1998), S. 17–25. Die Problematik zusammenfassend vgl. Johannes Frerich/Martin Frey: Handbuch der Geschichte der Sozialpolitik in Deutschland, Bd. 2: Sozialpolitik in der Deutschen Demokratischen Republik, München ²1996, S. 183 f.

20 Uwe Vollmer: Vollbeschäftigungspolitik, Arbeitseinsatzplanung und Entlohnung der abhängig Beschäftigten in der DDR-Wirtschaft, in: Eberhard Kuhrt/Hannsjörg Buck/Gunter Holzweißig (Hrsg.): Die Endzeit der DDR-Wirtschaft. Analysen zur Wirtschafts-, Sozial- und Umweltpolitik, Opladen 1999, S. 323–373, passim.

21 Ausführlich Bouvier, DDR – Sozialstaat (wie Anm. 2), S. 110 ff.; grundlegend vor allem Manfred G. Schmidt: Grundlagen der Sozialpolitik in der Deutschen Demokratischen Republik, in: Geschichte der Sozialpolitik in Deutschland seit 1945, Bd. 1: Grundlagen der Sozialpolitik, hrsg. vom Bundesministerium für Arbeit und Sozialordnung und dem Bundesarchiv, Baden-Baden 2001, S. 685–798, hier S. 703 ff.

22 Bouvier, DDR – Sozialstaat (wie Anm. 2), S. 115 f.

23 Mampel, Die sozialistische Verfassung (wie Anm. 5), S. 655 ff.

band. Und gewährleistet wurde es durch die Eigentums- und Wirtschaftsordnung mit ihren Lenkungs- und Planungsmechanismen sowie den festgesetzten Wachstumsraten. Es war zudem mit dem Arbeitsrecht verbunden, das zahlreiche Regelungen und Maßnahmen auch zur Arbeitsplatzsicherung und zur Verhinderung von Fluktuation enthielt. Die Umsetzung des Arbeitsrechts wiederum war ein wichtiger Teil der Sozialpolitik und beides diente dem Ziel, die Leistungsfähigkeit der Volkswirtschaft zu erhöhen. Dies hing von der Nutzung der menschlichen Arbeitskraft ab, die auch deshalb der »Pflege« bedurfte.[24] Grundprinzip war, den Produktionsprozess zu stabilisieren und zu verbessern, und im Mittelpunkt stand deshalb die Absicherung und Förderung der Arbeitskräfte, wohingegen produktionsferne Schichten nachrangig behandelt wurden. Es ging also um die Eingliederung möglichst aller Bevölkerungsgruppen in den Arbeitsprozess, was die minimale Versorgung anderer zur Folge hatte.

Mit der »Pflege« des Faktors Arbeit sind – keineswegs ausschließlich – auch andere Felder der Sozialpolitik zu verbinden. Sie gehören zu dem, was als »soziale Sicherheit und Geborgenheit« propagiert wurde. So etwa das Gesundheitswesen oder die Bildungspolitik und vor allem die Frauen- und Familienförderung, die als eine der »besonderen Errungenschaften« der DDR galt und gilt.[25] Gleichberechtigung der Frauen und deren Verwirklichung waren nicht nur ein erklärtes Ziel des Sozialismus, sondern ähnlich der Vollbeschäftigung ein »Markenzeichen« der DDR.[26] Im Hinblick auf die Emanzipation glaubte sich die DDR nicht nur der Bundesrepublik, sondern auch anderen westlichen Ländern weit überlegen. Zahlen und Statistiken schienen dies zu belegen, der Anteil von Mädchen und weiblichen Jugendlichen in Schule, Ausbildung, Abitur und Studium lag hoch und stieg schneller als im Westen, und Frauen-

---

24 Vollmer, Vollbeschäftigungspolitik (wie Anm. 20), S. 325; Bouvier, Sozialpolitik als Legitimationsfaktor (wie Anm. 2), S. 145.
25 Vgl. Bouvier, Sozialpolitik als Legitimationsfaktor (wie Anm. 2), S. 145 ff.
26 Vgl. u. a. Gisela Helwig: Frauen im SED-Staat, in: Materialien der Enquete-Kommission »Aufarbeitung von Geschichte und Folgen der SED-Diktatur in Deutschland«, hrsg. vom Deutschen Bundestag, Baden-Baden 1995, Bd. III/2, S. 1223–1274, hier S. 1223 f.; Stefan Wolle: Die heile Welt der Diktatur. Alltag und Herrschaft in der DDR 1971–1989, Berlin 1998, S. 173 f.; Bouvier, DDR – Sozialstaat (wie Anm. 2), S. 244 ff.

erwerbstätigkeit galt als eine dies bestätigende Grundtatsache.[27] Frauen und vor allem Frauenerwerbstätigkeit wurde in vielfältiger Weise gefördert, und mit großer Selbstverständlichkeit wurde Gleichberechtigung mit außerhäuslicher Erwerbsarbeit gleichgesetzt. Und damit sah sich die SED von Anfang an im Einklang mit den »Klassikern« der Arbeiterbewegung und den wichtigsten Grundgedanken der alten »marxistischen« Emanzipationstheorie.[28] Die möglichst vollständige und umfassende Integration in den Arbeitsmarkt wurde zugleich als Gleichstellung interpretiert. Bis zum Ende verstand man Frauen- und Familienpolitik als ein Bündel von Maßnahmen, mit dem Staat und Gesellschaft Bedingungen schaffen sollten, um den Frauen die Inanspruchnahme ihrer »gleichen Rechte« möglich zu machen.[29] Konkret hieß das die Verbindung von Beruf und Mutterschaft. Vorbedingung dafür war das System der Kinderbetreuung mit einem Versorgungsgrad, der in den Siebziger- und Achtzigerjahren kontinuierlich anstieg. Allein aus ökonomischen Gründen waren die Kinderbetreuungseinrichtungen *die* zentrale Voraussetzung, die in ideologischer Aufladung gleichzeitig als Leistung und Unterstützung für Frauen herausgestellt wurden. Ungeachtet jedoch von Frauenförderplänen und Qualifizierungsmaßnahmen musste die vorwiegend an ökonomischen und demografischen Bedürfnissen ausgerichtete Frauen- und Familienpolitik zu einer mangelnden Chancengleichheit führen, nicht zuletzt aufgrund der Beibehaltung der geschlechtstypischen Arbeitsteilung innerhalb und außerhalb der Familie mit den bekannten Belastungen und Zumutungen für Frauen. Auch wenn die Emanzipation der Frauen in vieler Hinsicht ambivalent und Bestandteil einer »paternalistischen Fürsorgepolitik« von »oben« war, hinterließ diese Politik, die unter den gegebenen Bedingungen eine kontinuierliche Erwerbsarbeit und damit eine eigene Lebensplanung

---

27 Vgl. auch Gisela Helwig: Frau und Familie. Bundesrepublik Deutschland – DDR, Köln 1987, S. 22 f.
28 Als Überblick Werner Thönessen: Frauenemanzipation. Politik und Literatur der deutschen Sozialdemokratie zur Frauenbewegung 1863–1933, Frankfurt a. M. 1969; zur Frauenpolitik in der DDR und ihren theoretischen Grundlagen vgl. Carola Winkler: Frauenpolitik, in: Andreas Herbst/Gerd-Rüdiger Stephan/Jürgen Winkler (Hrsg.): Die SED. Geschichte, Organisation, Politik. Ein Handbuch, Berlin 1997, S. 442 ff.
29 Heike Trappe: Emanzipation oder Zwang? Frauen in der DDR zwischen Beruf, Familie und Sozialpolitik, Berlin 1995; Gesine Obertreis: Familienpolitik in der DDR 1945–1980, Opladen 1986.

von Frauen möglich machte, tiefe Spuren. Diese zeigten sich vor allem nach 1989.

Angesichts der »Pflege« vornehmlich von Arbeitskraft wird verständlich, dass die Rentner und Rentnerinnen als die schwachen Glieder der Erwerbsgesellschaft zu bezeichnen sind.[30] Sie waren nicht die Träger der Leistungsgesellschaft, die man bei Laune halten wollte, weil man Unzufriedenheit, Leistungsverweigerung und eventuelle Ausreiseanträge fürchtete und vermeiden wollte. Die Rentner hingegen durften in den Westen reisen und übersiedeln, wenn sie dies wollten. Die Reiseerlaubnis für die nunmehr »Privilegierten« war auch so etwas wie eine amtliche Bestätigung, nunmehr einer Bevölkerungsgruppe anzugehören, die so unwichtig war, dass sich der Staat keine Mühe mehr geben musste, Kontakte mit dem »Klassenfeind« zu unterbinden.[31] Auch darin wird die Wertigkeit deutlich, die die Beteiligung am Arbeitsleben in der DDR hatte, die sich als eine bessere, weil von kapitalistischen Fesseln befreite und von rational gesteuerten Arbeitsverhältnissen bestimmte, als »sozialistische Leistungsgesellschaft« verstand.

Wenn die Rentenversorgung so etwas wie das »schwächste Kettenglied der sozialen Sicherung« der DDR war, so übersieht dies häufig, dass es ein noch schwächeres Glied gab. Das waren bis zum Schluss neben den von der Sozialfürsorge abhängigen Menschen die Behinderten und die pflegebedürftigen Alten. Sie bildeten eine Randgruppe, die bis auf wenige Ausnahmen bei der Verteilung des verfügbaren Sozialprodukts den »letzten Platz nie verlassen hat«.[32] Natürlich kann man im Hinblick auf die DDR (wie für die Bundesrepublik) nicht von »dem Rentner« sprechen, denn es gab auch in der DDR finanzielle Unterschiede und es gab soziale Ungleichheit. Auch wenn Armut offiziell tabu war, so gab es sie doch, und 1988 waren 45 Prozent der Rentnerhaushalte als arm zu bezeichnen.[33] Damit waren im Vergleich zum Westen mehr alte Menschen

---

30 Vgl. Bouvier, DDR – Sozialstaat (wie Anm. 2), S. 202 ff.; zur Problematik insgesamt vgl. auch Dierk Hoffmann: Rentenversicherung und SED-Rentenpolitik in den achtziger Jahren, in: Kuhrt/Buck/Holzweißig, Endzeit (wie Anm. 20), S. 375–419.
31 Vgl. Wolle, Die heile Welt (wie Anm. 26), S. 183.
32 Monika Kohnert: Pflege und Umgang mit Behinderten in der DDR, in: Materialien der Enquete-Kommission »Überwindung der Folgen der SED-Diktatur im Prozess der deutschen Einheit«, hrsg. vom Deutschen Bundestag, Baden-Baden 1999, Bd. III, 2, S. 1726–1791, hier S. 1727 f.
33 Günter Manz: Armut in der »DDR«-Bevölkerung. Lebensstandard und Konsumtionsniveau vor und nach der Wende, Augsburg 1992, insbesondere S. 83 f. und S. 88;

arm, deren Lebensstandard sich jedoch durch die subventionierten Leistungen verbesserte. Es gab ein Netzwerk für das Alltagsleben und in Verbindung mit kostenlosen sozialen Leistungen und Vergünstigungen des obrigkeitsstaatlichen Betreuungssystems mag es dazu beigetragen haben, sich weniger allein gelassen zu fühlen und nicht in den Westen überzusiedeln.[34]

Weitgehend in Vergessenheit geraten ist das Kernstück der Honecker'schen Politik der Einheit von Wirtschafts- und Sozialpolitik, nämlich die Wohnungsfrage. Die herausgeputzten Innenstädte in den neuen Bundesländern, renovierte Plattenbausiedlungen und überflüssiger bis abzureißender Wohnungsbestand erinnern kaum noch an die Virulenz der Wohnungsfrage in der DDR.[35] Augenfällige Merkmale waren die schlechte Altbausubstanz der Städte und die graue Tristesse der Trabantenstädte und Plattenbausiedlungen. Die Wohnungsfrage war ein seit Kriegsende zentrales Problem und blieb dies trotz anderer Versprechungen bis 1990. Dass das Regime dieses so drängende soziale Problem nicht lösen konnte, war umso gravierender, als selbstverständlich auch die Wohnungsfrage ideologisch unterfüttert wurde. Es ging also um mehr als nur die Befriedigung des Bedürfnisses nach einem Obdach. Im Anschluss an Friedrich Engels sollte die Lösung der Wohnungsfrage der Maßstab dafür sein, wie alle übrigen Bedürfnisse der Arbeiter befriedigt würden.[36] Wenn man den Selbstanspruch berücksichtigt, dass Wohnen umfassende Lebensbereiche einschloss, war das Konsumtionsmittel Wohnung von herausragender Bedeutung. Und das langfristige Wohnungsbauprogramm Honeckers galt somit auch als Verwirklichung des

---

Stephan Leibfried/Lutz Leisering/Petra Buhr u. a.: Zeit der Armut. Lebensläufe im Sozialstaat, Frankfurt a. M. 1995, insbesondere S. 251 ff.

34 Wichtig für das Alltagsleben war z. B. die »Volkssolidarität« mit ihren Veteranenclubs und Treffpunkten. Zur Geschichte und Entwicklung vgl. Philipp Springer: Da konnt' ich mich dann so'n bisschen entfalten. Die Volkssolidarität in der SBZ/DDR 1945–1969, Frankfurt a. M. 1999. Deren Bedeutung wird auch in den Interviews deutlich, die Lutz Niethammer, Alexander von Plato und Dorothee Wierling in den Achtzigerjahren in der DDR haben führen können. Lutz Niethammer/Alexander von Plato/Dorothee Wierling: Die volkseigene Erfahrung. Eine Archäologie des Lebens in der Industrieprovinz der DDR, Berlin 1991, S. 136 ff. und 147 ff.

35 Vgl. Bouvier, DDR – Sozialstaat (wie Anm. 2), S. 152 ff.; Wolle, Die heile Welt (wie Anm. 26), S. 182 f.

36 Zentral dafür war Engels' Schrift von 1872/73. Friedrich Engels: Zur Wohnungsfrage, in: MEW, Bd. 18, S. 213–287; vgl. auch Günter Manz/Gunnar Winkler (Hrsg.): Sozialpolitik, Berlin (Ost) 1985, passim, insbesondere S. 164 ff.

»Traumes« der alten Arbeiterbewegung. Darüber hinaus war Wohnen eine wichtige Bedingung für die Reproduktion der Arbeitskraft und setzte jene gesellschaftlichen Bedingungen voraus, die dafür unerlässlich waren. Gemeint war die gesamte Lebenswelt der Menschen, nicht nur die Infrastruktur von Siedlungen.[37]

Voraussetzung und zugleich Folge dieser allumfassenden »Fürsorge« waren sowohl die vom Staat gelenkte und kontrollierte Bewirtschaftung des Wohnraums als auch die Eigentums- und Nutzungsformen und vor allem die Gestaltung der Mietpreise. Die Miete – in der Regel fünf Prozent des Nettoeinkommens – blieb auf niedrigstem Niveau.[38] Sie war ein politischer Preis und hatte einen ständig wachsenden Subventionsbedarf zur Folge.[39] Letztlich führte die Kombination von forcierter Neubaupolitik und gleichzeitiger Vernachlässigung der Altbausanierung und -modernisierung zum Scheitern der Wohnungsbaupolitik. Doch nicht der in gewisser Weise künstlich erzeugte Mangel allein war von Bedeutung. Vielmehr wirkte sich »die gleichzeitige Kausalkette von sozial und politisch motivierten Billigpreisen, Verschwendung, Mangel, Bürokratie, Missbrauch und Anarchie« verheerend aus, wie sie auch in anderen Bereichen zu beobachten war.[40] Trotz großer Anstrengungen konnten die eigenen Zielstellungen nicht erreicht werden. Aber Erwartungen waren geweckt worden, die das System immer weniger befriedigen konnte.[41]

Der allgegenwärtige Mangel und die Probleme bei der Umsetzung des ehrgeizigen sozialpolitischen Programms wurden nicht erst im Nachhinein bekannt. Die Verantwortlichen des Regimes waren sich dessen be-

---

37 Manz/Winkler, Sozialpolitik (wie Anm.36), S. 166; vgl. auch Hannsjörg Buck: Die Sozialpolitik der SED am Beispiel des Wohnungsbaus, in: Deutschland Archiv 4 (1993), S. 507.
38 Vgl. Winkler, Geschichte der Sozialpolitik (wie Anm. 15), S. 164; Hannsjörg Buck: Wohnungsversorgung, Stadtgestaltung und Stadtverfall, in: Eberhard Kuhrt/Hannsjörg Buck/Gunter Holzweißig (Hrsg.): Die wirtschaftliche und ökologische Situation der DDR in den 80er Jahren, Opladen 1996, S. 67–109, hier S. 87.
39 Vgl. Bouvier, Sozialpolitik als Legitimationsfaktor (wie Anm. 2), S. 153 f.; Manfred Melzer: Wohnungsbau und Wohnungsversorgung in beiden deutschen Staaten – ein Vergleich, Berlin 1983, hier S. 159 ff.
40 Wolle, Die heile Welt (wie Anm. 26), S. 184.
41 Beispielhaft dafür sind die nicht endenden – vielmehr zunehmenden – Eingaben zur Wohnungsfrage. Vgl. Bouvier, DDR – Sozialstaat (wie Anm. 2), S. 194 ff.; Alfons Silbermann: Das Wohnerlebnis in Ostdeutschland. Eine soziologische Studie, Köln 1993, S. 18.

wusst und wurden von den Bürgern durch eine Flut von Eingaben immer wieder darauf hingewiesen.[42] Als besonders krisenhaft erwies sich in den Achtzigerjahren die Versorgungslage. Die unzähligen Beschwerden zeichnen ein Bild von zunehmender ökonomischer Frustration. Die SED stand vor dem Dilemma, dass auch ihren überzeugtesten Verteidigern die Argumente ausgingen, um diese materielle Situation zu erläutern und zu begründen. Und das auch noch vor dem Hintergrund der wiederholten Versprechen, die Lebensbedingungen zu verbessern, zu denen die Bürger auch den Konsum rechneten.

Die wachsende ökonomische Unzufriedenheit war offenkundig, doch die Frage bleibt, ob es die tatsächliche Verschlechterung der Versorgungslage allein war, die dazu führte, oder ob nicht andere Faktoren berücksichtigt werden müssen. Einer ist auf jeden Fall der Vergleich mit der Bundesrepublik, deren Überlegenheit als Konsumgesellschaft jedem DDR-Bürger offenkundig war. Die von der SED groß herausgestellten Wohlfahrtsleistungen in Gestalt niedrig gehaltener Preise und hoher Subventionen für zahlreiche Güter und Dienstleistungen, die »soziale Sicherheit und Geborgenheit« insgesamt, bedeuteten in diesem Vergleich wenig, weil sie schnell als selbstverständlich galten, während negativ auffiel, was man selbst nicht hatte oder bekommen konnte und was es im Westen gab. Hinzu kamen als ungerecht empfundene soziale Unterschiede, die sich beispielsweise aus dem unterschiedlichen Zugang zur westdeutschen Währung ergaben, ermöglichte diese doch den Erwerb der begehrten westlichen Produkte und erleichterte den Zugang zu anderen raren Gütern und Dienstleistungen.[43]

Das gesamte Ausmaß der verschlechterten Versorgungslage ist nur schwer auszumachen, weil Materialien bzw. Akten nur unzureichend

---

42 Zu dieser Problematik insgesamt und zum Folgenden Bouvier, DDR – Sozialstaat (wie Anm. 2), S. 311 ff.; vgl. auch Steffen H. Elsner: Flankierende Stabilisierungsmechanismen diktatorischer Herrschaft: Das Eingabewesen in der DDR, in: Christoph Boyer/Peter Skyba (Hrsg.): Repression und Wohlstandsversprechen. Zur Stabilisierung von Parteiherrschaft in der DDR und der ČSSR, Dresden 1999, S. 77 ff.; Jochen Staadt: Eingaben. Die institutionalisierte Meckerkultur in der DDR. Goldbroiler, Kaffee-Mix, Büttenreden, Ausreiseanträge und andere Schwierigkeiten mit den Untertanen. Arbeitspapiere des Forschungsverbundes SED-Staat Nr. 24/1996, Berlin 1996; Ina Merkel (Hrsg.): »Wir sind doch nicht die Meckerecke der Nation«: Briefe an das Fernsehen der DDR, Köln/Weimar/Wien 1998.
43 Zu dieser Art von Zwei-Klassengesellschaft von Konsumenten vgl. Ina Merkel: Utopie und Bedürfnis. Die Geschichte der Konsumkultur in der DDR, Köln/Weimar 1999, S. 243 ff.

darüber Auskunft geben und manche Faktoren – Selbstversorgung, Tauschhandel, Schwarzmarktgeschäfte und Versorgung aus dem Westen – schwer einzuschätzen sind.[44] Die für den Normalbürger fühlbare Verschlechterung bleibt jedoch unbestreitbar. Deren Indiz waren auch die steigenden Sparguthaben, denn für die gestiegenen Löhne gab es nicht die begehrten Waren und Konsumgüter, die Kaufkraft konnte nicht abgeschöpft werden. Eine der Folgen war, dass immer mehr Geld für Nahrungsmittel ausgegeben wurde, was stets zu neuen Engpässen führte, die auch durch Importe nicht ausgeglichen werden konnten.

Die Kritik an der Versorgungslage war für das Regime umso beunruhigender, als die wirtschaftliche Unzufriedenheit mit dem wachsenden politischen Unmut einherging. Da wirtschaftliche Fragen politisch an zentraler Stelle entschieden wurden, mussten die offenkundigen Versorgungsprobleme dem System politisch angelastet werden. Und dessen Problemlösungskompetenz insgesamt wurde mit dieser – wie mit jeder – Kritik infrage gestellt. Die Kritik an der Versorgung wurde dem Gesamtversprechen der Sozialpolitik zugeordnet, das eines der umfassenden »Fürsorge« war und das wie andere Versprechen nicht eingehalten wurde.

Die Kritik auf allen Ebenen und die Sozialpolitik mit ihren nicht eingehaltenen Versprechen sowie dem Auseinanderklaffen von Anspruch und Wirklichkeit lassen das Bild einer zunächst latenten, dann zunehmend offenen Legitimationskrise entstehen. Bestätigt wird ein solcher Befund durch eine noch zu DDR-Zeiten durchgeführte, aber nicht veröffentlichte Studie zur Sozialstruktur, die zu dem Ergebnis kam: »Die Unzufriedenheit mit der Versorgungslage, dem Zustand der Infrastruktur, der Umweltzerstörung, dem Niveau der Beziehungen zu den ökonomisch überlegenen kapitalistischen Staaten und [...] mit den begrenzten demokratischen Rechten und Freiheiten war allgemein und *kein schichtenspezifisches Problem*.«[45] Trotz zahlreicher Informationen über das Aus-

---

44 Christina Schröder: Sozialismus und Versorgungsprobleme: Die Zunahme materieller Unzufriedenheit und das Ende der DDR, in: Hallische Beiträge zur Zeitgeschichte, Heft 10, 2001, S. 43–90, hier S. 71 f.
45 Siegfried Grundmann: Die Sozialstruktur der DDR. Versuch einer Rekonstruktion auf der Basis einer 1987 durchgeführten soziologischen Untersuchung (= FS III 97–402, Veröffentlichungen der Abteilung Sozialstruktur und Sozialberichterstattung des Forschungsschwerpunktes Sozialer Wandel, Institutionen und Vermittlungsprozesse des Wissenschaftszentrums Berlin für Sozialforschung), Berlin 1997, S. 80. Die Studie wurde ursprünglich vom Institut für Soziologie an der Aka-

maß der Unzufriedenheit blieb die Wahrnehmung der SED-Führung durch Perspektivverengung auf einzelne Symptome begrenzt, die man durch punktuelle Maßnahmen glaubte kurieren zu können. Die genannte Krise muss als Ergebnis eines längeren Prozesses verstanden werden, in dem die späten Siebziger- und die Achtzigerjahre als eine Art Inkubationszeit anzusehen sind, ohne die der Zusammenbruch der DDR in den späten Achtzigerjahren nicht verständlich wird.[46] Das Bedürfnis nach Information und Partizipation war gewachsen, die Systemloyalität der breiten Masse nahm tendenziell ab, sodass das entstand, was als widerwillige, distanzierte und auch misstrauische Akzeptanz der Verhältnisse beschrieben wird oder – wie es Alf Lüdke formulierte – als »missmutige Loyalität«.[47] Diese Krise, in der wichtige Elemente der Sozialpolitik deutlich werden, zeigt auch, dass diese Politik – die Sozialpolitik – nicht von dem Gesamtkontext des diktatorischen Staates DDR abzukoppeln ist. Dessen Charakter könnte bei isolierter Betrachtung der Sozialpolitik und/oder einer postulierten Gleichrangigkeit aller politischen Systeme in den Hintergrund treten. Damit wird leicht übersehen, dass der Sozialpolitik in Diktaturen, die dem Wählervotum nicht unterliegen, eine wichtige Legitimationsfunktion zukommt.[48] Sie kann Menschen ruhig stellen, damit Zufriedenheit suggerieren und auch erzeugen.

Schaut man nun auf die spezifisch ausgeformte Sozialpolitik der DDR, so verweist sie auf Traditionen des obrigkeitsstaatlichen Versorgungsstaates, den sie mit älteren Vorstellungen der Arbeiterbewegung und einigen Positionen der Weimarer Republik verband, ohne an die dort entwickelten und formulierten Demokratisierungsvorstellungen anzu-

demie für Gesellschaftswissenschaften beim ZK der SED durchgeführt. Da bis zum Ende der DDR nicht mehr viel Zeit blieb, wurden die Ergebnisse nur in Teilen ausgewertet, dann wurde die Auswertung abgebrochen. In den 1990er Jahren sollten die Daten genutzt werden, um den Problemen einer retrospektiven Befragung zu entgehen.

46 Insgesamt dazu Renate Hürtgen/Thomas Reichel (Hrsg.): Der Schein der Stabilität. DDR-Betriebsalltag in der Ära Honecker, Berlin 2001.

47 Alf Lüdke: »Helden der Arbeit« – Mühen beim Arbeiten. Zur missmutigen Loyalität von Industriearbeitern in der DDR, in: Hartmut Kaelble/Jürgen Kocka/Hartmut Zwahr (Hrsg.): Sozialgeschichte der DDR, Stuttgart 1994, S. 188 ff.

48 Vgl. auch Hockerts, Drei Wege deutscher Sozialstaatlichkeit (wie Anm. 1), S. 13; Gerhard A. Ritter: Thesen zur Sozialpolitik der DDR, in: Dierk Hoffmann/Michael Schwartz (Hrsg.): Sozialpolitische Entwicklungen im Spannungsfeld von Diktatur und Gesellschaft 1945/49–1989, München 2005, S. 11–29.

knüpfen. Die SED wollte bewusste Brüche, die durch die Errichtung der Diktatur mehr waren als nur sozialpolitische Brüche, sich also auf mehr als auf einzelne Aspekte von Versicherungen o. ä. erstreckten und deshalb auch eines Mehr an Legitimierung bedurften. Da die Legitimationsressourcen – die Wertorientierungen eingeschlossen – jedoch nicht gleich sind, aber – beispielsweise von ehemaligen Sozialpolitik-Experten der DDR – für gleich erklärt werden, können diese beklagen, dass die sozialpolitische Legitimierung nicht griff und das sozialpolitische Leistungssystem nicht hinreichend »positiv« habe wirken können, um die Menschen davor zu bewahren, was dann kam, Arbeitslosigkeit und Auswüchse des globalisierten Kapitalismus.[49] In einer anderen Sprache würde man das schlicht als ein »Scheitern« bezeichnen.

Die Sozialpolitik hat trotz unbestreitbarer positiver Effekte nicht das leisten können, was sich das Regime von ihr als Legitimierung erhofft hat. Die Effekte gingen keineswegs immer in die gewünschte Richtung und waren nicht selten widersprüchlich, weil die Sozialpolitik sowohl Anerkennung als auch Protest hervorrief.[50] Die Forschung ist sich weitgehend einig, dass die Legitimationskrise, die auch als gesellschaftliche Krise zu beschreiben ist, bereits in den Siebzigerjahren einsetzte, als das politische System die nicht mehr gelingende Legitimationsbeschaffung auf wirtschaftliche und soziale Felder umzulenken begann.[51] Und darin wird die Paradoxie von relativ langer Agonie (oder begrenzter Stabilität) und gleichzeitiger Krise gesehen, die einsetzte, als die ökonomische Basis für die sozialpolitische Befriedigung zu bröckeln begann und die erwartete und erhoffte Loyalität immer teurer erkauft werden musste. Der Spielraum der SED-Führung erscheint groß, aber es gab dennoch Begrenzungen. Dazu gehörte die Abhängigkeit von der Sowjetunion ebenso wie die pure Existenz der Bundesrepublik, die das anziehende Gegenmodell für weite Teile der Bevölkerung blieb. Dieser Attraktivität versuchte die SED-Spitze auch mit dem Ausbau der Sozialpolitik, mit den Hinweisen auf die »sozialen Errungenschaften«, auf »Sicherheit und Geborgenheit« und mit der Beibehaltung des umfangreichen Sub-

---

49 Vgl. lediglich Günter Manz/Ekkehard Sachse/Gunnar Winkler (Hrsg.): Sozialpolitik in der DDR. Ziele und Wirklichkeit, Berlin 2001, S. 18 f.
50 Vgl. vor allem M. Rainer Lepsius, Die Institutionenordnung als Rahmenbedingung der Sozialgeschichte der DDR, in: Kaelble/Kocka/Zwahr, Sozialgeschichte der DDR (wie Anm. 47), S. 17–30; Schmidt, Sozialpolitik in der DDR (wie Anm. 21), S. 767 ff.
51 Vgl. Stefan Hornbostel: Spätsozialismus, Legitimierung und Stabilität, in: Boyer/Skyba, Repression (wie Anm. 42), S. 13.

ventionssystems zu begegnen.[52] Ebenso wichtig wie diese äußeren Faktoren war der Einfluss, der in den Nachwirkungen der Traumatisierung durch den 17. Juni 1953 lag. Er hatte gezeigt, in welchem Ausmaß es der SED an politischem Rückhalt fehlte. Nie wieder wollte sie in eine ähnliche Lage geraten. Und allein deshalb wurde der unter Honecker eingeschlagene Kurs beibehalten, wurde alles zugunsten der politischen Prioritäten zurückgestellt, obwohl der Zielkonflikt zwischen expansiver Sozialpolitik und wirtschaftlicher Leistungskraft nicht zu lösen war. Die SED konnte die Probleme von zunehmendem Konsum, abnehmender Investition, aufwendigen Sozialmaßnahmen und Subventionen und insgesamt schwächer werdender Leistungskraft nicht bewältigen. Damit wiederum schwand jeder Spielraum für die paternalistische soziale Befriedungspolitik, was wiederum dazu beitrug, die Legitimationskraft zu schwächen, denn persönlich erfahrbare Verbesserungen nahmen ebenso ab wie das Vertrauen in die Problemlösungskompetenz. Ohne Zweifel hat die daran gescheiterte Sozialpolitik die Wirtschaft der DDR überlastet, auch wenn damit nicht die sozialen Leistungen im engeren Sinn allein gemeint sind, sondern die kostensprengende Gesamtlast der Subventionspolitik hinzugerechnet werden muss.

Charakteristikum der untergegangenen oder zusammengebrochenen DDR ist jedoch nicht allein, dass sie sich sozialstaatlicher Elemente bediente, ohne ein Sozialstaat zu sein, sondern ihre Janusköpfigkeit mit dem Mehr an sozialer Sicherheit und dem Mehr an Überwachung. In der späten Phase, der Ära Honecker, war die Sozialpolitik nur die eine, die »weiche« Seite der Diktatur, die Repression mit ihrem gleichzeitig ausgebauten Apparat und die Unfreiheit die andere. Es war also eine Politik von Zuckerbrot und Peitsche. Eine einheitliche Begrifflichkeit für das, was die DDR war bzw. ursprünglich gewesen ist und wohin sie sich im Laufe von Jahrzehnten gewandelt hatte, hat sich bislang nicht durchgesetzt. Und es hat den Anschein, als sei die Diskussion über den »autoritären Versorgungsstaat« (Leibfried u. a.)[53], den nicht mehr »totalitären

---

52 Dazu und zum Folgenden vgl. auch Timothy Garton Ash: Im Namen Europas. Deutschland und der geteilte Kontinent, München/Wien 1993, S. 202 f.; Hockerts, Drei Wege (wie Anm. 1), S. 24; Hans-Hermann Hertle: Der Fall der Mauer. Die unbeabsichtigte Selbstauflösung des SED-Staates, Opladen 1996, S. 34 ff.; Schmidt, Sozialpolitik in der DDR (wie Anm. 21), S. 771 f.
53 Vgl. Leibfried/Leisering/Buhr, Zeit der Armut (wie Anm. 33), S. 242.

Versorgungs- und Überwachungsstaat« (Schröder)[54] oder auch die »Fürsorgediktatur« (Jarausch)[55] eine unter Fachleuten.[56] Dies mag dazu beitragen, dass ungeachtet oder gerade wegen des Scheiterns mit unterschiedlicher Konnotation immer wieder von dem Sozialstaat DDR die Rede ist. Dennoch sollte man nicht aufhören darauf hinzuweisen, dass die DDR kein Sozialstaat war, mit dem bestimmte Werte untrennbar verbunden sind, sondern eine Diktatur. Es könnte allzu leicht relativiert werden und in Vergessenheit geraten.

54 Klaus Schröder: Der SED-Staat. Partei, Staat und Gesellschaft 1949–1990, München 1998, S. 643.
55 Konrad H. Jarausch: Realer Sozialismus als Fürsorgediktatur. Zur begrifflichen Einordnung der DDR, in: Aus Politik und Zeitgeschichte. Beilage zur Wochenzeitung Das Parlament, B 20/98, 1998, S. 33–46.
56 Vgl. Bouvier, DDR – Sozialstaat (wie Anm. 2), S. 337.

Christoph Boyer

Kommentar zur Sektion II

Unstreitig sitzen die weltbesten Experten für die hier erörterten Themen auf dem Podium – das ist als Kompliment sowohl an die Adresse der Veranstalter als auch an die Adresse der Fachleute gemeint. Herum-Beckmessern an den einzelnen Referaten wäre deshalb nicht angebracht. Die Aufgabe als Kommentator ist eine andere: Wir reden heute ja in erster Linie über die sozialpolitischen Entwicklungspfade der beiden *deutschen* Staaten, das ist gut und richtig so. Vielleicht ist es aber darüber hinaus nützlich und instruktiv, auch einen Blick auf die – um im Bilde zu bleiben – weitere Umgebung dieser Pfade zu werfen. Es lohnt sich, erstens, aufzuzeigen, dass und inwiefern die Bundesrepublik, unbeschadet aller Pfadabhängigkeiten, d. h. aller Traditionen, die aus der *deutschen* Geschichte herrühren, *auch* eine Variante des westlich-europäischen demokratisch-keynesianisch-korporatistischen Nachkriegs-Wohlfahrtsstaats gewesen ist.

Es geht, zweitens, darum, herauszustreichen, dass die DDR, unbeschadet ihres »deutschen Erbteils«, *auch* eine Variante eines östlichen, d. h. genuin staatssozialistischen Pfades der Sozialpolitik gewesen ist. Wenn im Folgenden, ziemlich schematisch aufgrund der gebotenen Kürze, »der Westen« und »der Osten« behandelt werden und dabei die jeweiligen Gemeinsamkeiten in den Vordergrund zu stellen sind, dann tut dies den länderspezifischen Besonderheiten natürlich keinen Abbruch.

Es geht also, so könnte gesagt werden, noch einmal darum, für die vorliegenden Einzeldarstellungen einen umgreifenden Interpretationsrahmen bereitzustellen. Zu diesem Unternehmen gehört auch noch der dritte Punkt, auf den einzugehen ist: der Vergleich zwischen Westen und Osten. Prima facie sehen die westliche und die östliche Variante, systembedingt, sehr unterschiedlich aus. Das sind sie natürlich auch – gleichwohl ist darzulegen, dass es, sozusagen unter der Oberfläche, auch einen Fundus an Gemeinsamkeiten, Parallelen, funktionalen Äquivalenten gibt.

I. Die »klassische Ausformung« beider Varianten von Sozialstaatlichkeit zwischen dem Kriegsende und den frühen siebziger Jahren

1. Der moderne westlich-europäische Sozialstaat wurzelt in den frühen Bemühungen um die Pazifizierung des industriellen Klassenkonflikts im 19. Jahrhundert – nicht nur in Deutschland, sondern etwa auch in Österreich-Ungarn oder in Großbritannien. In der Zwischenkriegszeit wird dann, maßgeblich in Antwort auf die Weltwirtschaftskrise, in West- und in Nordeuropa ein Arrangement »erfunden«, das sich als längerfristig erfolgreich herausstellen wird: eine antizyklische Wirtschaftssteuerung, die Vollbeschäftigung und Preisstabilität sichern soll. Sie wird flankiert durch öffentliche Arbeiten, Sozialprogramme und den Ausbau der Versicherungssysteme. Dieser frühe, noch recht schüchterne Keynesianismus – teilweise vor Keynes – wird getragen von einer tripartistischen Koalition (d. h. also bestehend aus drei Partnern): Das ist der Interessenabgleich der Arbeiterparteien mit »dem Kapital«; auch die agrarischen Kräfte sind eingebunden. Nach 1945 erweitert sich der geographische Aktionsradius dieses westlichen Modells – unter anderem auf Westdeutschland. Die Bundesrepublik ist also kein Unikat, sondern ein Fall unter anderen, ähnlichen. Das Modell wird nun auch voll entfaltet. Das Wichtigste hierzu in vier Punkten:

Erstens: Der Sozialstaat ruht auf dem Fundament des säkular einzigartigen Wirtschaftswachstums der *trente glorieuses*. Ziemlich rasch trocknet die Arbeitslosigkeit aus; Vollbeschäftigung gehört überall zum Zielkatalog des Sozialstaats. Der Massenwohlstand erweitert beträchtlich die Verteilungsspielräume. Zu den paradiesischen Verhältnissen passt der »keynesianische Zeitgeist«: die Auffassung, weitreichende staatliche Regulierung und Steuerung unter Einbindung der maßgeblichen Interessengruppen sei notwendig und machbar. Es gibt Marktwirtschaft, aber diese ist durch relativ weitreichende Schutz- und Kontrollmechanismen überformt. Die Arbeitsmärkte etwa unterliegen der Regulierung. Wichtig sind die konsolidierten Außengrenzen der nationalen Volkswirtschaften: Die exit-Optionen sind begrenzt, Arbeitgeber, Steuer- und Beitragszahler können in die Pflicht des Sozialstaats genommen werden.

Zweitens: Überall wird nun das Spektrum der Sozialleistungen markant verbreitert. Das reicht dann bald über die alte Minimalsicherung, also die »Fürsorge«, weit hinaus. Der Sozialstaat wird, mit anderen Worten, tendenziell universalistisch – auch wenn der Universalismus durch Beimengungen von Gruppen- und Klientelprivilegien gewissermaßen

»verunreinigt« ist. Materielle Transfers wie die Altersversorgung werden dynamisiert. Der Sozialstaat als Umverteilungsagentur egalisiert – mehr oder weniger – die ökonomische, die Bildungs-, auch die Geschlechter-Ungleichheit. Die »klassische Sozialpolitik« erweitert sich tendenziell zur Konsumpolitik, die die Lebenschancen breiter Kreise der Bevölkerung beträchtlich erweitert.

Drittens: Überall ist das Fundament des Sozialstaats die Erwerbstätigkeit in der klassischen (fordistischen) Industriegesellschaft; nicht von ungefähr erreicht diese zwischen 1945 und 1975 ihren Höhepunkt. Träger des Sozialstaats ist, als Steuer- und Beitragszahler, der Familien-Alleinernährer – meist der männliche – im »Normalarbeitsverhältnis«.

Viertens: Fundament der klassischen Phase ist der Grundkonsens der Parteien im Spektrum von »links« bis christdemokratisch sowie der maßgeblichen gesellschaftlichen Kräfte (etwa die Kirchen oder die Gewerkschaften). Der Sozialstaat bewirkt weitreichende Inklusion der Bevölkerung in die Nationalgesellschaften. Die Verallgemeinerung sozialer Rechte als Staatsbürgerrechte entfaltet hohe Legitimationswirkung; sie mildert die mit der früheren Verwaltung von »Bedürftigkeit« verbundenen Züge autoritärer Kontrolle.

2. Soviel zum westlichen Modell, freilich grob in einer idealtypischen Durchschnittsdarstellung skizziert. Auf die Untervarianten – zwischen Norwegen und Italien, zwischen Bundesrepublik und Großbritannien – kann nur summarisch verwiesen werden. Nun zur »sozialistischen Sozialpolitik«. Dabei ist festzuhalten: Es gibt diese als *Typus*; die DDR stellt ein Fallbeispiel unter anderen dar. Was kann über diesen Typus festgestellt werden?

Zunächst einmal: Es gibt gute Gründe, die sozialistische Sozialpolitik nicht als das »ganz Andere« der westlichen Sozialpolitik anzusehen. Dies gilt unbeschadet der nicht hinwegzudisputierenden Unterschiede zwischen Demokratie und Diktatur. Auch Staatssozialismen sind im Grunde europäische Industriegesellschaften. Entweder sind sie dies, wie die SBZ/DDR und die (westliche) Tschechoslowakei, von Beginn der Nachkriegszeit an. Oder sie werden, wie Polen und Ungarn, mit dem »Aufbau des Sozialismus« entsprechend durchindustrialisiert. Wie auch immer: Weil Staatssozialismen eben Industriegesellschaften sind, sehen sie sich mit in manchen – nicht allen – Hinsichten ähnlichen Problemen wie die westlichen konfrontiert; sie bearbeiten diese lediglich mit einem anderen Mechanismus, nämlich mit Einparteienherrschaft plus zentraladministrative Planwirtschaft.

Sozialistische Sozialpolitik korrigiert nun nicht, wie die westliche, eine vom *Markt* bewirkte Primärverteilung. Aber ihr geht es, *analog*, um die Kompensation negativer Auswirkungen der *vom Staat* gesteuerten, zunächst auf schwerindustrielle Investition getrimmten Plan-Ökonomien. Dieser Korrekturmechanismus wird überall so ungefähr in den sechziger Jahren »erfunden«. Faktisch gibt es die sozialistische Sozialpolitik in gewissem Umfang bereits zuvor, allerdings verdeckt durch die Lebenslüge, die Planwirtschaft werde durch die Entfesselung der Produktivkräfte alle, auch die sozialen Probleme lösen. In den siebziger und achtziger Jahren wird diese Politik dann zum stabilisierenden Herzstück des Honeckerschen »Realsozialismus« und des Husákschen »Normalisierungsregimes«. Polen geht unter Gierek ganz ähnliche Wege, in Ungarn hat der Kádárismus schon bald nach 1956 auf den sprichwörtlichen »Gulaschkommunismus« umgestellt.

Ähnlichkeiten zur westlichen Sozialpolitik bestehen im Einzelnen hinsichtlich mancher Mechanismen und Instrumente. Auch der Staatssozialismus erweitert »klassische Sozialpolitik« zur Konsumpolitik. Ähnlich ist überhaupt die universalisierende, egalisierende und inkludierende Ausrichtung. Auch hier geht es um die Produktion von Loyalität. Aufstände niederzuschlagen ist, das haben die Parteiführungen aus den Krisen 1953 bzw. 1956 gelernt, kostspielig im weiten Sinn des Begriffs. Die Unterschiede zum Westen liegen in der markanten Betriebszentriertheit und der schroffen Ungleichbehandlung von Arbeitenden und Nichtarbeitenden. Der Sozialstaat des Staatssozialismus hat deutlicher ausgeprägte autoritär-paternalistische Züge, die Rechtsgarantien für Leistungen sind schwächer, die Koppelung von politischem Wohlverhalten und »Versorgung« ist enger.

II. Der krisenhafte Wandel seit den frühen siebziger Jahren

1. Die westlichen Sozialstaaten kommen ab etwa Anfang der siebziger Jahre in eine Krise, die jenseits aller länderspezifischen Ausformungen *allgemeinere* Züge trägt. Auch hier also ist die Bundesrepublik nur ein Fall unter anderen, ähnlich gelagerten. Man tut gut daran, kurzfristig wirkende Krisenursachen von längerfristigen zu unterscheiden: Kurzfristig sind die währungs- und finanzpolitischen Turbulenzen in der Folge des Zerfalls von »Bretton Woods«, außerdem die beiden Ölkrisen von 1973 und 1979. Die längerfristigen Determinanten setzen, ebenfalls

seit etwa den frühen siebziger Jahren, den Sozialstaat unter Druck. Zum einen ist das die nachlassende Dynamik des Wirtschaftswachstums. Das hat u. a. mit den Sättigungstendenzen auf dem Konsumgütermarkt zu tun. Zum zweiten: die Dritte – die elektronische – Revolution. Längerfristig schlagen sich die hierdurch technologisch bewirkten Produktivitätszuwächse im Absinken der industriellen Beschäftigung in allen OECD-Ländern nieder. Tertiarisierung, also der Ausbau der Dienstleistungen, kompensiert dies nur teilweise. So baut sich der Sockel der Massenarbeitslosigkeit auf. Und drittens: Nicht zu einem Aussterben, aber doch einem Schwinden der »klassischen« Lohnarbeit in den alten europäischen Industrieländern trägt die Globalisierung bei: Gemeint sind der Abbau der Kapitalkontrollen und der Anstieg der grenzüberschreitenden Investitionen, die Schleifung der Handelsbarrieren, die Verbesserungen und Verbilligungen in Transport und Kommunikation, die Expansion der transnationalen Unternehmen. »Alte« Branchen wandern in der Globalisierung aus den alten Industrieländern ab; Arbeitsplätze werden an billigere Produktionsstandorte verlagert. Und wenn die Unternehmen nicht abwandern, dann wirtschaften sie unter erleichterten lohn- und sozialpolitischen Konditionen.

Die Globalisierung verschärft also den transnationalen Produktions-, und Sozialwettbewerb. Im Verein mit den technologisch bewirkten Produktivitätszuwächsen verursacht sie in den alten Industrieländern Langzeitarbeitslosigkeit und Niedriglohnarbeit. Folge ist die Verfestigung alter bzw. die Formierung neuer, polizeilich-bürokratisch kontrollierter und moralisch-sozialpädagogisch traktierter Unterschichten. Überall westlich vom Eisernen Vorhang verdünnt sich die Kohäsion der sozialstaatlich pazifizierten, vergleichsweise konfliktarmen Bürgergesellschaften der früheren Nachkriegszeit, die neue Ungleichheit exkludiert »unnütze« Bevölkerungsteile, mit gravierenden Risiken für die Legitimationsgrundlagen der Demokratie. Soweit also die Auswirkungen des sozialökonomischen Wandels auf die eine Säule des Sozialstaats, die Vollbeschäftigung »alten Schlags«. Durch die Arbeitslosigkeit geraten von zwei Seiten her auch die finanziellen Fundamente der Versicherungssysteme unter Druck. Zum einen schmälert die Arbeitslosigkeit deren Beitrags- oder auch Steuerbasis; zum anderen bedeutet Arbeitslosigkeit erhöhte Inanspruchnahme durch Lohnersatz- und Fürsorgeleistungen als Folge. Eine Verbreiterung der finanziellen Basis etwa durch Steuererhöhungen oder durch Umverteilung lassen – jenseits der Frage, ob das eine sinnvolle Lösung wäre – die Machtverhältnisse in der Regel nicht zu. Das Problem wird vorzugsweise mittels Verschiebung in die Zukunft, d. h. Staatsverschuldung, »gelöst«.

Soweit der exogene, durch den Wandel der ökonomischen Rahmenbedingungen verursachte Teil der Sozialstaatskrise. Hinzu kommen endogene, d. h. von der Entwicklung des Wohlfahrtssystems selbst produzierte Entwicklungen. Zum einen haben diese mit den Nachfragern nach Wohlfahrtsleistungen zu tun: In der Auf- und Ausbauphase sind die Erwartungen an die »staatliche Produktion« von Wohlstand und sozialer Sicherheit überall gestiegen; damit hängt die Verfestigung und politische Absicherung der sozialpolitischen Interessen schlagkräftiger Klientelen zusammen. Auch gibt es, mit wachsendem Umfang und abnehmender Übersichtlichkeit der Sozialsysteme, eine steigende Tendenz zu *moral hazard* und *free riding* – also zum Trittbrettfahrertum. Zum anderen haben die Probleme aber auch mit den Anbietern von Wohlfahrtsleistungen zu tun: Gemeint ist das *rent-seeking*, also die Aneignung von Ressourcen durch nicht ausreichend dem Wettbewerb ausgesetzte Leistungsanbieter (etwa den medizinisch-technisch-pharmazeutischen Komplex und dessen »Preisgestaltung«). Und hier fallen nicht zuletzt die materiellen Eigeninteressen der wuchernden Sozialbürokratien ins Gewicht.

2. Zeitlich parallel »zum Westen« kommen auch die staatssozialistischen Wirtschaften und im Verein hiermit die sozialistischen Sozialpolitiken unter Druck. Mit Verzögerung wirkt auch hier der Ölpreisschock. Und auch der Osten sieht sich durch die elektronische Revolution herausgefordert. Allerdings wird dort der Übergang zur »elektronischen Gesellschaft« stärker als im Westen durch die Innovationsbarrieren der Planwirtschaft gebremst. Damit verbreitert sich in den siebziger und achtziger Jahren zusehends die Modernisierungslücke zum Westen.

Das ist der erste hauptsächliche Krisenfaktor. Es gibt einen weiteren: Etwa um die Wende zu den siebziger Jahren formuliert die Mehrzahl der kommunistischen Parteien Ost- und Ostmitteleuropas höchst ambitionierte sozial- und konsumpolitische »Hauptaufgaben«. Es ist dies auch eine defensiv-hektische Reaktion auf die polnischen Unruhen von 1970 – aber nicht nur. Die Umschichtung von »Investition« zu »Konsum« reicht in ihrer Bedeutung weit über die Ökonomie hinaus. Hier findet ein Paradigmenwechsel statt. Das ist sozusagen das letzte Aufgebot der Regime, und zwar nach dem Ende der Reformbemühungen der sechziger Jahre, überhaupt nach dem Schwinden des Glaubens an einen »Sozialismus mit menschenwürdigem Antlitz«. Sozialpolitik und Konsum sollen das Ende von Utopie und Ideologie kompensieren. Der Zielkonflikt mit der ökonomischen Modernisierung wird fast überall zu Gunsten des Verbrauchs gelöst. Weil die Planwirtschaften hierfür jedoch nicht die Ressourcen in ausreichendem Maß erwirtschaften, gibt es fast überall eine Neigung zum Import auf Pump. Die signifikant, ja in gigantische Ausmaße hinein ansteigende Westverschuldung der meisten Staatssozialismen in den siebziger und achtziger Jahren ist kein Zufall, sondern eine systematische Tendenz. Tragischerweise, so möchte man fast sagen, erreicht die Versorgungspolitik ihr Ziel, die Produktion von Loyalität, aber nicht mehr. Das ist dann einer der Nägel zum Sarg, der schließlich 1989 zu Grabe getragen wird.

III. Die Problemlagen in vergleichender Sicht

An der Oberfläche sehen das westliche und das staatssozialistische Problemszenario ziemlich unterschiedlich aus. Belassen wir es bei der *Diagnose* der Probleme; darzustellen, welche Therapien man *in Antwort* auf diese versucht hat, würde den hiesigen Rahmen sprengen. Abschließend soll aber noch eine Antwort auf die Frage versucht werden, wo die eingangs angekündigten subkutanen Gemeinsamkeiten, Analogien, funktionalen Äquivalente stecken. Drei Punkte sind dabei hervorzuheben:

1. Osten wie Westen gemeinsam ist die Herausforderung durch die Dritte industrielle Revolution. Nur die Antworten fallen unterschiedlich aus: Alle Anläufe des Staatssozialismus zu einer »ökonomischen Intensivierung« finden im planwirtschaftlichen Rahmen statt. Arbeitsplatzsicherheit ist ein unangreifbares Tabu, die Umlenkung von Ressourcen in Investitionen unterbleibt. Der Strukturkonservatismus soll die Parteimacht sichern. Er fordert den Preis der Stagnation im Innern und existenzbedrohender Verschuldung nach außen. Der Westen bewältigt die Dritte industrielle Revolution durch rascheren und weiterreichenden Wandel. Aber auch hier ist ein Preis zu zahlen, und zwar in erster Linie in Gestalt der Massenarbeitslosigkeit.

2. Gemeinsam ist auch die wachsende Spannung zwischen der Leistungsfähigkeit der Sozialsysteme einerseits, hohen und nur mühsam zu reduzierenden Ansprüchen an diese andererseits. Vor der Folie der Erwartungen der Bürger in Ost wie West fordert die Räson des Überlebens den politischen Eliten die Produktion von Loyalität durch materielle Ausreichungen ab. Deshalb ist die dem »objektiven« Problemdruck wi-

derstreitende *relative* Stabilität *beider* Sozialstaatlichkeiten nur auf den ersten Blick erstaunlich. Die Erklärung für die – ungeachtet Ausgabenstagnation und Teil-Rückbauten – beträchtliche Persistenz dürfte in der Vielzahl und engen Verflechtung rechtlich abgesicherter, lobbyistisch und mit dem Wahlzettel verteidigter *vested interests* zu suchen sein. Dies gilt für den Westen, *mutatis mutandis* aber auch für die Staatssozialismen. Sozialistische Gewerkschaften z. B. agieren als quasi-pressure groups. Angriffe auf soziale Besitzstände sind – systemunabhängig – für die politischen Eliten mit hohen Risiken verbunden.

3. Im Westen wie im Osten werden die genannten Konfliktfelder vor dem Hintergrund schwindender Manövrierfähigkeit nationalstaatlicher Politik aufgespannt: die späten Staatssozialismen werden durch den ökonomisch überlegenen Systemgegner und die internationalen Finanzmärkte penetriert, paralysiert, ja tendenziell entmachtet. Die Steuerungskompetenzen westlicher Regierungen werden durch die internationalen Finanzinstitutionen und transnationalen Unternehmen ausgehebelt. In beiden Fällen wirken Einflüsse aus dem System*umfeld*; sie sind dem Zugriff der nationalen Steuerungszentralen weitgehend entzogen.

Verzeichnis der Abkürzungen

Abt.	Abteilung
ADGB	Allgemeiner Deutscher Gewerkschaftsbund
AdsD	Archiv der sozialen Demokratie der Friedrich-Ebert-Stiftung, Bonn
Anm.	Anmerkung
AOK	Allgemeine Ortskrankenkasse
Aufl.	Auflage
AWG	Arbeiterwohnungsbaugenossenschaften
BArch	Bundesarchiv Berlin
Bd.	Band
BGB	Bürgerliches Gesetzbuch
BKV	Betriebskollektivverträge
BVP	Bayerische Volkspartei
CDU	Christlich Demokratische Union
CSU	Christlich Soziale Union
DAF	Deutsche Arbeitsfront
DDP	Deutsche Demokratische Partei
DGB	Deutscher Gewerkschaftsbund
DVP	Deutsche Volkspartei
FAD	Freiwilliger Arbeitsdienst
FDGB	Freier Deutscher Gewerkschaftsbund
FDP	Freie Demokratische Partei
GG	Grundgesetz
GKV	Gesetzliche Krankenversicherung
Jg.	Jahrgang
KPD	Kommunistische Partei Deutschlands
KPdSU	Kommunistische Partei der Sowjetunion
KZ	Konzentrationslager
MS	Manuskript
MEW	Marx-Engels-Werke

NL	Nachlass
NÖS	Neues Ökonomisches System (der Planung und Leitung)
NSDAP	Nationalsozialistische Deutsche Arbeiterpartei
NSV	Nationalsozialistische Volkswohlfahrt
OECD	Organisation for Economic Co-operation and Development
o. J.	ohne Jahr
ÖSS	Ökonomisches System des Sozialismus
RGbl.	Reichsgesetzblatt
RGW	Rat für gegenseitige Wirtschaftshilfe
RJGW	Reichsjugendwohlfahrtsgesetz
SAPMO	Stiftung Archiv der Parteien und Massenorganisationen der DDR (im Bundesarchiv)
SBZ	Sowjetischen Besatzungszone
SED	Sozialistische Einheitspartei Deutschlands
SOCX	Social Expenditure Database
SPD	Sozialdemokratische Partei Deutschlands
SPK	Staatliche Planungskommission
StJB	Statistisches Jahrbuch
USPD	Unabhängige Sozialdemokratische Partei Deutschlands
VerhNV	Verhandlungen der verfassunggebenden Deutschen Nationalversammlung
WRV	Weimarer Reichsverfassung
ZK	Zentral-Komitee

Personenregister

Abrassimow, Piotr 148
Adenauer, Konrad 20, 32, 115, 124
Anschütz, Gerhard 30

Baader, Franz 47
Berlepsch, Hans Hermann von 53
Beyerle, Konrad 43
Bismarck, Otto von 12, 21 f., 36, 44 f., 48, 102, 112, 138
Blank, Theodor 125 f.
Blüm, Norbert 159
Brauer, Theodor 44
Braun, Otto 89
Brüning, Heinrich 54, 84, 87–93, 100, 109

David, Eduard 110
Dawes, Charles G. 87
Dietrich, Hermann 92
Dietrich, Yorck 159

Ebert, Friedrich 15 ff., 27
Engels, Friedrich 20, 186
Erhard, Ludwig 126

Forsthoff, Ernst 119
Fraenkel, Ernst 28
Francke, Ernst 53

Gierek, Edward 198
Gomułka, Władysław 136
Gradnauer, Georg 73

Gramsci, Antonio 99
Gröber, Adolf 41, 49

Harder, Wilhelm 74
Hartz, Peter 68, 163
Heimann, Eduard 33, 60
Heinrichs, Wolfgang 139
Heller, Hermann 33, 59 f.
Herkner, Heinrich 33, 66
Hilble, Friedrich 96, 104
Hilferding, Rudolf 59
Hilgenfeldt, Erich 102
Hindenburg, Paul von 37
Hitler, Adolf 94
Honecker, Erich 146, 148, 153, 177, 179, 181, 186, 192, 198
Husák, Gustáv 198

Jarowinsky, Werner 142
Jellinek, Georg 51

Kádár, János 198
Katzenstein, Simon 42, 46 f.
Keynes, John Maynard 92, 196
Kirchner, Rudolf 135
Klopfer, Heinz 180
Koch-Weser, Erich 42
Kohl, Helmut 162 f.

Lautenbach, Wilhelm 92
Legien, Carl 27, 55, 70 ff., 74–77

Lehmann, Heinrich 61
Lehmann, Helmut 176
Ley, Robert 102
Linz, Friedrich 23
Lloyd Georg, David 45
Lohmann, Theodor 22
Luther, Hans 86, 92

Marx, Karl 20
Marx, Wilhelm 77
Mittag, Günter 143, 145
Moellendorff, Wichard von 40
Müller, Richard 75

Naphtali, Fritz 33, 40, 59
Naumann, Friedrich 31, 41 f., 51, 107
Novotný, Antonín 136

Oppenheimer, Franz 15

Papen, Franz von 84, 93 f., 98, 100, 103
Preller, Ludwig 52, 84, 99
Preuß, Hugo 29, 42 f., 108

Quarck, Max 42

Reinhardt, Fritz 103
Riester, Walter 163
Röpke, Wilhelm 92

Schäffer, Fritz 123
Schäffer, Hans 92

Schleicher, Kurt von 84, 94, 103
Schmidt, Helmut 162
Schmidt, Robert 73
Schücking, Walter 51
Schumpeter, Joseph 92
Silverberg, Paul 92
Sinzheimer, Hugo 28, 33, 39–42, 47, 49, 59
Smend, Rudolf 51
Spahn, Peter 46
Spengler, Oswald 40
Stalin, Jossif W. 178
Stegerwald, Adam 92, 100
Stieda, Wilhelm 65
Stinnes, Hugo 27, 55, 69, 71 f., 74–77
Stresemann, Gustav 49, 80

Tichonow, Nikolai A. 148
Treitschke, Heinrich von 45

Ulbricht, Helga 145
Ulbricht, Walter 131 ff., 135–139, 141–144, 148, 150–155, 177, 181

Wagemann, Ernst 92
Wagenführ, Rolf 73
Warburg, Max 92
Warmbold, Hermann 92
Warnke, Herbert 143, 145
Wilker, Karl 98
Wissell, Rudolf 40

Young, Owen D. 86 f.

Autorenverzeichnis

Beatrix Bouvier (* 1944), Prof. Dr., Historikerin, bis 2009 Leiterin des Karl-Marx-Hauses Trier, Veröffentlichungen u. a.: Französische Revolution und deutsche Arbeiterbewegung (1982); Zwischen Godesberg und Großer Koalition. Der Weg der SPD in die Regierungsverantwortung (1990); ›... die SPD aber aufgehört hat zu existieren.‹ Sozialdemokraten unter sowjetischer Besatzung (1991); Ausgeschaltet! Sozialdemokraten in der Sowjetischen Besatzungszone und in der DDR 1945–1953 (1996); Die DDR – ein Sozialstaat? Sozialpolitik in der Ära Honecker (2002).

Christoph Boyer (* 1953), Dr. phil., Professor für Europäische Zeitgeschichte an der Universität Salzburg, Veröffentlichungen u. a.: Hrsg. (gemeinsam mit Friederike Sattler): European Economic Elites Between a New Spirit of Capitalism and the Erosion of State Socialism (2009); Hrsg. (gemeinsam mit Klaus-Dietmar Henke und Peter Skyba): Deutsche Demokratische Republik 1971–1990: Bewegung in der Sozialpolitik, Erstarrung und Niedergang (= Geschichte der Sozialpolitik in Deutschland seit 1945, Bd. 10; 2008).

Karl Christian Führer (* 1954), außerplanmäßiger Professor am Historischen Seminar der Universität Hamburg. Forschungen zur Geschichte der Sozialpolitik, zur Mediengeschichte und zur Kulturgeschichte Deutschlands im 20. Jahrhundert, zuletzt u. a.: Medienmetropole Hamburg. Mediale Öffentlichkeiten 1930–1960 (2008); Carl Legien 1861–1920. Ein Gewerkschafter im Kampf um ein »möglichst gutes Leben« für alle Arbeiter (2009).

Peter Hübner (* 1944), Dr. sc. phil., bis 2009 Projektleiter am Zentrum für Zeithistorische Forschung (ZZF) in Potsdam. Veröffentlichungen u. a.: Konsens, Konflikt und Kompromiß. Soziale Arbeiterinteressen und Sozialpolitik in der SBZ/DDR 1945 bis 1970 (= Zeithistorische Studien 3;

1995); Hrsg. (gemeinsam mit Klaus Tenfelde): Arbeiter in der SBZ-DDR (1999); Betriebe als Träger der Sozialpolitik, betriebliche Sozialpolitik (= Geschichte der Sozialpolitik in Deutschland seit 1945), Bd. 8; 2004, S. 729-773/Bd. 9; 2006, S. 721-762/Bd. 10; 2008, S. 703–738; mit Christa Hübner: Sozialismus als soziale Frage. Sozialpolitik in der DDR und Polen 1968–1976. Mit einem Beitrag von Christoph Boyer zur Tschechoslowakei (2008).

Gunther Mai (* 1949), Dr. phil., Professor für Neuere und Zeitgeschichte an der Universität Erfurt. Veröffentlichungen u. a.: Kriegswirtschaft und Arbeiterbewegung in Württemberg 1914–1918 (1983); Das Ende des Kaiserreichs. Politik und Kriegführung im Ersten Weltkrieg (^{3}1997); Der Alliierte Kontrollrat in Deutschland 1945–1948. Alliierte Einheit – deutsche Teilung? (1995); Europa 1918–1939. Mentalitäten, Lebensweisen, Politik zwischen den Weltkriegen (2001); Die Weimarer Republik (2009).

Walter Mühlhausen (* 1956); Dr. phil., 1986–2008 wissenschaftlicher Mitarbeiter und seit 2008 Geschäftsführer der Stiftung Reichspräsident-Friedrich-Ebert-Gedenkstätte, Privatdozent an der TU Darmstadt, Veröffentlichungen zuletzt u. a.: Friedrich Ebert 1871–1925. Reichspräsident der Weimarer Republik (^{2}2007); Das große Ganze im Auge behalten. Philipp Scheidemann – Oberbürgermeister von Kassel 1920–1925 (2011).

Wolfram Pyta (* 1960), Dr. phil., Professor für Neuere Geschichte an der Universität Stuttgart; Veröffentlichungen u. a.: Gegen Hitler und für die Republik (1989); Dorfgemeinschaft und Parteipolitik 1918–1933 (1996); Hrsg.: Der lange Weg zur Bundesliga (2004); Hindenburg. Herrschaft zwischen Hohenzollern und Hitler (2007).

Michael Ruck (* 1954), Dr. phil., Professor für Politikwissenschaft und Zeitgeschichte an der Universität Flensburg; Veröffentlichungen u. a.: Quellen zur Geschichte der deutschen Gewerkschaftsbewegung im 20. Jahrhundert, Bd. 2: 1919–1923 (1985); Die Freien Gewerkschaften im Ruhrkampf 1923 (1986); Gewerkschaften – Staat – Unternehmer. Die Gewerkschaften im sozialen und politischen Kräftefeld 1914 bis 1933 (1990); Korpsgeist und Staatsbewußtsein. Beamte im deutschen Südwesten 1928 bis 1972 (1996); Bibliographie zum Nationalsozialismus (1995, 2000); mit M. Boldorf (Hrsg.): Geschichte der Sozialpolitik in Deutschland seit 1945, Bd. 4: 1957–1966 (2007); mit M. Dauderstädt: Zur Geschichte der

Zukunft. Sozialdemokratische Utopien und ihre gesellschaftliche Relevanz (2011).

Manfred G. Schmidt (* 1948), Dr. rer. pol., Professor für Politische Wissenschaft an der Universität Heidelberg, Veröffentlichungen u. a.: Das politische System Deutschlands. Institutionen – Willensbildung – Politikfelder (^{2}2011); Demokratietheorien (^{5}2010); Wörterbuch zur Politik (^{3}2010); Sozialpolitik in Deutschland. Historische Entwicklung und internationaler Vergleich (^{3}2005).

Klaus Schönhoven (* 1942), Dr. phil., 1984–2007 Professor für Politische Wissenschaft und Zeitgeschichte an der Universität Mannheim; 2001 bis 2011 Vorsitzender des Wissenschaftlichen Beirats der Stiftung Reichspräsident-Friedrich-Ebert-Gedenkstätte; seit 2003 Vorstandsmitglied der Bundeskanzler-Willy-Brandt-Stiftung. Zahlreiche Veröffentlichungen zur Sozial- und Parteiengeschichte im 19. und 20. Jahrhundert, u. a. zur Geschichte des politischen Katholizismus und der sozialdemokratischen Arbeiterbewegung, zur Geschichte der Weimarer Republik, des Nationalsozialismus und der Bundesrepublik. Hrsg. von mehreren Sammelbänden und Mitherausgeber der Quellen zur Geschichte der deutschen Gewerkschaftsbewegung im 20. Jahrhundert (14 Bde., 1985–2007).

Dirk Schumann (* 1958), Dr. phil., Professor für Neuere und Neueste Geschichte an der Georg-August-Universität Göttingen; seit 2011 Vorsitzender des Wissenschaftlichen Beirats der Stiftung Reichspräsident-Friedrich-Ebert-Gedenkstätte. Veröffentlichungen u. a.: Bayerns Unternehmer in Gesellschaft und Staat, 1834–1914. Fallstudien zu Herkunft und Familie, politischer Partizipation und staatlichen Auszeichnungen (1992); Politische Gewalt in der Weimarer Republik: Kampf um die Straße und Furcht vor dem Bürgerkrieg (2001, engl. Übersetzung 2009); Hrsg. (gemeinsam mit Andreas Wirsching): Violence and Society after the First World War (= Journal of Modern European History, 1, 2003); Hrsg.: Raising Citizens in the »Century of the Child«. Child Rearing in America and German Central Europe in the Twentieth Century (2010).

FRIEDRICH EBERT

Friedrich Ebert (1871–1925) hat die Politik seiner Zeit entscheidend geprägt. Weit mehr, als bislang bekannt, beeinflusste der große Sozialdemokrat, Republikgründer und erste Reichspräsident die Geschicke der Weimarer Demokratie, besonders in ihren ersten Jahren. Walter Mühlhausen liefert die erste umfassende Biographie des ersten demokratischen Staatsoberhauptes in Deutschland.

Als Reichspräsident besaß Friedrich Ebert eine überaus starke politische Position, und er nutzte die Gestaltungsmöglichkeiten seines Amtes intensiv. Obwohl er für seine Zeitgenossen eine bedeutende Rolle spielte, blieb sein Bild in den historischen Darstellungen zur Weimarer Republik bislang auffallend blass. Der Autor beschreibt erstmals detailliert, wie Ebert auf den zentralen Politikfeldern seiner Zeit agierte. Politik und Persönlichkeit werden dabei in den Rahmen der krisenhaften Anfangsjahre der Republik eingebettet und scharf konturiert. Unter sorgfältiger Auswertung weit verstreuter und bislang nicht genutzter Quellenbestände vermittelt Walter Mühlhausen eine Fülle neuer Einsichten in Amtsverständnis und Amtsführung Friedrich Eberts.

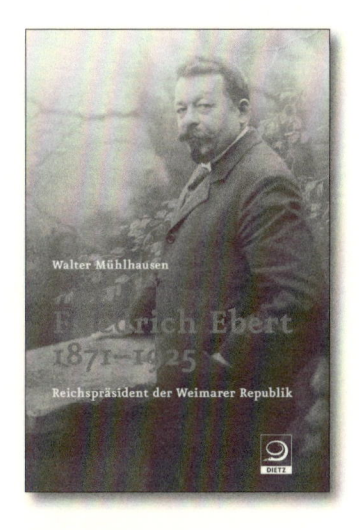

Walter Mühlhausen
Friedrich Ebert 1871-1925
Reichspräsident der
Weimarer Republik

1.064 Seiten
Leinen mit Schutzumschlag
mit 76 Abbildungen
48,00 Euro
ISBN 978-3-8012-4164-3

www.dietz-verlag.de

Verlag J. H. W. Dietz Nachf. – Dreizehnmorgenweg 24 – 53175 Bonn
Tel. 0228/18 48 77-0 – Fax 0228/23 41 04 – info@dietz-verlag.de